Kontinuitätsfragen
Mittlere Kaiserzeit – Spätantike
Spätantike – Frühmittelalter

Beiträge der Arbeitsgemeinschaft
"Römische Archäologie"
auf der Jahrestagung des West- und Süddeutschen
Verbandes für Altertumsforschung
in Trier 05.–10.06.2001

Herausgegeben von

Susanne Biegert
Andrea Hagedorn
Andreas Schaub

BAR International Series 1468
2006

Published in 2016 by
BAR Publishing, Oxford

BAR International Series 1468

Kontinuitätsfragen: Mittlere Kaiserzeit – Spätantike, Spätantike – Frühmittelalter

ISBN 978 1 84171 904 7

© The editors and contributors severally and the Publisher 2006

The authors' moral rights under the 1988 UK Copyright,
Designs and Patents Act are hereby expressly asserted.

All rights reserved. No part of this work may be copied, reproduced, stored,
sold, distributed, scanned, saved in any form of digital format or transmitted
in any form digitally, without the written permission of the Publisher.

BAR Publishing is the trading name of British Archaeological Reports (Oxford) Ltd.
British Archaeological Reports was first incorporated in 1974 to publish the BAR
Series, International and British. In 1992 Hadrian Books Ltd became part of the BAR
group. This volume was originally published by Archaeopress in conjunction with
British Archaeological Reports (Oxford) Ltd / Hadrian Books Ltd, the Series principal
publisher, in 2006. This present volume is published by BAR Publishing, 2016.

Printed in England

BAR titles are available from:

            BAR Publishing
            122 Banbury Rd, Oxford, OX2 7BP, UK
EMAIL   info@barpublishing.com
PHONE   +44 (0)1865 310431
FAX   +44 (0)1865 316916
            www.barpublishing.com

VORWORT

Die Arbeitsgemeinschaft 'Römische Kaiserzeit' hat sich im Rahmen der Verbandstagung 2001 in Trier mit dem Thema 'Kontinuität am Schnittpunkt von der mittleren Kaiserzeit zur Spätantike und von der Spätantike zum Frühmittelalter' beschäftigt.

Die Wahl des Themas zeigt einmal mehr, wie sehr sich die archäologische Forschung mittlerweile vom vormals engen Korsett zeit- und kulturspezifischer Fachbereiche gelöst hat. Die jahrzehntelangen Schwerpunkte 'Militärgeschichte' für den provinzialrömischen Fachbereich und 'Gräberarchäologie' für den Bereich der Frühmittelalterforschung haben zunehmend die längst notwendige Ergänzung durch siedlungs- und kulturhistorische Arbeiten erhalten, die sich verstärkt den archäologisch besonders schwer zugänglichen Übergangszeiten widmen. Auf vorbildliche Weise geschah dies in den letzten Jahren für die Epoche zwischen der jüngeren vorrömischen Eisenzeit und der römischen Okkupation. Auch für die Zeit zwischen dem Ende des Obergermanisch-Rätischen Limes und dem beginnenden Frühmittelalter gab und gibt es Forschungsaktivitäten, die Thema von Tagungen und Kolloquien waren. Die Veranstalter der Arbeitsgemeinschaftssitzung in Trier haben sich mit der Themenwahl einen weiteren Impuls für eine nachhaltige Beschäftigung mit Kontinuitätsfragen versprochen.

Zwischen der Tagung in Trier und dem Erscheinen dieses Bandes liegen inzwischen mehr als vier Jahre. Entschuldigend mag dafür allenfalls gelten, dass sowohl die Autoren, als auch die Herausgeber durch die Geschäfte des Alltags weitgehend gebunden sind. Dennoch glauben wir, mit diesem Band einen breit gefächerten Überblick zum Thema anbieten zu können, der nur wenig an Aktualität eingebüßt hat. Das gilt auch, obwohl einige der behandelten Themen – stellvertretend seien die Forschungen aus Köln genannt – inzwischen in größerem Umfang an anderer Stelle publiziert wurden.

Unser Dank gilt in erster Linie den Autoren, die am Rande ihrer sonstigen Tätigkeiten Zeit gefunden haben, ihre Forschungen für diesen Band aufzubereiten. Zu danken ist aber auch den Referenten, die zwar aus unterschiedlichen Gründen kein Manuskript einreichen konnten, deren Vorträge aber wesentlich zum Gelingen des Arbeitsgemeinschaftstreffen in Trier beigetragen haben. Besondere Verdienste gebühren Susanne Biegert, auf deren Schultern die Hauptlast der Redaktion und Umsetzung des vorliegenden Bandes ruhte.

Andrea Hagedorn und Andreas Schaub
für die SprecherInnen der Arbeitsgemeinschaft

INHALT

Markus C. Blaich (Halle/S.)
ZWISCHEN RÖMERZEIT UND FRÜHMITTELALTER – BEITRÄGE ZUR SIEDLUNGSGESCHICHTE DES
RHEINGAUS 1

Christel Bücker (Freiburg i. Br.)
FRÜHE ALAMANNEN AM OBERRHEIN 15

Norbert Goßler (Berlin)
ZUR WIEDERBENUTZUNG RÖMISCHER MILITÄRANLAGEN IM MITTELALTER
Einige Beispiele vom Obergermanisch-Rätischen Limes 31

Sebastian Ristow (Bonn)
KONTINUITÄT UND NUTZUNGSWANDEL: SPÄTANTIKE UND FRÜHMITTELALTERLICHE FUNDE UND
BEFUNDE AUS DER KÖLNER DOMGRABUNG 45

FlorianSarateanu-Müller (Bliesbrück)
DAS KERAMIKMATERIAL DES KELLERS II DES GEBÄUDES 0501 IM VICVS BLIESBRUCK (DEPARTEMENT
DE LA MOSELLE, FRANKREICH) 55

Christian Siffre (Nice)
KONTINUITÄT UND BRUCH ENTLANG DER DONAU (4.–8. JH.) 71

Bernd Steidl (München)
„RÖMER" RECHTS DES RHEINS NACH „260"?
Zur Frage des Verbleibs von Provinzbevölkerung im einstigen Limesgebiet 77

Marcus Trier (Köln)
KÖLN AM ÜBERGANG VON DER ANTIKE ZUM MITTELALTER IM SPIEGEL DER AUSGRABUNGS-
ERGEBNISSE AUF DEM HEUMARKT 89

ZWISCHEN RÖMERZEIT UND FRÜHMITTELALTER – BEITRÄGE ZUR SIEDLUNGSGESCHICHTE DES RHEINGAUS*

Markus C. Blaich

Zur Zierde des Rheingaues wie zum Wohlstande seiner Bewohner trug von jeher der Rhein nicht wenig bei. Die Schönheit der Situation wird ohne Zweifel durch ihn vollendet. Kaum wird sich bei der ganzen Strecke seines Laufs eine Gegend zeigen, wo sich dieser königliche Fluß mit so vieler Majestät und Anmüthigkeit dem Auge darstellt als im Bezirk unseres Vaterlandes. Von einem zum anderen Ufer ansehnlicher als irgends ausgebreitet, von mehreren einander ablösenden Auen durchschnitten und gleichsam vervielfältigt, von keiner Klippe furchtbar, keinem Wirbel verdächtigt rollt er seine Spiegelfluten von Walluf bis Rüdesheim sanft und prächtig daher.

Hermann Bär**

„Kontinuität zwischen Antike und Frühmittelalter" – hinter diesem Schlagwort verbirgt sich gemeinhin die Vorstellung einer lückenlosen, stetigen und zusammenhängenden Besiedlung einer Landschaft oder eines Kleinraumes. Dementsprechend steht in diesem Beitrag nicht das Eltviller Gräberfeld des 5.–8. Jahrhunderts, sondern die Siedlungsgeschichte des Rheingaus im Mittelpunkt.

Der Rheingau ist unter drei verschiedenen Gesichtspunkten zu dem genannten Thema zu betrachten. Zunächst erfährt die Region mit Aufgabe des Limes nach 260 n.Chr. einen Wandel vom Hinterland der Grenze zum überwachten Glacis. Zweitens ist der Wechsel der politischen Zugehörigkeit am Ende des 5. Jahrhunderts zu untersuchen, d.h. die sich an die Niederlage der Alamannen anschließende Eingliederung in das Reich der Franken. Diese Bereiche lassen sich unter dem Stichwort *Siedlungskontinuität* zusammenfassen. Und drittens könnte man sich der erstaunlichen Kontinuität im Sachgut dieser am nordöstlichen Rand des Merowingerreiches gelegenen Landschaft zuwenden, die letztlich als Ausdruck einer besonderen Eigenständigkeit zu bewerten ist. Letzteres ist aber keine Frage der Siedlungskontinuität, sondern einer *kulturellen* Entwicklung, und soll daher in diesem Zusammenhang außen vor bleiben.

Eltville liegt am rechten Rheinufer, etwa 12 km westlich von Wiesbaden *(Abb. 1)*. Das frühmittelalterliche Gräberfeld befindet sich am Westrand der Stadt, unmittelbar an der Straße nach Erbach. Es handelt sich um einen leicht geneigten Südhang, d.h. um die hochwassersichere Niederterrasse mit fruchtbaren Böden auf Löß *(Abb. 2)*.

Der Beginn des Friedhofes fällt in die Zeit um 470/480; die hier Bestatteten erlebten das Ende der römischen Herrschaft am Rhein und die alamannisch-fränkischen Auseinandersetzungen um dieses Gebiet. Wie war diese Region strukturiert? Auf welche Reste der römischen Infrastruktur trafen die ersten, aus Mitteldeutschland stammenden Siedler?

Die Fundstellen des 1.–4. Jahrhunderts

Im Arbeitsgebiet sind insgesamt 32 Fundstellen bekannt, die mit Sicherheit oder mit an Sicherheit grenzender Wahrscheinlichkeit in die ersten vier nachchristlichen Jahrhunderte datiert werden können[1]. Dabei handelt es sich in 16 Fällen um Siedlungsstellen und in acht Fällen um Begräbnisplätze; acht Fundstellen können keiner dieser beiden Gruppen zugewiesen werden *(Abb. 3)*.

Neun der 16 Siedlungsstellen sind als ländliche Gutshöfe *(villae rusticae)* im engeren Sinne anzusprechen[2]; hier sind im Rahmen von archäologischen Untersuchungen Reste von steinernen Gebäuden und datierende Funde zu Tage gekommen[3]. Allerdings wurde bei diesen, beinahe ausschließlich im 19. und frühen 20. Jahrhundert durchgeführten Not-

---

* Diese Ausführungen sind Teil meiner an der Philipps-Universität Marburg von Prof. Dr. H. W. Böhme betreuten Dissertation „Das Gräberfeld von Eltville, Rheingau-Taunus-Kreis (5.–8. Jh. n.Chr.). Beiträge zur frühmittelalterlichen Siedlungsgeschichte des Rheingaus". Ziel und Aufgabe meines Vorhabens ist – ausgehend und begleitend zur Auswertung des Gräberfeldes – eine siedlungsgeschichtliche Untersuchung zum Rheingau zwischen dem Ende der römischen Herrschaft in der Mitte des 5. Jhs. und dem Beginn der karolingischen Herrschaft im 8. Jh. – Dr. K.-H. Müller (Philipps-Universität Marburg, FB Geographie) regte mich an, der Siedlungsgeschichte des Rheingaus auf digitalisiertem Wege nachzuspüren und stellte mir dankenswerterweise im GIS-Labor des Geographischen Institutes einen Arbeitsplatz zur Verfügung. Ohne die Unterstützung durch Dr. K. Sabel (Hess. Landesamt f. Umwelt u. Geologie, Wiesbaden) und D. Merz (Philipps-Universität Marburg, GIS-Labor) wäre mir die Umsetzung des Vorhabens jedoch unmöglich gewesen. Für Kritik und Anregung danke ich zudem A. Fuchs M.A. und M. Linden M.A. (beide Philipps-Universität Marburg, Vorgeschichtliches Seminar) sowie Dr. V. Hilberg (Stiftung Schleswig-Holsteinische Landesmuseen, Schloß Gottorf).
** Bär 1790, 226.
1 Die ausführlichen und kommentierten Listen der römerzeitlichen bzw. frühmittelalterlichen Fundstellen finden sich in meiner Dissertation.
2 In diesem Zusammenhang wird die *villa rustica* als landwirtschaftliche Betriebseinheit mit geschlossener Betriebsfläche (Wohnhaus, Wirtschaftsgebäude und technische Einrichtungen) verstanden; eine Umfassungsmauer schließt das Anwesen ein und betont zugleich den Charakter der Einzelsiedlung. Die Bewohner des Streugehöftes leben weniger von den eigenen Erzeugnissen als vom Verkauf der erzielten Überschüsse. Damit entspricht die *villa rustica* dem modernen Aussiedlerhof.
3 Kriterien für eine *villa rustica* sind der Nachweis eines Haupthauses bzw. eines oder mehrere Nebengebäude. Unter den Lesefunden erlauben neben den Ziegelbruchstücken, Werkzeugen und der Keramik vor allem die Reste von Tubulatur-Ziegeln eine verlässliche Ansprache.

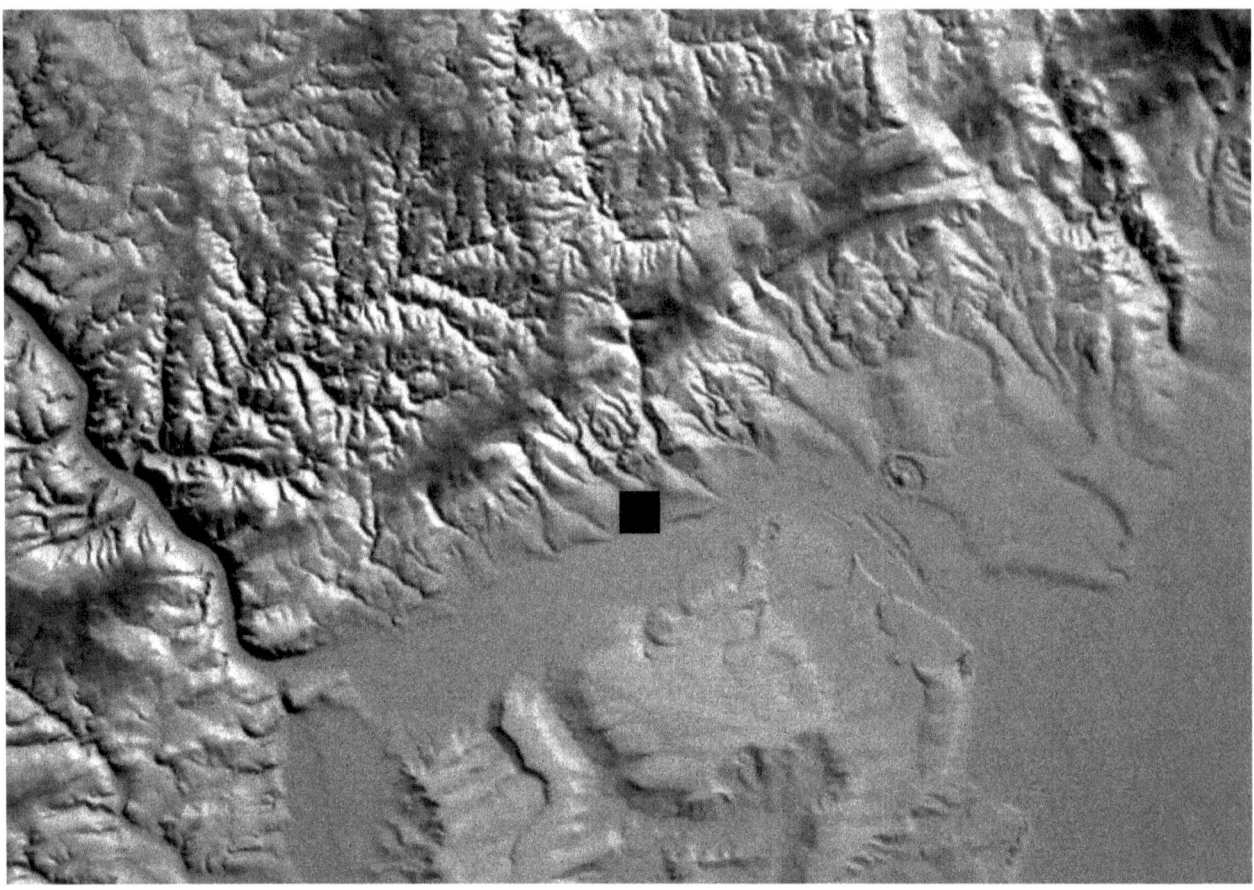

Abb. 1. Rhein-Main-Gebiet, Höhenmodell (DGM Hessen 20). Die Ortslage von Eltville ist markiert.

grabungen keine der Anlagen vollständig erfasst[4]. Aussagen zur Bauweise, inneren Gliederung der Höfe oder gar ihrer Betriebsgröße bzw. ihrer Wirtschaftsflächen (Parzellierung) sind mithin unmöglich. Von den übrigen sieben Stellen sind nur Lesefunde bekannt, die bei mehr oder weniger regelmäßigen Begehungen geborgen wurden. Die Reste von Ziegelbruchstücken, Wandverputz oder Keramikscherben erlauben jedoch ebenfalls die Ansprache als Siedlungsplatz. Die acht Begräbnisplätze wurden sämtliche durch Notgrabungen erschlossen.

Die zahlreichen Siedlungen setzen das Bestehen eines Wege- oder gar Straßennetzes voraus. Unmittelbare Belege für diese Verkehrswege sind nicht bekannt. Allerdings erlaubt die Lage der Grabfunde einen mittelbaren Hinweis auf das römische Straßennetz.

Vor dem Hintergrund dieses in seiner Aussagekraft eingeschränkten Quellenbestandes kann im folgenden nur eine Darstellung der Siedlungsstellen und ihrer Verteilung im Arbeitsgebiet erfolgen. Auf diese Weise wird eine ungefähre Vorstellung von der Gestalt der Landschaft, ihrer Aufsiedlung und damit mittelbar ihrer Nutzung im 1.–4. Jahrhundert gewonnen.

Im Jahr 1978 legte E. Pachali eine zusammenfassende Darstellung des damaligen Forschungsstandes zur römischen Besiedlung des Rheingaus vor[5]. Diese Untersuchung gewinnt dadurch an Wert, dass sie neben der sorgfältigen Beschreibung und Bewertung auch eine Auswertung der Fundstellen hinsichtlich ihrer topographischen Lage und des Siedlungsgefüges enthält.

E. Pachali konnte herausarbeiten, dass sich die Fundstellen des 1.–4. Jahrhunderts zwischen Walluf und Rüdesheim annähernd gleichmäßig im Gelände verteilen[6]. Dabei lassen sich für den Uferbereich einerseits und die Hänge andererseits zwei unterschiedliche Muster aufzeigen. Auf der hochwassersicheren Niederterrasse finden sich beinahe ausschließlich Grabfunde sowie mehrere Villen bzw. größere, in ihrem Charakter allerdings nicht näher anzusprechende Siedlungsstellen. Die beinahe regelhafte Lage dieser Plätze auf einer Höhe von 80–100 m üNN erlaubt es, den Verlauf der ehemaligen Straße von Wiesbaden nach Rüdesheim nachzuvollziehen. Für die gesicherten Villenstandorte auf den Hängen der Mittelterrasse (etwa 100–280 m üNN) kann eine

---

4 Der Rheingau stellt eine klassische „Altfundlandschaft" dar.
5 PACHALI 1978. – Die siedlungsgeographische Arbeit von G. Schell ist in diesem Zusammenhang zu vernachlässigen, da sie nur eine nicht näher begründete Auswahl der Fundstellen (nur wenige Gebäude, keine Grabfunde) berücksichtigt und zudem von historischen Voraussetzungen (Ende der Besiedlung im Limeshinterland als Folge des Limesfalls um 260 n. Chr.) geprägt ist: SCHELL 1964 bes. 6–11.
6 PACHALI 1978, 281–284; 283 Abb. 1 (Verbreitungskarte).

Abb. 2. Eltville, Luftbild 1953. Im unteren Drittel die Straße von Eltville nach Erbach mit dem Gelände des frühmittelalterlichen Gräberfeldes. Das Gelände ist bereits teilweise bebaut; zudem sind die Abraumhalden der laufenden Grabungen zu erkennen.

andere, ebenfalls regelmäßige Wahl des Standortes herausgearbeitet werden. Diese Fundplätze liegen an den nach Westen oder Südosten ausgerichteten Hängen der kleinen, von Norden nach Süden verlaufenden Bäche, etwa 100–200 m über deren Auenbereich. Die nur durch Lesefunde erschlossenen Stellen fügen sich in dieses Bild gut ein; demnach ist mit zwei weiteren Reihen von Villen, die in einem annähernd gleichbleibenden Abstand von etwa 1400 m zueinander liegen, zu rechnen. Die einzelnen Täler stellen dabei gewissermaßen Siedlungskammern „zweiter Ordnung" in einer wohl offenen, bis in die Höhen von etwa 250 m üNN kaum bewaldeten Landschaft dar. Auf der Grundlage der seinerzeit zwölf bekannten Fundstellen ermittelte E. Pachali eine Zahl von ehemals etwa 50 vorhandenen Gutshöfen[7].

Die Verbreitung der mittlerweile bekannt gewordenen, durch Begehung oder Notbergung erschlossenen Siedlungsstellen und Grabfunde bestätigt das von E. Pachali entworfene Modell vollauf. Für die Niederterrasse läßt sich der Verlauf der Straße zumindest bis Geisenheim mittelbar erschließen, stärker tritt die Konzentration der Fundstellen im Bereich der Bachmündungen hervor. Die Verbreitung der Siedlungsfunde schließt Lücken zwischen den bereits entdeckten Stellen an den Hängen der Mittelterrasse. Für den Rheingau ergibt sich hieraus das Bild einer verhältnismäßig dichten und annähernd gleichmäßigen Besiedlung. Quellenkritische Überlegungen betreffen vor allem die Aussagekraft der einzelnen Fundstellen. Keiner der gesicherten Gutshöfe ist in seinem vollen Umfang erschlossen, mehrere Fundstellen sind nur durch Lesefunde belegt. Die Karte zeigt demnach letztlich nur die „Dichtezentren" der Plätze *(Abb. 4)*[8].

Die Regelhaftigkeiten bei der Wahl eines Standortes für eine *villa rustica* lassen sich durch bodenkundliche und kleinklimatische Gesichtspunkte begründen. Die Gutshöfe liegen nicht, wie in anderen Regionen[9], auf der Grenze der beiden Ökotope[10] „Mittelhang" (Lössboden) und „Auenbereich"

---

7 Ebd. 281.
8 Gerade die Kartierung auf dem Blatt von 1816–1821 ist von besonderer Aussagekraft, da hier im Vergleich zu den heutigen Blättern deutlich wird, in welch starkem Maße die Hochterrasse noch im 19. Jh. bewaldet bzw. agrarisch nicht genutzt war; vgl. den Gegensatz zum Luftbild von 1953 *(Abb. 2)*.
9 Beispielhaft sei verwiesen auf Untersuchungen zum nördlichen Rheinhessen, der Vorderpfalz und aus Raetien: BAYER 1967. – MÜLLER-WILLE/OLDENSTEIN 1981. – BERNHARD 1976. – CZYSZ 1978. – FISCHER 1990.
10 Der Begriff „Ökotop" wurde von H. Bayer geprägt; hierunter versteht man die Verknüpfung *öko*logischer mit *topo*graphischen Gegebenheiten, um die Standortbedingungen bzw. -vorteile von Siedlungsplätzen ermitteln zu können. In erster Linie sind hier die (mögliche) Pflanzenwelt sowie topographische, bodenkundliche und kleinklimatische Voraussetzungen zu nennen: BAYER 1967, 126–128.

Kontinuitätsfragen

Befund	Ort	Zeitstellung
villa rustica (gesichert)		
	Eltville, Gelände MM	2./3. Jh.; 4. Jh. (?)
	Erbach, Weinberg	2./3. Jh.
	Geisenheim, „Mückenberg"	2. Jh.
	Kiedrich	2.-4. Jh.
	Mittelheim	1./2. Jh.
	Niederwalluf, „Kaltloch"	–
	Rüdesheim, Eibinger Tor	2. Jh.
	Rüdesheim, Asbach-Straße	2./3. Jh.
	Winkel, „Kohlrech"	–
villa rustica (vermutet)		
	Eltville, Waldstraße	–
	Eltville, Weinberg an B 42	2. Jh.
	Winkel, Bachweg	–
Siedlungsstelle		
	Eltville, Nikolaistraße	–
	Geisenheim, Lehranstalt	2. Jh. (?)
	Martinsthal	2. Jh. (?)
	Rüdesheim, Bahnhof	–
Grabfund		
	Eltville, Bahnlinie	2./3. Jh.
	Geisenheim, Schmittstraße	2. Jh.
	Hallgarten	2. Jh.
	Lorch, Ortsmitte	2. Jh.; 4. Jh.
	Niederwalluf, „Sauerborn"	2./3. Jh.
	Oberwalluf	2. Jh.
	Rüdesheim, Ortsmitte	2./3. Jh.
	Rüdesheim, Rathaus	2. Jh.
Sonstige Fundstelle		
	Aulhausen (Grab?)	–
	Erbach, „Steinberg" (villa?)	–
	Geisenheim, Zollstraße (Grab)	2. Jh. (?)
	Kiedrich, „Klostermühle"	1./2. Jh. (?)
	(Siedlungsstelle)	–
	Lorch, „Bächergrund"	–
	Oestrich	–

Abb. 3. Rheingau. Übersicht zu den römischen Fundstellen (1.–4. Jh. n.Chr.).

(vergleyte bzw. feuchte Böden), sondern etwas oberhalb dieser Grenze. Allerdings sind die Täler an diesen Stellen weiter und die Hänge flacher, die Gegebenheiten des Geländes waren somit günstiger für die Errichtung von Gebäuden als am unteren Mittelhang *(Abb. 5)*.

Dennoch sind die Wege zu den ackerbaulich genutzten Lössböden der Plateauflächen bzw. dem als Viehweide dienenden Grünland kurz[11]. Quellen finden sich nicht in der unmittelbaren Nähe der Höfe; der Bedarf an Wasser wurde wohl durch Brunnen gedeckt. Die Lage der Villen entspricht damit dem Standorttyp 3 nach W. Czysz[12]. Die Talhänge sind beinahe ausschließlich nach Süden oder Südosten ausgerichtet; zugleich schirmen die Geländerücken den Wind ab. Die Lage oberhalb des Auenbereichs mindert zudem die Frostgefahr in den als Kaltluftschneisen wirkenden Tälern. Für diesen Standortvorteil wurden sogar offensichtliche Nachteile, wie Böden minderer Qualität, in Kauf genommen *(Abb. 6)*[13].

Demzufolge wurde das Land nicht schematisch „am Reißbrett" an die zukünftigen Besitzer verteilt; vielmehr waren die topographischen Eigenheiten des Geländes sowie die bestmögliche Ausnutzung des vorhandenen Raumes ausschlaggebend für die Wahl der Siedlungsplätze. Die regelmäßige, beinahe regelhafte Lage der Siedlungsstellen

---

[11] Grundsätzlich gilt es zu beachten, dass die ehemalige, natürliche Vegetation der Lössböden (Perlgras-Buchenwald-Gesellschaft) durch den Weinbau beinahe vollständig beseitigt ist. In den Auen der Bäche finden sich als Folge der menschlichen Eingriffe vereinzelte Bestände von Erlen oder Weiden sowie Wiesen und Brachen.

[12] Czysz 1978, 83-86. – Vergleichbares angedeutet bei Bayer 1967, 145–154.

[13] Ähnliche Verhältnisse lassen sich auch im Hinterland von Speyer beobachten; hier werden klimatisch begünstigte Lagen stellenweise dem Standort auf Löss vorgezogen: Bernhard 1976 Taf. 35A bzw. Taf. 35C.

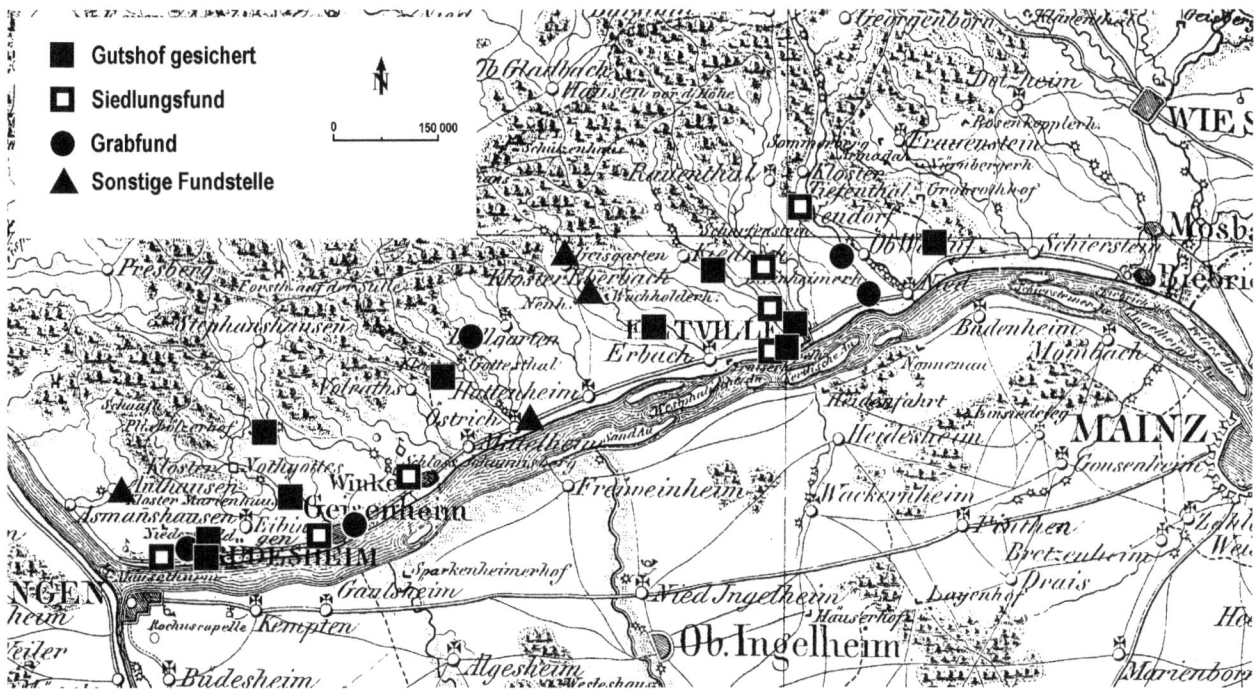

Abb. 4. Rheingau. Verbreitung römischer Fundstellen (1.–4. Jh. n.Chr.) (Grundlage: Karte Großherzogtum Hessen und Herzogtum Nassau 1816–1821). – M. 1:200.000.

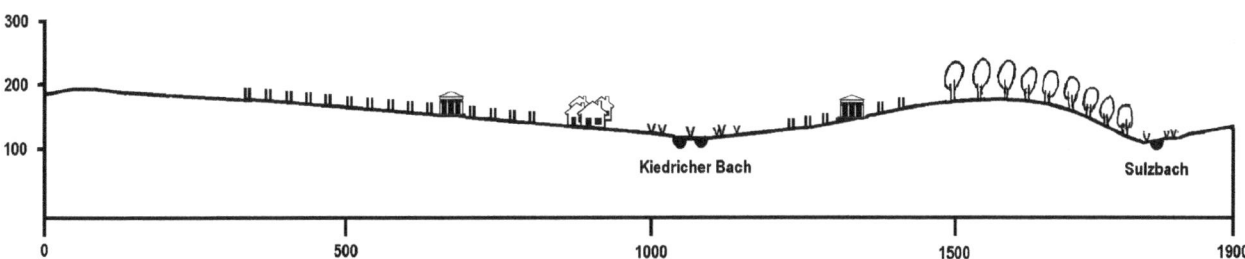

Abb. 5. Eltville, Schnitt durch die Gemarkung (SW–NO-Richtung; 20fach überhöht). Die möglichen Standorte römischer Villen sind markiert (Gebäude), die lage der Ortschaft Kiedrich wurde schematisch ergänzt.

stellt wahrscheinlich weniger das Ergebnis einer geplanten und gesteuerten Aufsiedlung dar, sondern wird durch das schrittweise Ausgreifen der Besiedlung hervorgerufen[14].

Nach Ausweis der (noch erhaltenen) Funde wurden die meisten Gutshöfe im beginnenden 2. Jahrhundert gegründet und bestanden mindestens bis in die erste Hälfte des 3. Jahrhunderts *(Abb. 3)*[15]. Dies läßt sich zwanglos mit der Sicherung der römischen Herrschaft unter Domitian und Hadrian, der ruhigeren Situation im Hinterland des Limes, dem Aufbau einer zuverlässig arbeitenden Verwaltung und der Notwendigkeit einer kontinuierlichen Versorgung der stationierten Truppen erklären. Für die anderen Teile der germanischen Provinzen sowie Raetien läßt sich entsprechendes feststellen[16].

Aussagen zur Gestalt der Villen können nicht für alle Fundstellen getroffen werden[17]. Zumindest für Rüdesheim sind baulich aufwendigere Anlagen bezeugt. In der Villa am Eibinger Tor wurde ein Mosaik gefunden; aus der Villa in der Hugo-Asbach-Straße liegen Reste bemalten Wandverputzes vor. Bei diesen beiden Fällen handelt es sich offensichtlich um Anlagen mit aufwendig ausgestatteten Wohn- und Wirtschaftsgebäuden,

---

14 Von einer geplanten Aufsiedlung des Umlandes von Köln geht W. Gaitzsch aus: Gaitzsch 1986. – Im anderen Fall hätte man mit Fluren ohne regelmäßige Einteilung zu rechnen, d.h. mit Besitzungen, die überwiegend durch Geländemarken und natürliche Grenzen wie Bäche gekennzeichnet waren.

15 Schell 1964, 21. – Dieser Auflistung zufolge wurden 23 der 42 berücksichtigten Villen in der ersten Hälfte und 13 in der zweiten Hälfte des 2. Jhs. gegründet. Nur sechs Anlagen sind in das 1. Jh. zu datieren.

16 Neben der in Anm. 9 genannten Literatur: Hüssen 1990. – Gechter/Kunow 1986.

17 Die entsprechende Liste findet sich in meiner Dissertation. – Vgl. die Gliederung der Villen und ihrer Bauweise durch Schell 1964, 12–20 sowie die Bewertung nach Pachali 1978, 281 f.

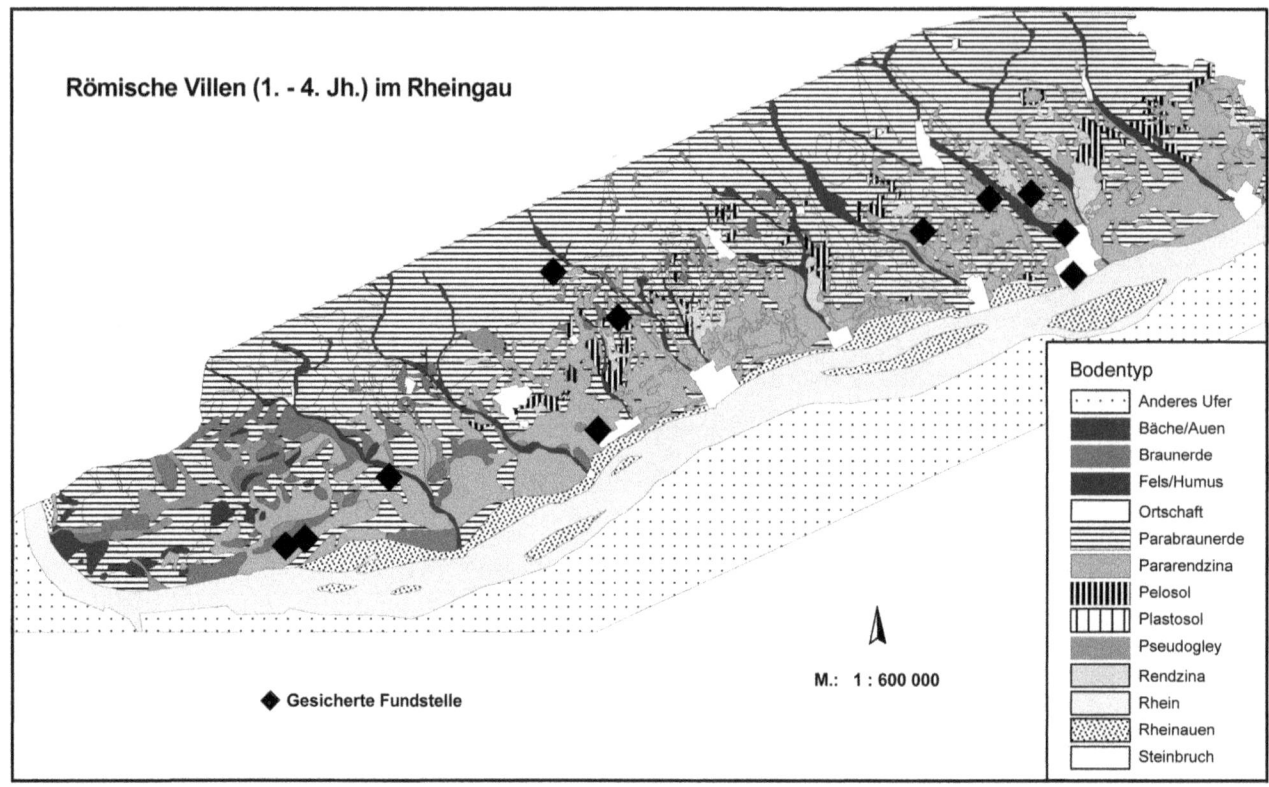

Abb. 6. Rheingau. Lage römischer *villae rusticae*. Kartiert sind die gesicherten Fundstellen vor dem Hintergrund der Bodentypen; für die Einschätzung der Standortqualität wurde die Bodenkarte um die Ertragsmesszahl ergänzt.

also um „Gutshöfe" im eigentlichen Sinn. Bei den Gebäuden aus Kiedrich, Erbach, Mittelheim, Niederwalluf „Kaltloch" und Winkel „Kohlrech" wird es sich zumindest um einen „einfachen Bauernhof" mit Wohnhaus und wenigstens einem weiteren Wirtschaftsgebäude gehandelt haben, wie die bezeugten Mauerfundamente, erhaltenen Bruchstücke von Tubulaturziegeln und die Überreste unbemalten Wandverputzes nahelegen.

Die ausgesprochen umfangreiche Fundstelle von Geisenheim „Lehranstalt" mag - sofern man den widersprüchlichen Aussagen zur Ausdehnung des Areals Glauben schenken will – als Hinweis auf einen *vicus* bzw. eine weilerartige Ansiedlung verstanden werden. Vergleichbare Plätze, die aufgrund der verhältnismäßig hohen Anzahl von Villen bzw. Grabfunden auch für Eltville und Rüdesheim zu erwarten wären, wurden bisher nicht bekannt[18].

Für die weiteren, im Rheingau bekannten Fundstellen ist eine entsprechende Zuordnung mangels erhaltener Funde nur bedingt möglich. Legt man die schematische Zahl von 20 Bewohnern je *villa rustica* einer Überschlagsrechnung zu Grunde[19], so lässt sich für den Rheingau bei bisher acht gesicherten Villen eine Bevölkerungszahl von etwa 160 Personen ermitteln; berücksichtigt man alle 15 Siedlungsstellen, so gelangt man zu einem Wert von 300 Einwohner. Geht man davon aus, dass in der Tat etwa 40–50 Gutshöfe bestanden haben, so erhöht sich die Zahl auf 800 bis 1000 Personen[20]. Diese Zahlen erscheinen außerordentlich niedrig und vermitteln nur bedingt eine Vorstellung von der tatsächlichen Bevölkerungsdichte in der sehr fruchtbaren Landschaft. Sie sollen dennoch zum Vergleich mit den Zahlen, die sich für die Merowingerzeit ermitteln lassen, herangezogen werden.

Die Siedlungsverhältnisse des späten 3. und frühen 4. Jahrhunderts sind wesentlich schwieriger zu beurteilen *(Abb. 3)*. Einzig die Villa aus Kiedrich bezeugt eine über den angeblichen Limesfall hinaus kontinuierlich andauernde Besiedlung; unter Vorbehalt können die Grabfunde von Rüdesheim sowie die Villa auf dem Gelände der Sektkellerei MM in Eltville an dieser Stelle eingereiht werden. Das Grab aus Hallgarten darf, da sein Inventar nicht über jeden Zweifel erhaben ist, in diesem Zusammenhang nicht berücksichtigt werden[21]. Dieses schüttere Bild entspricht sicherlich nicht der tatsächli-

---

18 Zu den quellenkritischen Einwänden vgl. oben.
19 Voraussetzung ist, dass alle Fundstellen zur gleichen Zeit von der gleichen Anzahl Personen bewohnt waren. Ausführlich: SPITZING 1988, 136–142.
20 Diese Überschlagsrechnung berücksichtigt ausschließlich die Villen; etwaige *vici* wurden wegen des schlechten Forschungsstandes bewußt vernachlässigt.
21 Das Grab wurde 1892 oder 1893 vom Verein für Nassauische Altertumskunde und Geschichtsforschung angekauft. Der Komplex umfasst neben mehreren Keramikgefäßen eine eingliedrige Drahtfibel des Typs Almgren 15 (Variante A nach A. Böhme). Bei den Münzen handelt es sich um Münzen von Nerva, Tetricus I. und Constantin I./II. Sowohl die Keramik als auch die Fibel datieren den Fund an die Wende vom 1. zum 2. Jh. n.Chr.; hier fügt sich die Münze des Nerva ein. Vor diesem Hintergrund erscheint es wahrscheinlich, dass die beiden jüngeren Münzen nachträglich untergeschoben wurden, um den Verkaufswert des Ensembles zu erhöhen.

Ort	Anzahl der Gräber	Zeitstellung
Eltville		
Erbacher Straße	mind. 646	5.–8. Jh.
Matthäus-Müller-Straße	mind. 3	5. Jh.
Steinheimer Hohl	mind. 19	7./8. Jh.
Draiser Hof	Siedlungsgrube	5. Jh.
Erbach		
Friedhof	mind. 1	6. Jh.
Geisenheim		
Ortsmitte	mind. 48	6./7. Jh.
Lehranstalt	1	6./7. Jh.
Hallgarten (?)		
–	1 (?)	7. Jh. (?)
Nieder-Walluf		
„An der Hohl"	mind. 8	6./7. Jh.
„Schöne Aussicht"	mind. 1	6./7. Jh.
Ober-Walluf		
Kirche	mind. 59	7. Jh.
Oestrich		
Bahnlinie/Ortsmitte	mind. 26	5.–7. Jh.
Winkel		
Ziegelbrennerei	mind. 6	6./7. Jh.
Ortsmitte/Hauptstraße	mind. 2	6./7. Jh.
Rüdesheim		
„Hinterhaus"	mind. 6	7. Jh.

Abb. 7. Rheingau. Übersicht zu den frühmittelalterlichen Fundstellen (5.–8. Jh. n.Chr.).

chen Situation. Ein ähnlich starker Rückgang der Siedlungsdichte ist auch für das nördliche Rheinhessen und die Aldenhovener Platte festzustellen; dabei dürfen jedoch die Schwierigkeiten, spätrömisches Fundmaterial des beginnenden 5. Jahrhunderts zuverlässig zu datieren, nicht außer Acht gelassen werden[22]. Möglicherweise wurden einige der Anlagen wesentlich länger genutzt, als dies anhand der keramischen Funde zu erkennen ist. Die Rücknahme des Limes und die dadurch veränderte, unsichere Lage wird mit Sicherheit vor allem wohlhabende Personen zur Aufgabe ihrer Villa veranlaßt haben[23]; ein völliger Zusammenbruch der römischen Infrastruktur erscheint aber unwahrscheinlich.

Die Fundstellen des 5.–8. Jahrhunderts

Zur Erforschung der frühmittelalterlichen Siedlungsgeschichte werden verschiedene Quellen herangezogen. Neben den Friedhöfen sind vor allem die Flur- und Ortsnamen sowie die urkundliche Erwähnung der Orte zu berücksichtigen. Von besonderer Aussagekraft ist zudem die Analyse des Naturraums[24].

Aus dem Rheingau liegen insgesamt 14 Fundstellen des 5. bis 8. Jhs. vor *(Abb. 7)*[25]. Dabei handelt es sich um 13 Bestattungsplätze und eine Siedlungsgrube[26].

Im Gegensatz zu den Fundstellen des 1. bis 4. Jhs. liegen die frühmittelalterlichen Fundplätze jedoch beinahe ausschließlich auf der hochwasserfreien Niederterrasse, einzig die Friedhöfe von Ober-Walluf, Eltville „Steinheimer Hohl" und Rüdesheim fügen sich nicht in dieses Schema ein *(Abb. 8)*. Für die Lage der übrigen Nekropolen lassen sich, vergleichbar

---

22 MÜLLER-WILLE/OLDENSTEIN 1981, 272–274. – LENZ 1999, 69–85. – KUNOW 1994.

23 Eine deutliche Zunahme an Siedlungsstellen ist für Rheinhessen nicht zu verzeichnen; andererseits lässt sich für das Umland von Mainz auch kein Rückgang feststellen. Vgl. hierzu die unterschiedlichen, beinahe gegensätzlichen Bewertungen durch BAYER 1967, 161–66 und MÜLLER-WILLE/OLDENSTEIN 1981 bes. 280–284. – Zur Situation in der Vorderpfalz: BERNHARD 1976, 86–88.

24 Zur Methodik beispielsweise DENECKE 1973.

25 Zur kartographischen Darstellung vgl. Anm. 9.

26 Eine Übersicht bietet DAHMLOS 1979, 191–198. – Bis heute grundlegend: SCHOPPA 1966.

den römischen Plätzen, einige Regelhaftigkeiten erkennen, die zudem innerhalb der Merowingerzeit einem deutlichen Wandel unterworfen sind.

Wie ein Blick auf die Verbreitungskarte zeigt, liegen die Fundstellen des 5. und frühen 6. Jahrhunderts auf der hochwasserfreien Niederterrasse. In allen Fällen handelt es sich um einen annähernd ebenen und nach Süden ausgerichteten Geländestreifen. Die Nähe zu römischen Ansiedlungen kann – bedingt durch die ungleiche Quellenlage – nur in Ansätzen untersucht werden. Bemerkenswert für alle frühmittelalterlichen Gräberfelder ist die Nähe zur römischen Straße von Wiesbaden nach Rüdesheim. In Eltville selbst befinden sich die Grabfunde des 5. und frühen 6. Jahrhunderts nahe bei einem ehemaligen römischen Gutshof (Abb. 9).

Es ist unklar, ob diese villae rusticae zur Zeit der germanischen Landnahme noch bewirtschaftet waren; zumindest aber ihre Ruinen dürften noch deutlich sichtbar gewesen sein und sich als „Anknüpfungspunkt" für eine neue Siedlung angeboten haben[27]; die Kenntnis römischer Fundstellen ist mittelbar durch die zahlreichen römischen Altstücke im Fundbestand des merowingerzeitlichen Gräberfeldes belegt (Abb. 10). Ferner ist hervorzuheben, dass es sich bei den fraglichen Gräbergruppen des 5. Jahrhunderts nach Ausweis der überlieferten Funde um die Bestattungsplätze wohlhabender Personen gehandelt hat.

Auch die Friedhöfe des fortgeschrittenen 6. Jhs. finden sich auf der oberen Niederterrasse; ihre Zahl ist gegenüber den älteren Fundplätzen deutlich angestiegen (Abb. 8). Möglicherweise spiegelt sich hier die verstärkte Aufsiedlung der Landschaft, ein erstes Anwachsen der Dörfer bzw. ein erster Landesausbau, wider.

Die augenfällige, an Regelhaftigkeiten grenzende Lage der Siedlungsstellen legt eine weitergehende Untersuchung mit Geographischen Informationssystemen (GIS) nahe[28]. Ziel dieser Untersuchung ist zunächst, die genannten Regelhaftigkeiten statistisch abzusichern[29]. Die Anwendung eines GIS bietet zudem die Möglichkeit, auf Grundlage der bekannten Voraussetzungen weitere Fundstellen gezielt aufzusuchen (predective modelling)[30].

Für die GIS-gestützte Untersuchung wurden die modernen Kartenwerke benutzt, d.h die Topographischen Karten im Maßstab 1:25 000 sowie die zugehörigen Bodenkarten[31]. Für die östliche Hälfte des Arbeitsgebietes beruht die Einschätzung der Bodengüte zusätzlich auf den im Maßstab 1:5 000 erstellten Standortkarten der Weinbaugebiete[32]. Für das Gewässernetz gilt, dass nachweislich moderne Eingriffe, wie beispielsweise Rückhaltebecken, nicht miteinbezogen wurden[33]. Die Kartenblätter wurden von Hand vektorisiert; daran anschließend wurden die einzelnen Bodentypen hinsichtlich der Ertragsklassen zusammengefasst[34].

Grundlage der Untersuchungen zu Höhenlage, Hangneigung und -ausrichtung sind die Daten des Digitalen Geländemodells von Hessen in einer Auflösung von 40 m (DGM Hessen 40)[35]. Die Umrechnung der Höhenwerte in ein Geländemodell und daran anschließend die Ermittlung von Hangneigung und -ausrichtung erfolgte mittels des Programms CATLAS; die Zuordnung der so gewonnenen Werte zu den einzelnen Fundstellen wurde mit MapInfo vorgenommen[36]. Die Werte zu Temperatur und Niederschlag wurden, da die Publikationen des Deutschen Wetterdienstes Offenbach zu großräumig sind, unmittelbar vom Hessischen Landesamt für Umwelt und Geologie bezogen[37]. Die Abnahme der mittleren Jahrestemperatur im Bezug auf die absolute Höhe üNN wurde

---

27 Beide Gräbergruppen liegen nahe bei der römischen Villa; aus der einen entwickelt sich das große, bis in das 8. Jh. hinein belegte Gräberfeld „Erbacher Straße". Die andere Gräbergruppe hingegen bricht kurz nach 500 ab. Sind hier vielleicht die ehemaligen Bewohner der Villa bestattet?

28 Die Literatur zu GIS ist mittlerweile beinahe unüberschaubar geworden. – Übersichtswerke: BERGHOFF 1997; BILL/FRITSCH 1991/1996; SAURER/BEHRE 1997. — Zur Anwendung in der Archäologie: ALLEN/GREEN/ZUBROW 1990; LOCK/STANCIC 1995; POSLUSCHNY 1999; SAILE 1998.

29 Berücksichtigt wurden die Faktoren „Entfernung zum nächsten Fließgewässer", „Entfernung zum Rhein", „Höhe üNN", „Relief (Hochlage-Oberhang-Mittellage-Unterhang-Tallage)", „Steigung des Hanges", „Exposition des Hanges" sowie „Boden".

30 Für die archäologische Denkmalpflege eröffnet sich dabei die Möglichkeit, im Rahmen einer sogenannten „Verdachtsflächenanalyse" für zukünftige Baugebiete eine qualifizierte Bewertung des zu erwartenden archäologischen Bestandes zu erhalten und die Wahrscheinlichkeit archäologischer Fundstellen abzuschätzen: ZEEB 1998.

31 Topographische Karten und Bodenkarten im Maßstab 1: 25 000: Hess. Landesamt Bodenforsch. (Hrsg.), Blatt 5914 Eltville (Wiesbaden 1963) bzw. Blatt 5913 Presberg (Wiesbaden 1964). – Landesvermessungsamt Rheinland-Pfalz (Hrsg.), Blatt 6013 Bingen (Mainz 1971) bzw. Blatt 6014 Ingelheim am Rhein (Mainz 1971). – Die noch unveröffentlichten bodenkundlichen Daten zu den Blättern 6013 Bingen und 6014 Ingelheim am Rhein wurden dankenswerterweise von Herrn Dr. K. J. Sabel (Hess. Landesamt f. Umwelt u. Geologie, Wiesbaden) zur Verfügung gestellt.

32 Es handelt sich dabei um die Blätter zur entsprechenden TK 25 Blatt 5914 Eltville. Vollständig vorhanden sind die Blätter zu den Gemarkungen von Walluf, Eltville und Erbach; teilweise erfasst ist das Gebiet zwischen Erbach und Winkel [Hess. Landesamt f. Umwelt u. Geologie (Hrsg.), Wiesbaden 1981–1983].

33 Dies konnte durch den Vergleich mit den in den Jahren zwischen 1950 und 1957 erstellten Ausgaben der genannten TK 25 abgesichert werden.

34 Es ist davon auszugehen, dass die Ergebnisse heutiger Untersuchungen zu Klima, Geologie und Bodentypen im wesentlichen auch auf die Merowinger- und Karolingerzeit übertragen werden können: SIELMANN 1972. – Die Auswirkungen der anthropogenen, nutzungsbedingten Veränderungen sind jedoch für das Arbeitsgebiet mangels genaueren Untersuchungen nicht abzuschätzen; so liegen nicht einmal verlässlich Aussagen zu Erosion und Degradierung der Böden vor. Vgl. hierzu: JÄGER 1978 bzw. 1989/90.

35 Diese Daten wurden vom Fachbereich Geographie der Philipps-Universität Marburg (Dr. K.-H. Müller, GIS-Labor) zur Verfügung gestellt.

36 Zu CATLAS: MÜLLER 1990. – Bei MapInfo wurde die Version 6.0 benutzt.

37 Die entsprechenden Daten waren dem GIS-Labor der Philipps-Universität Marburg im Rahmen früherer Projekte bereits zur Verfügung gestellt worden und konnten daher übernommen werden.

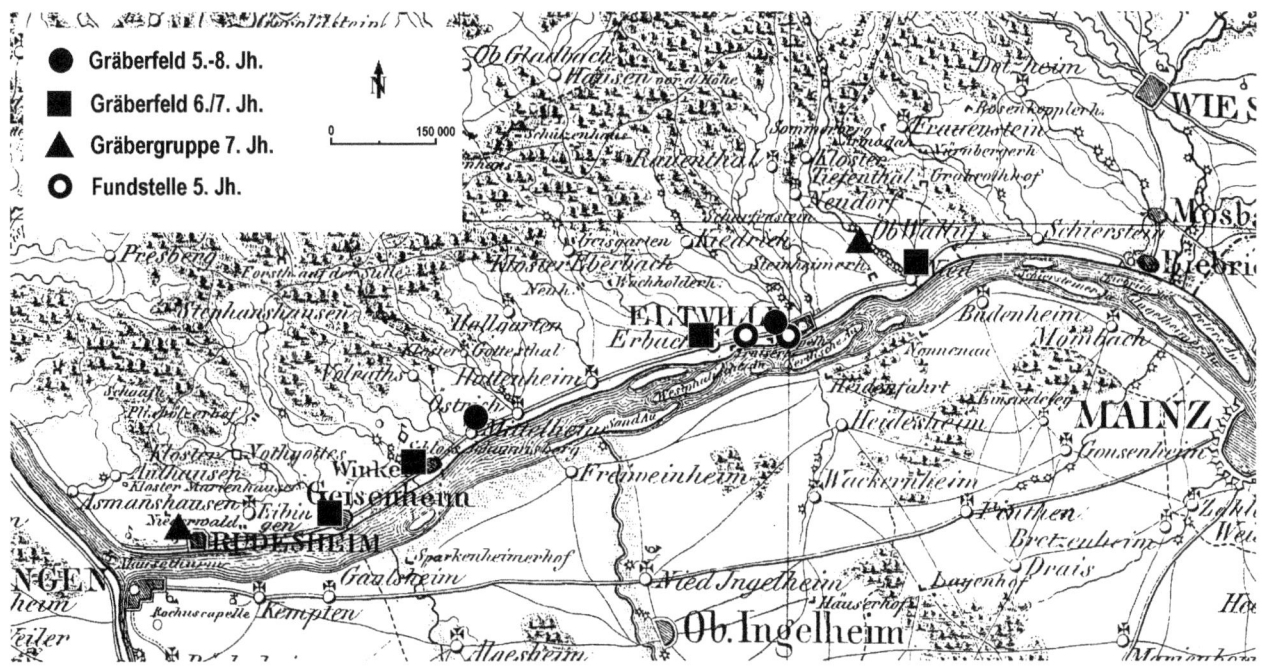

Abb. 8. Rheingau. Verbreitung frühmittelalterlicher Fundstellen (5.–8. Jh. n.Chr.) (Grundlage: Karte Großherzogtum Hessen und Herzogtum Nassau 1816–1821). – M. 1:200.000.

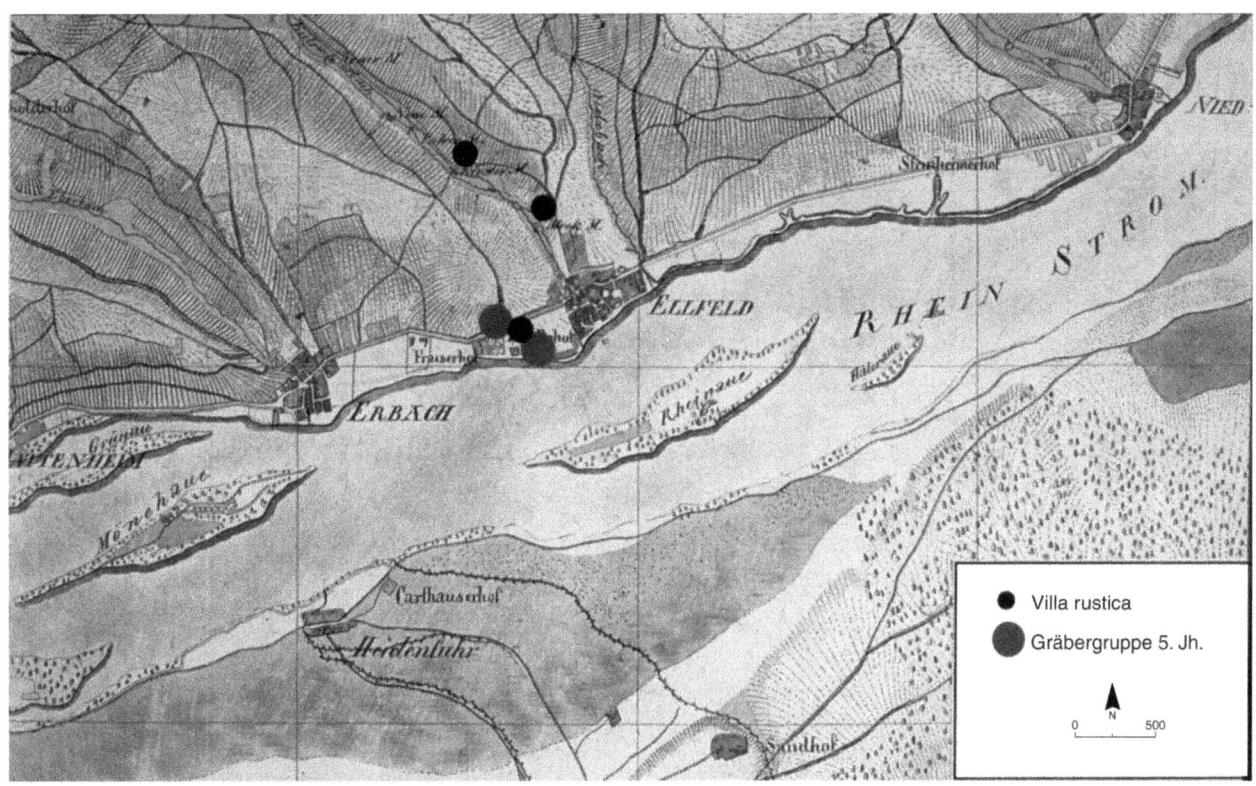

Abb. 9. Eltville. Römische Villen und Gräbergruppen des 5. Jhs. (Grundlage: Kartenaufnahme der Rheinlande durch Tranchot und v. Müffling 1816–1820, Blatt 110). – M. 1:200.00 (Ausschn. vergrößert).

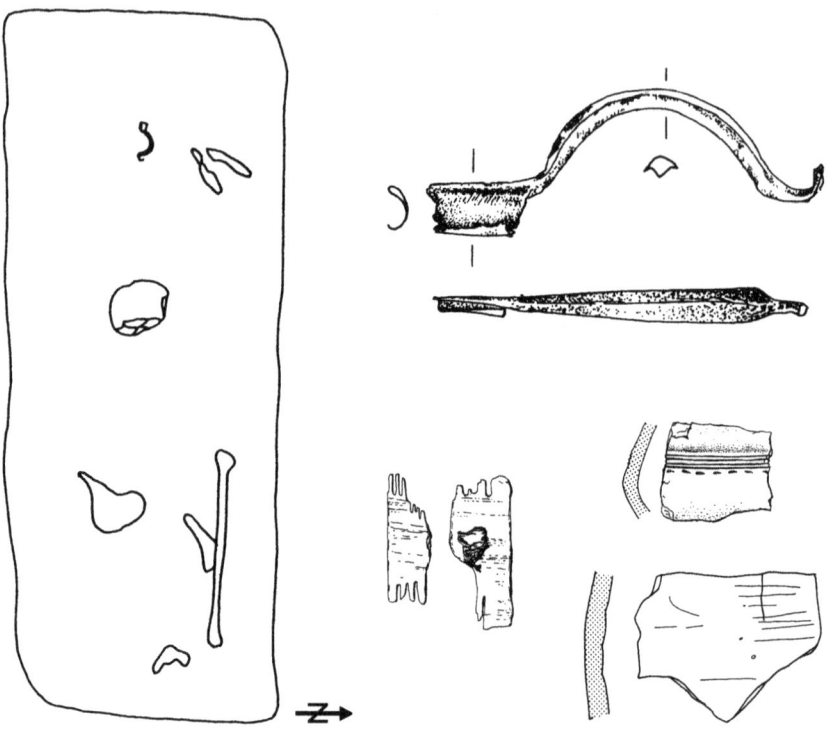

Abb. 10. Eltville. Inventar des Grabes 538. – M. 1:2; Fibel Almgren 16 M. 1:1.

dabei mit einem Gradienten von 0,7° C berechnet[38]. Dies ist ein gemittelter Wert, der den extremen Schwankungen innerhalb des Arbeitsgebietes gerecht wird[39].

Welche Regelhaftigkeiten in der Lage frühmittelalterlicher Gräberfelder lassen sich nun für den Rheingau feststellen? Den Friedhöfen gemeinsam ist die Lage auf einer nach Süden oder Südosten ausgerichteten Geländekuppe oberhalb einer Bachmündung. Bemerkenswerterweise wurden teilweise Böden minderer Qualität gewählt, desgleichen ist die Frostgefahr im Vergleich zu anderen Plätzen leicht erhöht. Von den ertragreicheren und nicht durch Frost gefährdeten Hängen wurden keine Funde bekannt (*Abb. 11*).

Will man aus der Lage der Friedhöfe auf die der Siedlungen schließen, so bietet es sich an, die Siedlungen auf der mittleren Niederterrasse zu suchen. Diese Lage unterhalb der Gräberfelder im hochwassersicheren Bereich bietet sich nicht zuletzt aufgrund der geringen Hangneigung für die Anlage eines Weilers an. Setzt man das Bestehen der römischen Straße voraus, so wäre dies ein weiterer Grund, der für die Gunst dieser Plätze sprechen würde. Die ausgesprochen fruchtbaren Hänge der Mittelterrasse blieben sehr wahrscheinlich frei und waren der landwirtschaftlichen Nutzung vorbehalten. Aus der Lage an einer Bachmündung ergibt sich, bedingt durch die Gestalt des Naturraumes, beinahe von selbst ein Abstand von etwa 1000 oder 2000 m zwischen den Siedlungen bzw. Gehöftgruppen. Die Bäche dürften die einzelnen Gemarkungen von einander getrennt haben.

Im *predective modelling* wurden die naturräumlichen Eigenschaften der bereits bekannten, im 6. und 7. Jahrhundert belegten Gräberfelder zugrunde gelegt. Dabei lassen sich zumindest für Hattenheim und Mittelheim im heutigen Ortsbereich Areale benennen, an denen sich ebenfalls ein merowingerzeitliches Gräberfeld befunden haben könnte[40]. Im Falle von Hattenheim wird dies zusätzlich durch den Flurnamen „Hinter Hausen" bestätigt[41]. Am östlichen Ortsausgang von Rüdesheim findet sich eine weitere derartige „Verdachtsfläche". Dieses Gelände ist allerdings durch neuzeitliche Baumaßnahmen stark verändert, das Ergebnis ist demnach nur mit Vorbehalt anzunehmen[42].

---

38 So liegt für den mittleren Rheingau (Wetterstation Geisenheim) ein Gradient von 0,8 vor, wohingegen die entsprechenden Werte in der Wiesbadener Bucht 0,63 und im Taunus 0,61 betragen.

39 Für diese Datengrundlage gilt, dass zumindest die Klimakarten selbstverständlich nicht die Verhältnisse zur Merowingerzeit widerspiegeln – im Gegenteil, eine Veränderung gilt als sicher. Die Angaben beruhen ausschließlich auf Erhebungen aus dem Zeitraum zwischen 1891 und 1995. Ziel der Untersuchung ist aber auch nicht, das Klima während der Merowingerzeit zu rekonstruieren oder den einzelnen Fundstellen verbindliche Werte zuzuweisen. Entscheidend sind vielmehr die Unterschiede innerhalb des Arbeitsgebietes in Abhängigkeit vom Relief. Hier ist vorauszusetzen, dass zwar die absoluten Werte seit der römischen Zeit bis heute starken Schwankungen unterlagen, die relativen Werte aber annähernd gleich geblieben sind; heute klimatisch begünstigtere Landstriche waren im großen und ganzen auch während des Frühmittelalters begünstigter. Die Relativität der Fundstellen untereinander ist Gegenstand der Betrachtung.

40 Diese Geländestreifen sind bereits teilweise überbaut; Fundmeldungen liegen jedoch nicht vor.

41 Vgl. hierzu die Ausführungen zur Topographie von Rüdesheim.

42 Bemerkenswerterweise verfügen diese drei Orte verfügen über einen Namen auf -*heim*; Ortsnamen mit diesem Grundwort werden allgemein als die älteste, wohl merowingerzeitliche „Schicht"" derartiger Namen angesehen.

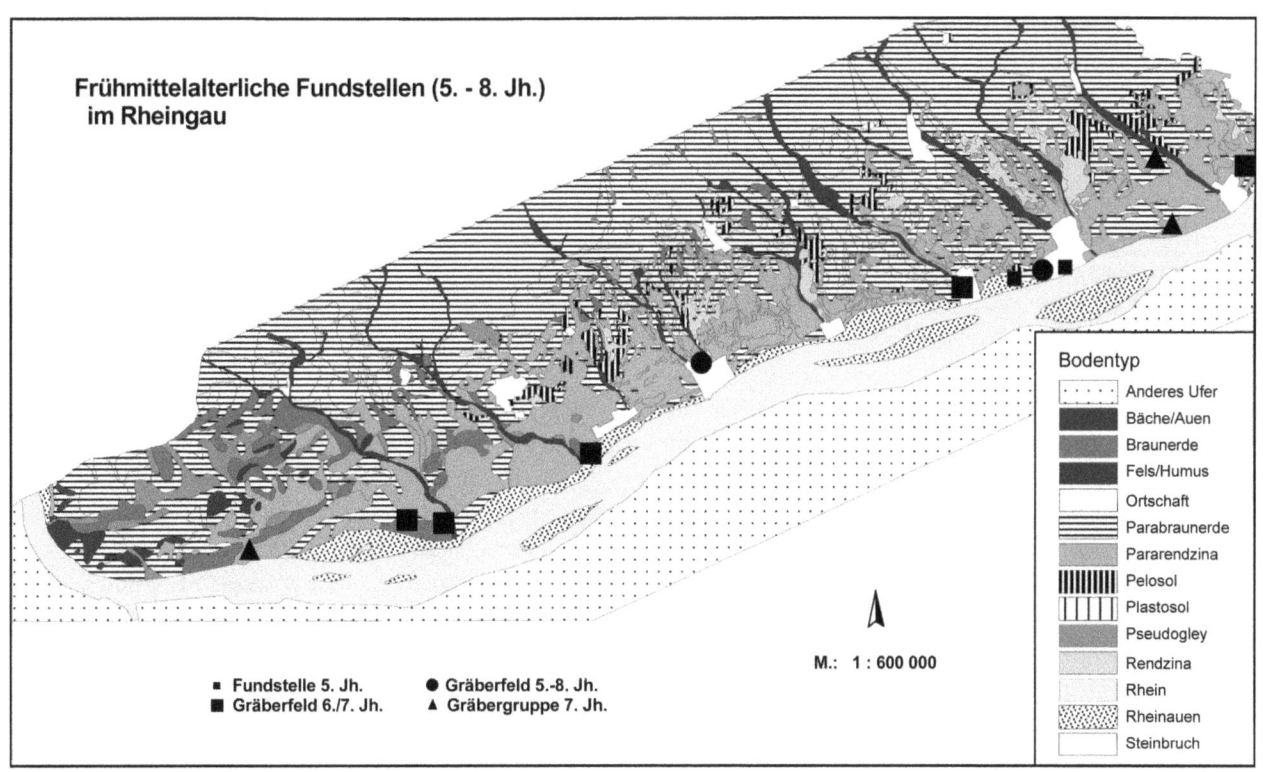

Abb. 11. Rheingau. Lage frühmittelalterlicher Fundstellen. Die Fundstellen wurden vor dem Hintergrund der Bodentypen kartiert; für die Einschätzung der Standortqualität wurde die Bodenkarte um die Ertragsmesszahl ergänzt.

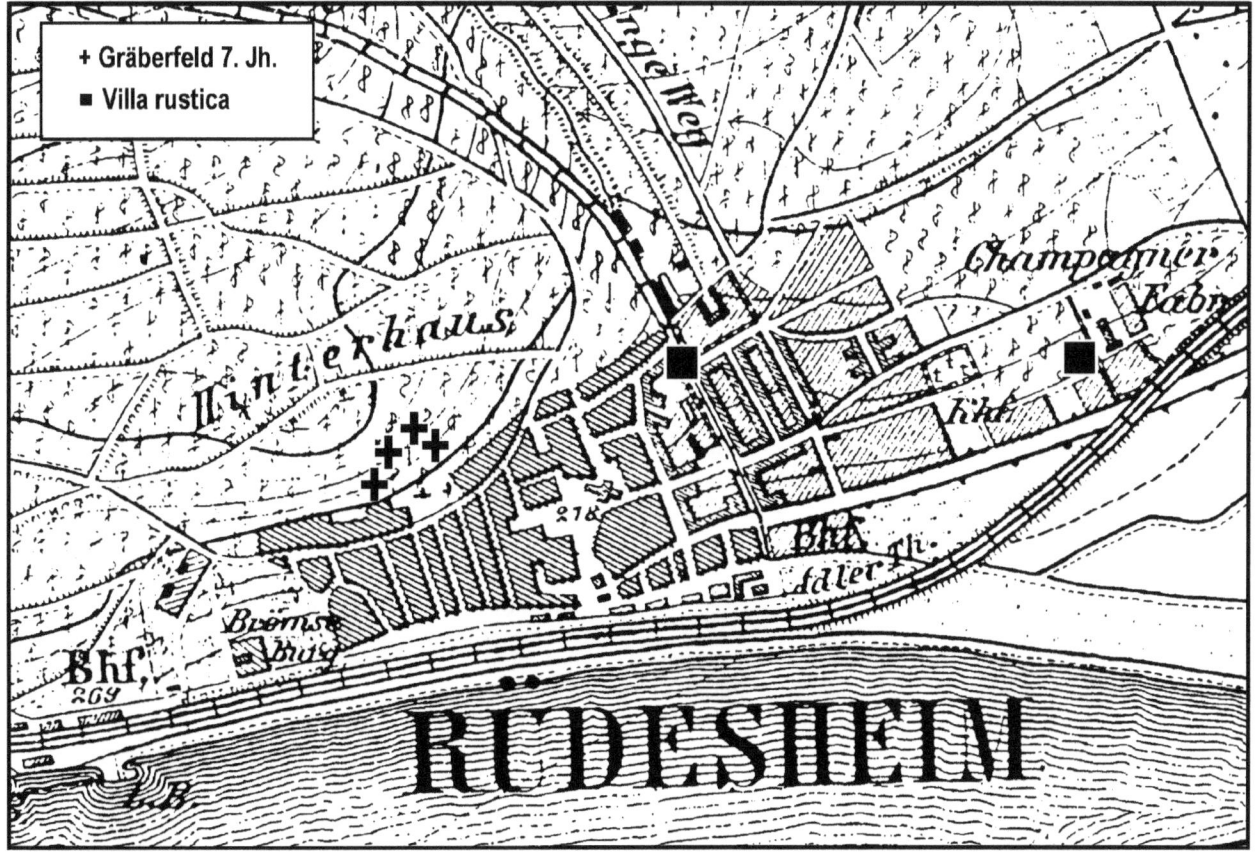

Abb. 12. Rüdesheim. Römische Villen und frühmittelalterliches Gräberfeld (nach Katasterplan von 1895). – M. ca. 1:5.000.

Sowohl die Lage der Weiler als auch das Bild einer lockeren Besiedlung in einer wahrscheinlich freien Landschaft entspricht den Ergebnissen, die für das nördliche Rheinhessen gewonnen werden konnten[43]. Für den Rheingau ist für das 6. und frühe 7. Jahrhundert davon auszugehen, dass innerhalb einer Gemarkung ein Friedhof bestand, der entweder von einer oder auch mehreren Gehöften gemeinsam belegt wurde. Dies stellt einen deutlichen Unterschied zum alamannisch besiedelten Gebiet dar; hier finden sich auf einer Gemarkung meist mehrere, kleinere Gräberfelder[44].

Zur Kontrolle der Ergebnisse wurden zusätzlich historische Karten herangezogen. Für das Arbeitsgebiet bietet die in den Jahren 1816–1820 durchgeführte Topographische Aufnahme der Gebiete durch preußische Offiziere unter Freiherr von Müffling eine zuverlässige Informationsquelle; ferner sind die in den Jahren 1750/51 entstandenen Gemarkungskarten von Andreas Trauttner anzuführen. Diese Karten geben die der Landschaft vor dem Bau der Eisenbahn, dem Beginn der Industrialisierung und damit verbundenen Veränderungen des Naturraums wieder – ihr Bild kommt daher der frühmittelalterlichen Nutzung am nächsten (vgl. *Abb. 9*)[45].

Die Fundstellen des mittleren und späten 7. Jahrhunderts weichen von dem oben geschilderten Muster ab *(Abb. 8)*. Bei diesen kleinen Gräberfeldern handelt es sich wohl um die Friedhöfe kleinerer Ausbauorte. Die zugehörigen Siedlungen passen sich in die Lücken zwischen den bereits vorhandenen Dörfern ein; ein klarer Bezug zu den älteren Gräberfeldern ist nicht zu erkennen. Allerdings läßt sich zumindest für Ober-Walluf vermuten, dass die Lage in dem verkehrsgeographisch wichtigen Walluf-Tal Anreiz zur Gründung einer weiteren Siedlung bot. In diesem Falle wären also die naturräumlichen Nachteile einer nach Südosten ausgerichteten Tallage durch die Verkehrsgunst des Ortes aufgehoben worden.

Die Schätzung der frühmittelalterlichen Bevölkerungsgröße und ihres Wandels ist mit sehr vielen Unsicherheiten behaftet[46]. Mit an Sicherheit grenzender Wahrscheinlichkeit wurden alle frühmittelalterlichen Bestattungsplätze im Rheingau erfaßt[47]; Umfang und Belegungsdauer lassen sich in den meisten Fällen zumindest abschätzen. Die möglichen Wirtschaftsflächen der Siedlungen betragen 10–15 km², was im Regelfall die Ernährung der Bevölkerung sowie eine gewisse Überschussproduktion gewährleistet haben dürfte[48]. Allein für den Friedhof von Eltville läßt sich bei einer Belegungsdauer von etwa 280 Jahren und annähernd 1200 Gräbern eine Zahl von etwa 100 gleichzeitig im Dorf lebenden Personen errechnen[49]. Hier kann man schematisch eine Anzahl von zehn Höfen mit einer Wirtschaftsfläche von insgesamt 10 km² zugrunde legen[50]. Geht man davon aus, dass zumindest das Gräberfeld von Oestrich zu einer vergleichbaren Siedlung gehört haben mag und berücksichtigt ferner die kleineren Nekropolen des 7. Jahrhunderts, so lässt sich eine Zahl von höchstens 800 Einwohnern für den Rheingau ermitteln. Auch diese Zahl mag - wie die oben genannte für die Römische Kaiserzeit - eher zu niedrig sein[51]. Es zeigt sich aber, dass im Vergleich zur älteren Periode auch in der Merowingerzeit keine nennenswerte „Entvölkerung" der Landschaft festzustellen ist.

Die archäologischen Beobachtungen können vereinzelt durch eine Untersuchung der Flurnamen ergänzt werden. Mehrfach ist betont worden, dass in Rheinhessen und im Rheingau frühmittelalterliche Friedhöfe nahe bei bzw. in Fluren mit bestimmten, kennzeichnenden Namen wie „Heier" oder „Hinterhaus" liegen. Möglicherweise geben diese Bezeichnungen einen Hinweis auf die an die ehemalige Siedlung angrenzende Flur und damit auf die Lage des Weilers[52]. Mit Sicherheit lässt sich diese Vermutung für Rüdesheim bestätigen *(Abb. 12)*, und vielleicht trifft dies auch auf Eltville zu[53]. Im Falle von Rüdesheim kommt diesem Gesichtspunkt besonderes Gewicht zu. Der Bezug zu den römischen *villae rusticae* ist nicht gegeben. Im vermuteten Areal der Siedlung fallen jedoch drei langgezogene Parzellen auf, wodurch sich dieses Gebiet vom weiteren Stadtbild deutlich unterscheidet.

Bilanz

Der Versuch, eine Siedlungsgeschichte des Rheingaus zu schreiben, ist – bedingt durch den schlechten Forschungsstand – mit großen Unsicherheiten behaftet. Es liegen nur wenige und vor allem alt untersuchte Fundstellen vor; zudem ist die Quellenlage ausgesprochen uneinheitlich[54]. Dies zeigt sich gerade im Vergleich zwischen der Römischen Kaiserzeit und dem Frühen Mittelalter.

---

43 AMENT 1989. – ZELLER 1992 Beil. 1–2 (Karten).
44 Vgl. HOEPER 1994. – ADE-RADEMACHER 1995. – KÖPPEN 1995. – LAUX 1995.
45 Zu diesen Kartenwerken: MÜLLER-MINY 1975. – Zu noch älteren Aufnahmen einzelner Gemarkungen: STRUCK 1977.
46 Vgl. die unterschiedliche Bewertung des gleichen Raumes durch STEUER 1988 und SASSE 1988.
47 Zu den Ausnahmen vgl. oben.
48 Beispielhaft wird auf entsprechende Berechnungen an hochmittelalterlichen Beispielen verwiesen: REMMERT 1988.– Vgl. auch die Untersuchungen zu neolithischen und bronzezeitlichen Seeufersiedlungen: JACOMET/BROMBACHER/DICK 1989.
49 Bezugspunkt sind die paläodemographischen Berechnungsmodi nach BOCQUET/ MASSET 1977 sowie die Untersuchungen von M. Heinzelmann an karolingerzeitlichen Urkunden (HEINZELMANN 1977).
50 Beispielsweise DIEPOLDER 2000.
51 Stillschweigende Voraussetzung ist dabei, dass die Flächen der Mittelterrasse tatsächlich landwirtschaftlich genutzt wurden und nicht brach lagen bzw. bewaldet waren. Hier könnten nur archäobotanische Untersuchungen weiterführende Ergebnisse erbringen. Die einzigen archäobotanisch bestimmten Pflanzenreste aus dem gesamten Arbeitsgebiet stammen aus dem frühmittelalterlichen Gräberfeld in Eltville.
52 LAUFS 1973.
53 DERS. 1995.
54 Man denke nur an das ungleiche Verhältnis der Siedlungsstellen zu den Grabfunden.

Dennoch ist eine deutliche und einschneidende Veränderung des Siedlungsbildes festzuhalten. In der Römischen Kaiserzeit wurde der Rheingau augenscheinlich flächig besiedelt, und zwar nach einer mehr oder weniger geplanten Ordnung. Offensichtlich handelt es sich um Einzelhöfe in Streulage *(Abb. 4)*.

Dem steht das völlig veränderte Bild des frühen Mittelalters gegenüber. Hier erfassen wir mittelbar über die Gräberfelder kleinere Weiler, die sich ausschließlich auf der Niederterrasse befinden. Die Hänge bleiben offenkundig frei von Siedlungsstellen *(Abb. 8)*. Diese Veränderung lässt sich für alle Gemarkungen und als beinahe schlagartigen Wandel festhalten. Hinzu kommt eine Auffälligkeit in den schriftlichen Quellen. Die Orte auf der Niederterrasse werden bereits in karolingerzeitlichen Urkunden genannt, die Orte auf der Mittelterrasse treten erst in der jüngeren Überlieferung auf[55].

Welche Vorgänge verbergen sich hinter diesem Bild? Vielleicht spiegelt der schlechte Forschungsstand ein Trugbild vor. Wahrscheinlicher ist aber, dass tatsächlich historische Gegebenheiten diesen Veränderungen zugrunde liegen. Dann bestünde eine Kontinuität in der Besiedlung der Landschaft; Diskontinuität wäre größtenteils bei der Wahl der Siedlungsstellen festzustellen. Liegen die Ursachen für diese Diskontinuität in der Kontinuität vielleicht in der veränderten Nutzung der Landschaft bzw. den gewandelten Besitzverhältnissen zwischen Römerzeit und frühem Mittelalter?

---

55 STAAB 1990 bes. 40–47.

Literaturverzeichnis

ADE-RADEMACHER 1995
D. ADE-RADEMACHER, Die Gräberfelder und Grabfunde des Oberen Gäus. Der Sülchgau 39, 1995, 18–26.

ALLEN/GREEN/ZUBROW 1990
K. M. ALLEN/S. W. GREEN/E. B. ZUBROW (Hrsg.), Interpreting Space: GIS and Archaeology (London 1990).

AMENT 1989
H. AMENT, Das Dorf in Rheinhessen als Forschungsgegenstand der Siedlungsarchäologie. In: Das Dorf in Rheinhessen. Ber. 5. Alzeyer Kolloquium. Gesch. Landeskde. 30 (Wiesbaden 1989) 1–10.

BÄR 1790
Pater H. BÄR, Beiträge zur Mainzer Geschichte der mittleren Zeiten, 2. Stück. Natürliche Beschaffenheit und Kultur des Rheingaues (Mainz 1790).

BAYER 1967
H. BAYER, Die ländliche Besiedlung Rheinhessens und seiner Randgebiete in römischer Zeit. Mainzer Zeitschr. 62, 1967, 125–175.

BERGHOFF 1997
B. BERGHOFF, Geo-Informationssysteme. Grundlagen und praktische Anwendung für den GIS-Nutzer. Würzburger Geograph. Manuskripte 40 (Würzburg 1997).

BERNHARD 1976
H. BERNHARD, Beiträge zur römischen Besiedlung im Hinterland von Speyer. Mitt. Hist. Ver. Pfalz 73, 1976, 37–165.

BILL/FRITSCH 1991
R. BILL/D. FRITSCH, Grundlagen der Geoinformationssyteme 1 (Heidelberg 1991).

BILL 1996
R. BILL, Grundlagen der Geo-Informationssysteme 2 (Heidelberg 1996).

BOCQUET/MASSET 1997
J.-P. BOCQUET/C. MASSET, Estimateurs en paléodémographie. L'homme 17, 1977, 65–90.

CZYSZ 1978
W. CZYSZ, Situationstypen römischer Gutshöfe im Nördlinger Ries. Zeitschr. Hist. Ver. Schwaben 72, 1978, 70–94.

DAHMLOS 1979
U. DAHMLOS, Archäologische Funde des 4. bis 9. Jahrhunderts in Hessen. Unters. u. Mat. Verfassungs- u. Landesgesch. 7 (Marburg 1979).

DENECKE 1973
D. DENECKE, Historische Siedlungsgeographie und Siedlungsarchäologie des Mittelalters. Zeitschr. Arch. Mittelalter 3, 1973, 7–36.

DIEPOLDER 2000
G. DIEPOLDER, Archäologie am Holzweg – oder: wie groß waren große Höfe im frühen Mittelalter? Bayer. Vorgeschbl. 65, 2000, 227–237.

FISCHER 1990
TH. FISCHER, Das Umland des römischen Regensburg. Münchner Beitr. Vor- u. Frühgesch. 42 (München 1990).

GAITZSCH 1986
W. GAITZSCH, Grundformen römischer Landsiedlungen im Westen der CAAA. Bonner Jahrb. 186, 1986, 397–427.

GECHTER/KUNOW 1986
M. GECHTER/J. KUNOW, Zur ländlichen Besiedlung des Rheinlandes in römischer Zeit. Bonner Jahrb. 186, 1986, 377–396.

HEINZELMANN 1977
M. HEINZELMANN, Beobachtungen zur Bevölkerungsstruktur einiger grundherrschaftlicher Siedlungen im karolingischen Bayern. Frühmittelalterl. Stud. 11, 1977, 202–217.

HOEPER 1994
M. HOEPER, Alamannische Besiedlungsgeschichte im Breisgau, Reihengräberfelder und Gemarkungsgrenzen. In: H. U. Nuber et al. (Hrsg.), Römer und Alamannen im Breisgau. Studien zur Besiedlungsgeschichte in Spätantike und frühem Mittelalter. Arch. u. Gesch. 6 (Sigmaringen 1994) 9–124.

HÜSSEN 1990
C.-M. HÜSSEN, Römische Okkupation und Besiedlung des mittelraetischen Limesgebietes. Ber. RGK 71, 1990, 5–22.

JACOMET/BROMBACHER/DICK 1989
S. JACOMET/CHR. BROMBACHER/M. DICK, Archäobotanik am

JÄGER 1978
H. Jäger, Der Beitrag der historischen Geographie zur mittelalterlichen Archäologie. Zeitschr. Arch. Mittelalter 6, 1978, 7–32.

JÄGER 1989/90
H. Jäger, Ur- und frühgeschichtliche Umwelten im südlichen Deutschland. Ber. Bayer. Bodendenkmalpfl. 30/31, 1989/90, 17–33.

KÖPPEN 1995
A. Köppen, Siedlungs- und Flurnamen als Quellen der Besiedlungsgeschichte. Sülchgau 39, 1995, 39–47.

KUNOW 1994
J. Kunow, Die ländliche Besiedlung im südlichen Teil von Niedergermanien. In: H. Bender/H. Wolff (Hrsg.), Ländliche Besiedlung und Landwirtschaft in den Rhein-Donau-Provinzen des römischen Reiches. Passauer Universitätsschr. Arch. 2 (Espelkamp 1994) 141–197.

LAUFS 1973
M. Laufs, Merowingerzeitliche Reihengräberfelder im Flurnamenbild rheinhessischer Siedlungen. Geschichtl. Landeskde. 9 (Wiesbaden 1973) 17–68.

LAUFS 1995
M. Laufs, Der Flurnamen „Hinter Hausen" in Rheinhessen und im Rheingau. Rheingau-Forum 4, 1995, 36–49.

LAUX 1995
U. Laux, Fundstellenkatalog zum Oberen Gäu. Sülchgau 39, 1995, 109–120.

LENZ 1999
K. H. Lenz, Siedlungen der römischen Kaiserzeit auf der Aldenhovener Platte. Rhein. Ausgr. 45 (Bonn 1999).

LOCK/STANCIC 1995
G. Lock/Z. Stancic (Hrsg.), Archaeology and Geographical Information System (London 1995).

MÜLLER 1990
K.-H. Müller, Der Marburger Raum im modernen Kartenbild. Geographische Informationssysteme und ihre Anwendung in der Kartographie. In: A. Pletsch (Hrsg.), Marburg. Entwicklungen, Strukturen, Funktionen, Vergleiche. Marburger Geograph. Schr. 115 (Marburg 1990) 129–166.

MÜLLER-MINY 1975
H. Müller-Miny, Die Kartenaufnahme der Rheinlande durch Tranchot und v. Müffling 1801–1828. Publ. Ges. Rhein. Geschichtskde. 12/2: Das Gelände. Eine quellenkritische Untersuchung des Kartenwerkes (Köln 1975).

MÜLLER-WILLE/OLDENSTEIN 1981
M. Müller-Wille/J. Oldenstein, Die ländliche Besiedlung des Umlandes von Mainz in spätrömischer und frühmittelalterlicher Zeit. Ber. RGK 62, 1981, 261–316.

PACHALI 1978
E. Pachali, Zur römischen Besiedlung des Rheingaus. Bonner Jahrb. 178, 1978, 281–289.

POSLUSCHNY 1999
A. Posluschny, Anwendungsbeispiele eines einfachen GIS in der Archäologie. Alt-Thüringen 33, 1999, 296–311.

REMMERT 1988
H. Remmert, Energiebilanzen in kleinräumigen Siedlungsarealen. Saeculum 39, 1988, 110–118.

SASSE 1988
B. Sasse, Zur Bevölkerungsentwicklung im Kaiserstuhl-Tuniberg-Gebiet im frühen Mittelalter. Saeculum 39, 1988, 127–140.

SAURER/BEHRE 1997
H. Saurer/F.-J. Behre, Geographische Informationssysteme (Darmstadt 1997).

SAILE 1998
Th. Saile, Untersuchungen zur ur- und frühgeschichtlichen Besiedlung der nördlichen Wetterau. Mat. Vor- u. Frühgesch. Hessen 21 (Wiesbaden 1998).

SCHELL 1964
G. Schell, Die römische Besiedlung von Rheingau und Wetterau. Nass. Ann. 75, 1964, 1–100.

SCHOPPA 1966
H. Schoppa, Zur Siedlungsgeschichte des Rheingaues in fränkischer Zeit. Nass. Ann. 77, 1966, 1–15.

SIELMANN 1972
B. Sielmann, Zur Transponierbarkeit heutiger Klimakarten auf prähistorische Zeitabschnitte des Holozäns im mitteleuropäischen Raum. Informationsbl. Nachbarwiss. Ur- u. Frühgesch. 3, 1972, 1–8.

SPITZING 1988
T. Spitzing, Die römische Villa von Lauffen a. N. Materialh. Vor- u. Frühgesch. Baden-Württemberg 12 (Stuttgart 1988).

STAAB 1990
J. Staab, Frühgeschichte des Weinbaus im Rheingau. Nass. Ann. 101, 1990, 31–47.

STEUER 1988
H. Steuer, Zur Berechnung von Bevölkerungsgröße und Bevölkerungsentwicklung in einer Siedlungslandschaft der Merowingerzeit. Saeculum 39, 1988, 119–126.

STRUCK 1977
W.-H. Struck, Alte Karten vom Rhein zwischen Walluf und Bingen. Nass. Ann. 88, 1977, 53–102.

ZEEB 1998
A. Zeeb, Erste Schritte zu einem Flächenmanagement - Ein GIS in der sächsischen Archäologie. In: Workshop „Computer und Archäologie 3" (Wien 1998) 85–102.

ZELLER 1992
G. Zeller, Die fränkischen Altertümer des nördlichen Rheinhessen. Germ. Denkmäler Vorzeit B15 (Stuttgart 1992).

Markus C. Blaich
Landesamt für Denkmalpflege und Archäologie
Richard-Wagner-Straße 9
D-06114 Halle
mcblaich@lfa.mk.lsa-net.de

FRÜHE ALAMANNEN AM OBERRHEIN

Christel Bücker

Historischer Hintergrund

Römische Historiker berichten, dass bereits seit dem beginnenden 3. Jahrhundert Germanengruppen in das römische Reichsgebiet an Rhein, Main und Neckar eingedrungen waren[1]. In der Folge wird der obergermanisch-rätische Limes aufgegeben sowie die spätrömische Grenze im 4. Jahrhundert an den Rhein zurückverlegt und mit Kastellen wie in Kaiseraugst, auf dem Baseler Münsterberg, auf dem Breisacher Münsterberg und auf dem Sponeckfelsen bei Jechtingen gesichert[2]. Das ehemalige römische Dekumatland wird in dieser Zeit von Alamannen besiedelt, deren erste sichere Nennung in den schriftlichen Quellen im Jahr 289 bezeugt ist[3]. Durch den römischen Geschichtsschreiber Ammianus Marcellinus sind wir im 4. Jahrhundert von kriegerischen Auseinandersetzungen sowie von vertraglich geregelten Beziehungen zwischen dem römischen Reich und den germanischen Stammesverbänden unterrichtet[4]. Außerdem benennt Ammianus ab der Mitte des 4. Jahrhunderts mehrere Teilverbände der Alamannen, die zu dieser Zeit jenseits der Rheingrenze ansässig waren, und die Wohnsitze einiger ihrer Anführer. Die „Brisigavi", die Bewohner des Breisgaus, werden als Truppenteile des römischen Heeres am Ende des 4. Jahrhunderts in der *Notitia Dignitatum*, einem spätrömischen Militärhandbuch, genannt[5].

Archäologische Quellen zu den frühen Alamannen an Ober- und Hochrhein

1. Ländliche Siedlungsplätze und Grabfunde

Nach den archäologischen Quellen waren Germanen spätestens seit dem beginnenden 4. Jahrhundert Grenznachbarn des römischen Reiches am südlichen Ober- und Hochrhein[6]. Die mittlerweile zahlreich bekannten ländlichen Siedlungsplätze im Breisgau liegen zum Teil in direkter Nachbarschaft zu den römischen Kastellen am Rhein *(Abb. 1)*, jedoch sind die meisten Plätze wie z.B. bei Jechtingen im direkten Vorfeld des spätantiken Kastells nur durch Lesefunde, überwiegend durch germanische handgeformte Keramik, nachgewiesen.

Großflächig auf insgesamt 4,5 ha wurde die frühalamannische Siedlung von Mengen südlich von Freiburg untersucht *(Abb. 2)*, allerdings hatte man für diese Rettungsgrabung von 1974 nur ein Jahr Zeit[7]. Dort konnten zwar nur spärliche Reste von Gehöftstrukturen nachgewiesen werden, jedoch zahlreiche Funde – vor allem eine große Menge handgeformter Keramikgefäße *(Abb. 3)* – und zwei frühalamannische Körperbestattungen mit Beigaben aus der zweiten Hälfte des 4. Jahrhunderts nur 70 m neben dem Siedlungsplatz *(Abb. 4)*. Im Bereich der Körpergräber gibt es außerdem frühalamannische Lesefunde, unter anderem eine bronzene Armbrustfibel und eine Scheibenfibel aus der ersten Hälfte des 4. Jahrhunderts *(Abb. 5)*, die ein Indiz für bereits zerstörte Brandgräber sind[8]. Germanische Brandgräber sind im südlichen Oberrheingebiet bisher nicht eindeutig nachgewiesen, jedoch spiegeln die wenigen bisher entdeckten Körperbestattungen des 4./5. Jahrhundert mit Sicherheit nicht mal einen Bruchteil der hier verstorbenen Germanen. Möglicherweise fassen wir mit den Körpergräbern nur eine germanische Oberschicht, während die Masse vielleicht noch brandbestattet wurde. Allerdings sind solche Gräber mit verbrannten Knochenresten nur schwer zu erkennen, wenn diese nicht in einer Urne deponiert wurden. Wie in Mengen ist auch direkt bei den Fundplätzen von Breisach-Hochstetten und Sasbach neben den Siedlungsfunden jeweils ein Grabfund nachgewiesen. Man kann annehmen, dass frühalamannische Bestattungsplätze regelhaft direkt neben den Siedlungsplätzen zu finden sind.

Bei dem Siedlungsplatz von Vörstetten nördlich von Freiburg, der in den letzten drei Jahren auf einem Hektar untersucht werden konnte *(Abb. 6)*, ist der Bestattungsplatz noch nicht gefunden[9]. Diese Siedlung lag 20 km entfernt von der spätantiken Rheingrenze und nur 5 km entfernt von der frühalamannischen Höhensiedlung auf dem Zähringer Burgberg. Hier konnten erstmals im Breisgau umfangreiche Gehöftstrukturen aus frühalamannischer Zeit archäologisch nachgewiesen werden. Neben mindestens vier großen Pfostenbauten konnten hier unter anderem zwei Brunnen, ein Speicherbau, zwei ofenartige Befunde – vermutlich Getreidedarren – und

---

1 STROHEKER 1974, 9 ff.
2 BAKKER 1997, 114 ff.
3 GEUENICH 1997, 74.
4 STROHEKER 1974, 16 ff.
5 HOFFMANN 1969, 165 ff.
6 BÜCKER 1999a, 217. – DIES. 1994, 174 ff.
7 DIES. 1999a, 13 ff.
8 Ebd. 212 ff.
9 DIES. 2001b, 3 ff.

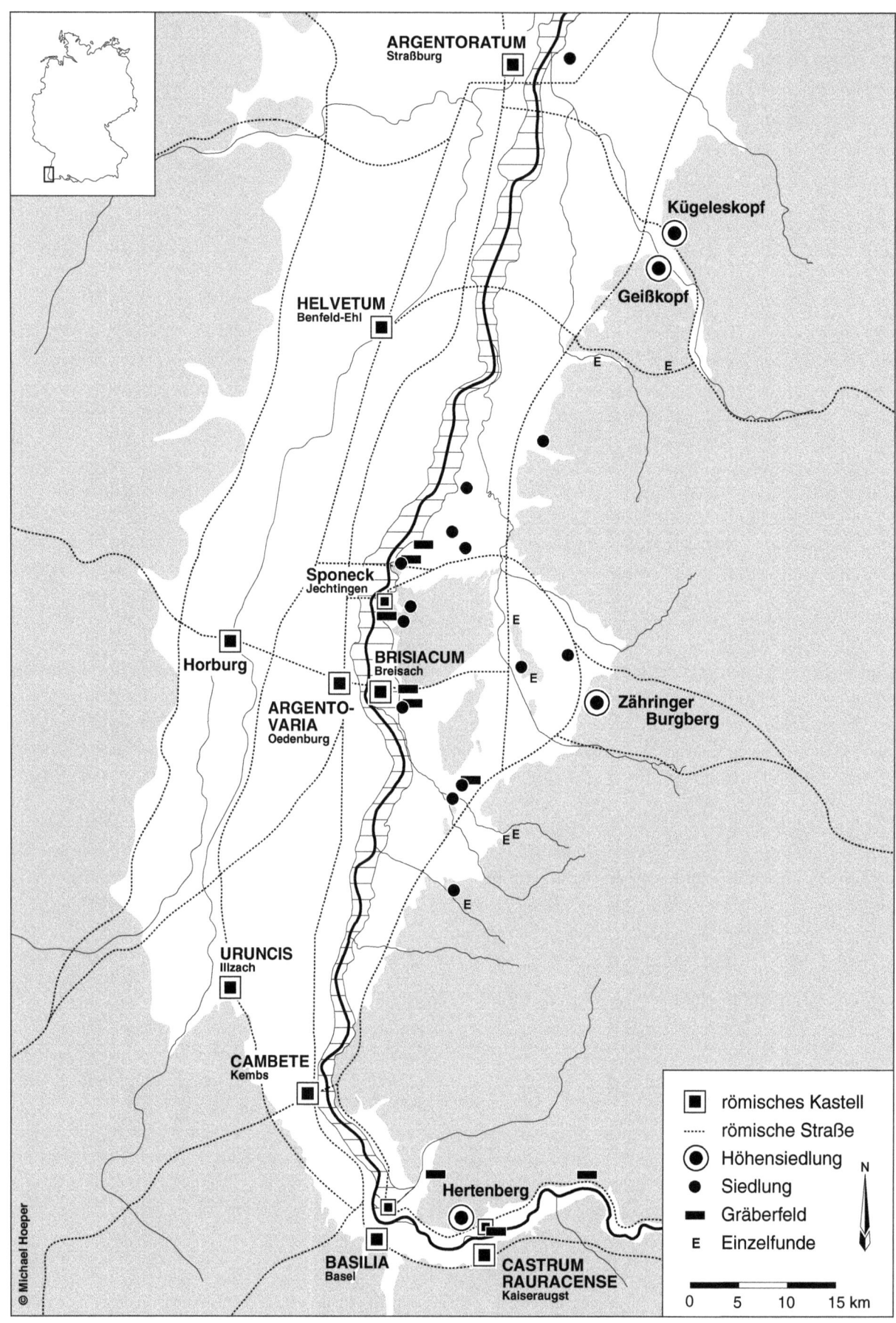

Abb. 1. Kartierung der Fundstellen des 4./5. Jahrhunderts an Hoch- und Oberrhein (Zeichnung: M. Hoeper).

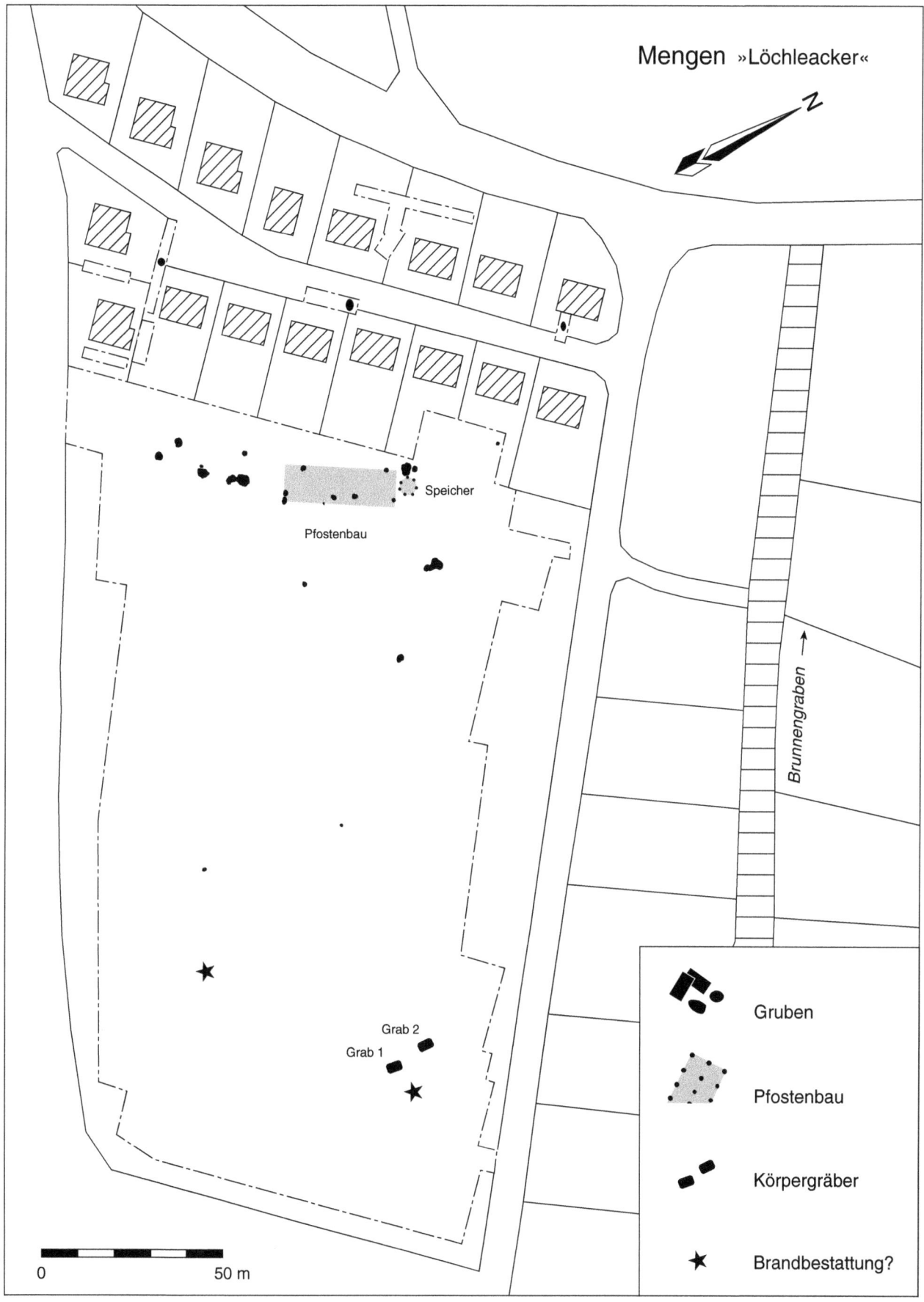

Abb. 2. Mengen, Kr. Breisgau-Hochschwarzwald. Plan der Siedlungsbefunde frühalamannischer Zeit (Zeichnung: M. Hoeper).

eine frühalamannische Eisenverhüttung nachgewiesen werden[10]. Da alle Befunde frühalamannischer Zeit Brandschutt enthielten, wodurch sie von den neolithischen Befunden leicht zu trennen waren, ist anzunehmen, dass die Siedlung einer Brandkatastrophe zum Opfer fiel. Bisher sind zwar erst wenig gleichzeitige Siedlungen großflächig ergraben[11], so dass nur wenig über Gebäude- und Gehöftstrukturen in Südwestdeutschland bekannt ist, jedoch sind hier offenbar in der ersten Phase der alamannischen Besiedlung sehr unterschiedliche Haustypen vertreten.

Auch unterscheidet sich das Fundmaterial der Vörstetter Siedlung von der Mengener Siedlung und könnte auf unterschiedliche Funktionen oder Beziehungen der ländlichen Siedlungen hinweisen. Sowohl das Vorkommen von römischer Keramik aus der Eifel wie auch der Anbau von überwiegend Roggen, der zu dieser Zeit überwiegend im römischen Reich angebaut wurde[12], und römischen Gartenkräutern[13], scheint darauf hinzuweisen, dass die Bewohner der Vörstetter Siedlung einen intensiven Kontakt zu den römischen Nachbarn pflegten. Vielleicht mußten sie ja auch die germanische Elite auf dem nahegelegenen Zähringer Burgberg oder sogar die römischen Kastellbesatzungen von Breisach oder Jechtingen „Sponeck" mitversorgen. In den ländlichen germanischen Siedlungen am Oberrhein finden sich in der Regel - im Gegensatz zu den Höhensiedlungen – jedoch nur vereinzelt römische Kulturgüter, obwohl man mit Sicherheit von intensiven römisch-germanischen Kontakten im Grenzgebiet ausgehen kann.

Im spätrömischen Kastell von Jechtingen „Sponeck" wurde zumindest eine größere Menge germanischer Keramik und Frauengräber mit Schmuck in germanischer Tradition gefunden[14]. Das Fundmaterial im Kastell von Breisach hat einen wesentlich geringeren Prozentsatz an Funden germanischer Herkunft[15]. Vielleicht war die Besatzung des kleineren spätrömischen Kastells von Jechtingen „Sponeck" stärker „germanisiert" als die Besatzung des Kastells von Breisach. Beide Kastelle waren nach dem Fundmaterial noch etwa bis zur Mitte des 5. Jahrhunderts besetzt. Nach dem Abzug der römischen Truppen wurde die Rheingrenze offensichtlich von foederierten Germanen kontrolliert, wie dies auch die Grabfunde von Wyhl 6 km nördlich des Kastells von Jechtingen „Sponeck" mit römischen Gefäßbeigaben erkennen lassen[16].

2. Höhensiedlungen

Möglicherweise gehören die Bestatteten von Wyhl zu der hochrangigen Personengruppe, die zuvor auf den Höhensiedlungen am Schwarzwaldrand gewohnt haben und sich später in der Ebene niederließen[17]. Zumindest wird die Höhensiedlung auf dem Zähringer Burgberg bei Freiburg in der ersten Hälfte des 5. Jahrhunderts bereits verlassen und war offensichtlich bis zum 7. Jahrhundert nicht weiter besiedelt[18]. Aufgrund des herausragenden Fundmaterials, das sich unter anderem aus römischer Importkeramik[19] und Gläser[20] (Abb. 7) sowie spätrömische Militärgürtelteile und Waffen aber auch Frauenschmuck zusammensetzt[21], vermuten wir das es sich dabei um die Residenz von einem der bei Ammianus genannten Anführer handelt. Im Gegensatz zu den frühalamannischen ländlichen Siedlungen herrscht auf den Höhensiedlungen insgesamt ein durch die römische Kultur bestimmter Lebensstil[22]. Das Fundmaterial unterstreicht zwar die Deutung als Wohnsitze einer sozial höher gestellten Bevölkerungsschicht, jedoch scheint es auch Unterschiede im Fundmaterial der Höhensiedlungen in Südwestdeutschland zu geben[23]. So entspricht die Höhensiedlung auf dem Zähringer Burgberg bei Freiburg eher dem Wohnsitz eines Kleinkönigs mit seiner Gefolgschaft und deren Familien.

Die Funde der Höhensiedlung auf dem Geißkopf bei Offenburg gegenüber von Straßburg am Eingang des Kinzigtals, einer römischen Straßenverbindung nach Rottweil, dagegen deuten eher auf eine kriegerische Bevölkerung. Zahlreiche Militärgürtelteile (Abb. 8) und Waffen (Abb. 9) sowie eine römische Zwiebelknopffibel und mehrere germanische Bügelknopffibeln stehen nur einem germanischen Zierschlüssel und einer Perle gegenüber, die wohl als Frauenschmuck anzusprechen sind. Ebenso wurde dort erstaunlicherweise nur sehr wenig römische und germanische Gefäßkeramik oder römisches Glas gefunden. Die Lesefunde vom Kügeleskopf auf der gegenüberliegenden Kinzigtalseite zeigen dagegen eher ein dem Zähringer Burgberg vergleichbares Fundspektrum. Die Besiedlung der beiden Höhensiedlungen gegenüber von Straßburg reicht von der ersten Hälfte des 4. Jahrhunderts bis in die erste Hälfte des 5. Jahrhunderts. Vermutlich stehen diese beiden Höhensiedlungen im direkten Zusammenhang mit der Schlacht bei Straßburg im Jahre 357, bei der eine Koalition von 10 Alamannenkönigen mit ihren Kriegergefolgschaften unter der Führung des Chnodomar geschlagen wurde[24].

Erst kürzlich konnte G. Fingerlin vom Landesdenkmalamt Baden-Württemberg in Freiburg einen neuen Höhensiedlungsplatz direkt gegenüber der spätantiken Befestigung von Kaiseraugst bei Herten identifizieren. Unter dem Fundmaterial der mittelalterlichen Hertenburg wurde auch ein punzverzierter propellerförmiger Gürtelbeschlag (Abb. 10) publiziert, wie wir derartige auch von den anderen Höhensiedlungen und aus

---

10 Unpubliziert. Analyse Dr. G. Gassmann, Tübingen, Archäologische und Geowissenschaftliche Untersuchungen.
11 FINGERLIN 1997, 125–134.
12 KÖRBER-GROHNE 1987, 40 ff.
13 RÖSCH 2001, 30 ff.
14 SWOBODA 1986, 87 ff. Taf. 29–31; 107 ff. Taf. 36–37.
15 BÜCKER 2001a, 15 ff.
16 FINGERLIN 1990, 123 ff.
17 STEUER 1997, 160 f.
18 DERS. 1990a, 23 f. - BÜCKER 1999b, 220 f. 227 ff.
19 DIES. 1994, 131 ff.
20 DIES. 1999b, 217 ff.
21 STEUER 1990a, 37 ff.
22 BÜCKER 1997a, 135 ff.
23 HOEPER/STEUER 1999, 229 ff.
24 Amm. 16,12,12.

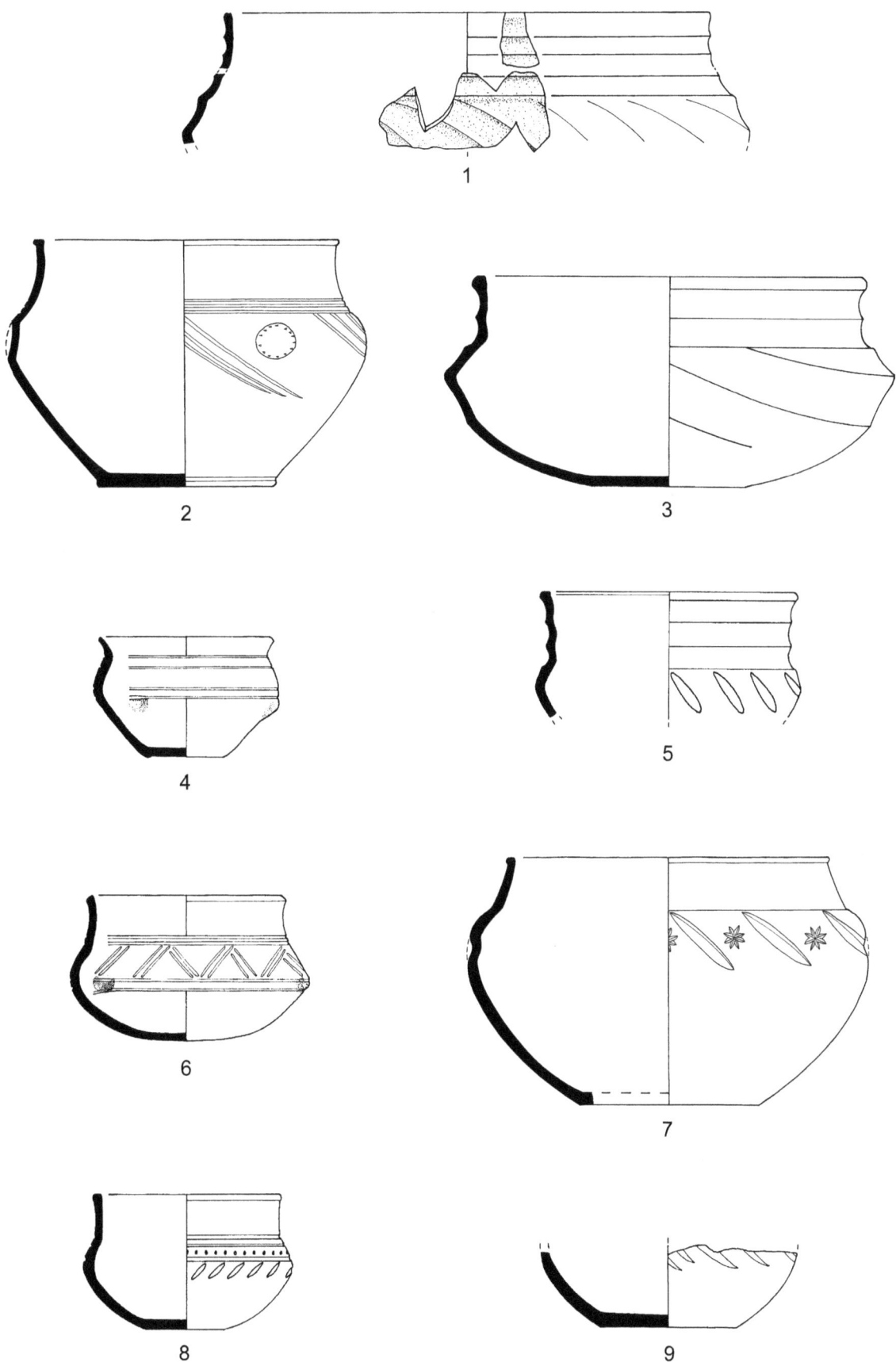

Abb. 3. Mengen, Kr. Breisgau-Hochschwarzwald. Handgeformte Keramikgefäße mit Formen und Verzierungen in germanischer Tradition. – M. 1:3 (Zeichnung: Ch. Bücker).

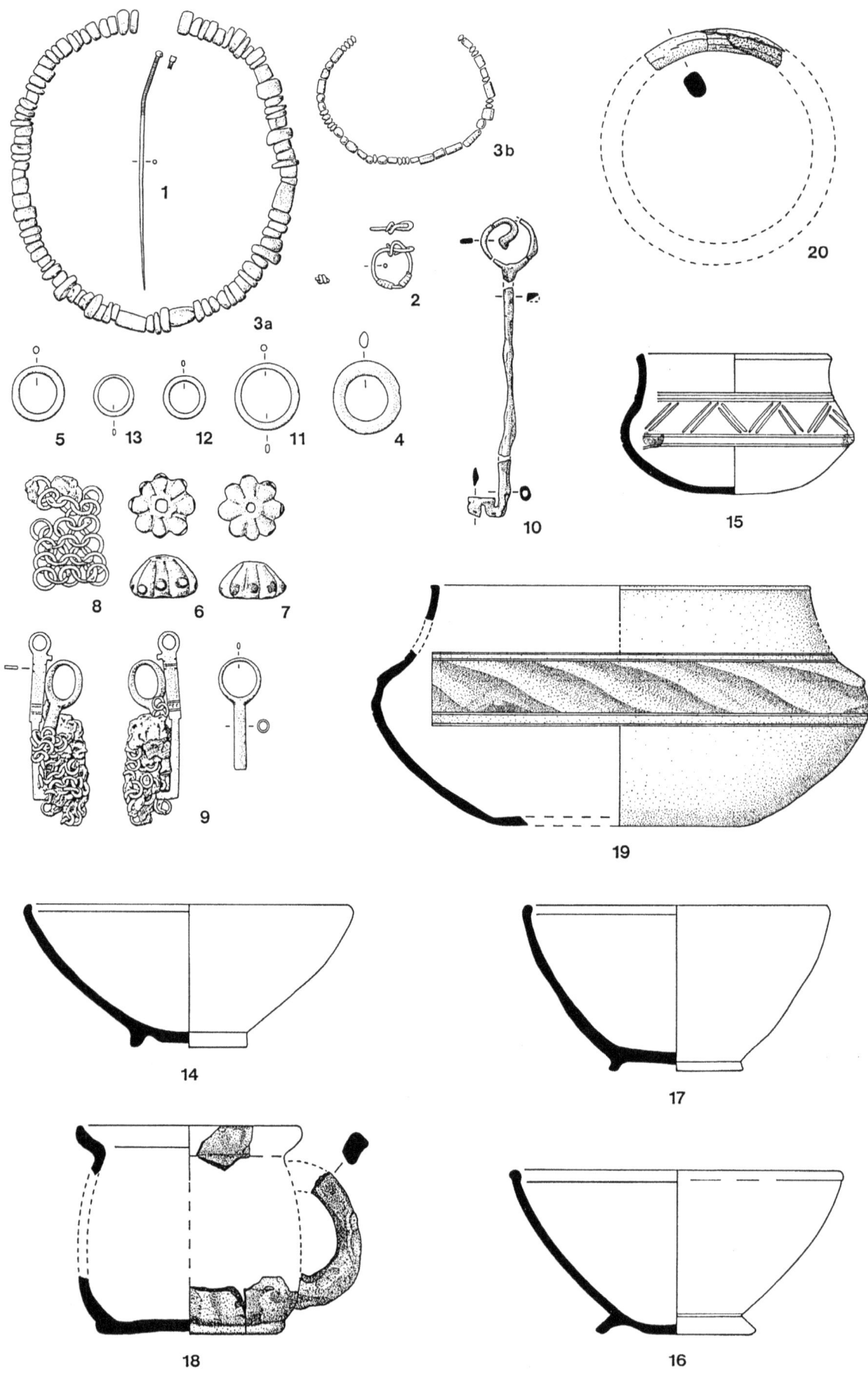

Abb. 4. Mengen, Kr. Breisgau-Hochschwarzwald. Beigaben eines Frauengrabes bei der frühalamannischen Siedlung. – M. 1:3 (Zeichnung: Ch. Bücker, C. Urbans).

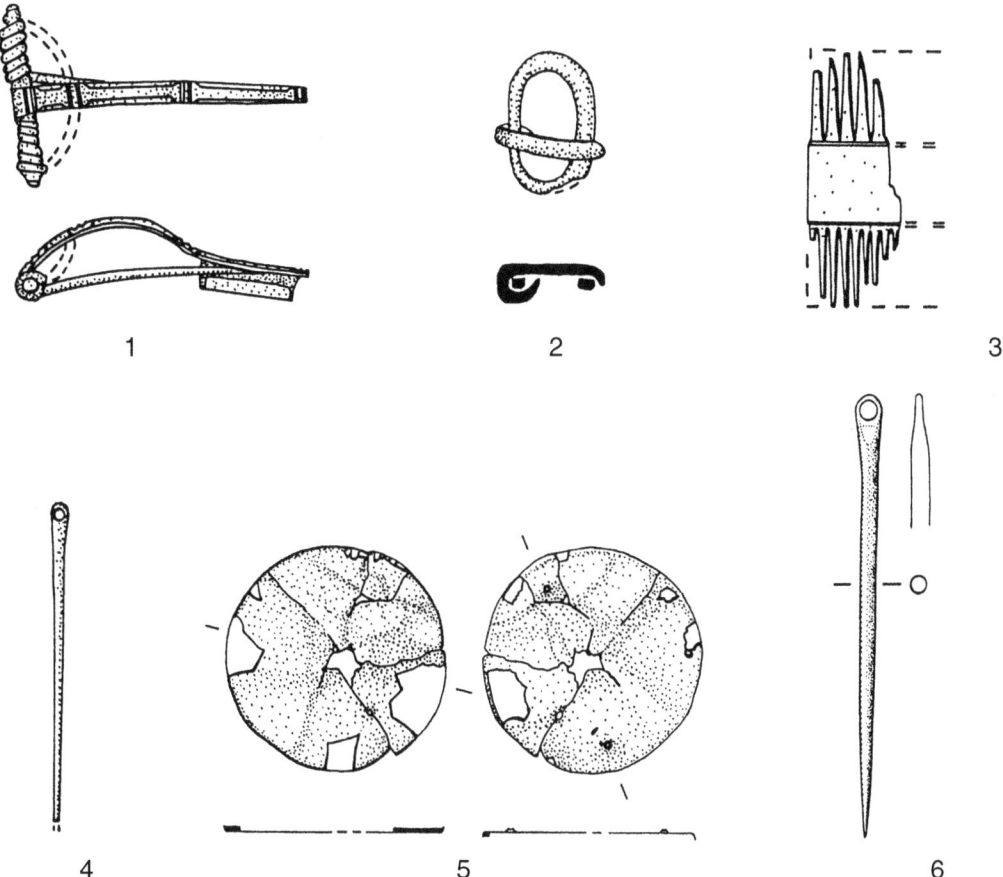

Abb. 5. Mengen, Kr. Breisgau-Hochschwarzwald. Lesefunde aus möglichen zerstörten Brandgräbern: 1 bronzene Armbrustfibel; 2 eiserne Schnalle; 3 Beinkamm; 4 u. 6 bronzene Nadeln; 5 fragmentierte bronzene Scheibenfibel mit Resten der Paste vom Zwischenfutter. – M. 2:3 (Zeichnung: Ch. Bücker).

spätantiken Grabfunden kennen[25]. Bei einer darauf folgenden Begehung des Berges konnten am Hang des Burgplatzes in nur kurzer Zeit mehrere charakteristische Keramikscherben von handgeformten germanischen Gefäßen aufgelesen werden, die eine Besiedlung des relativ steilen Bergkegels am Rand des Dinkelberges im 4./5. Jahrhundert belegen. Leider wurde die 120×34 m große Bergkuppe im Mittelalter durch die Burganlage und einen tiefen Halsgraben in der Mitte derartig umgestaltet, dass Befunde des 4./5. Jahrhunderts wohl kaum erhalten sind *(Abb. 11)*.

Historische Interpretation

Bislang sind am Hochrhein – im Gegensatz zum Breisgau[26] – kaum Siedlungsplätze oder Grabfunde frühalamannischer Zeit nachgewiesen[27], obwohl in den spätaniken Quellen, vor allem bei dem römischen Historiker Ammianus Marcellinus[28], Alamannen am Hochrhein erwähnt sind. Unter anderem soll der alamannische Kleinkönig Vadomar, der gleichzeitig römischer Offizier war[29], seinen Wohnsitz direkt gegenüber von Kaiseraugst gehabt haben[30]. Wo und wie die bei Ammianus genannten Kleinkönige gewohnt haben ist archäologisch nicht mit letzter Sicherheit nachzuweisen. Die bisher entdeckten und archäologisch untersuchten Höhensiedlungen haben jedoch immer ein herausragendes Fundmaterial im Vergleich zu den ländlichen, eher bäuerlich geprägten Siedlungen, in der Ebene erbracht, weshalb man bei den Bewohnern der Höhensiedlungen sicherlich von einer ranghohen Gesellschaft ausgehen kann wie sie ein Kleinkönig mit seinen Kriegern und den Familien bildet[31]. Deshalb scheint es auch nicht unwahrscheinlich, dass die frühalamannische Höhensiedlung auf dem Schloßkopf bei Herten von einem alamannischen Kleinkönig bewohnt wurde, zumal der Platz nur ca. 1 km nördlich des spätrömischen Kastells von Kaiseraugst mit seinem Brückenkopf bei Wyhlen

---

25 GRÜTTER 1999, 125. – FINGERLIN 2002.
26 BÜCKER 1999.
27 FINGERLIN 1990, 104 ff. – MARTI 2000, 314 ff. Nur 10 km westlich der Hertenburg wurden bei Schwörstadt-Niederschwörstadt im 19. Jahrhundert zwei Riemenzungen von spätantiken Militärgürteln gefunden, wie sie häufig auch auf den frühalamannischen Höhensiedlungen entdeckt wurden. Siehe dazu: GARSCHA 1970, 252 Taf. 9,1–4.
28 Amm. 14,10,6–10 (Alamannen kämpfen gegen Römer bei „*Rauracum*").
29 MARTIN 1997, 123.
30 Amm. 18,2,16-18 (Wohnsitz des Vadomar „*contra Rauracos*").
31 HOEPER/STEUER 1999, 229 ff.

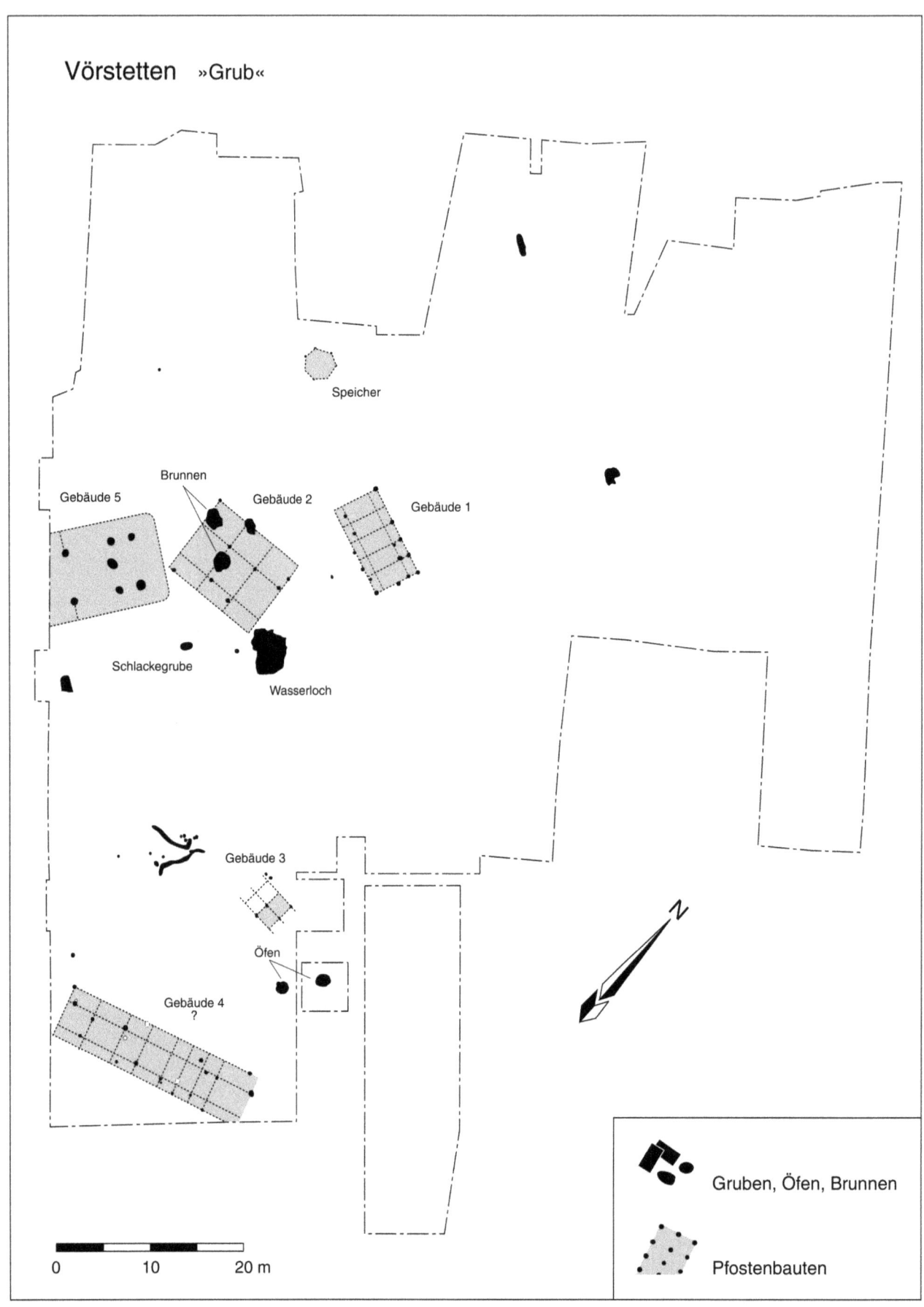

Abb. 6. Vörstetten, Kr. Emmendingen. Plan der Siedlungsbefunde frühalamannischer Zeit (Zeichnung: M. Hoeper).

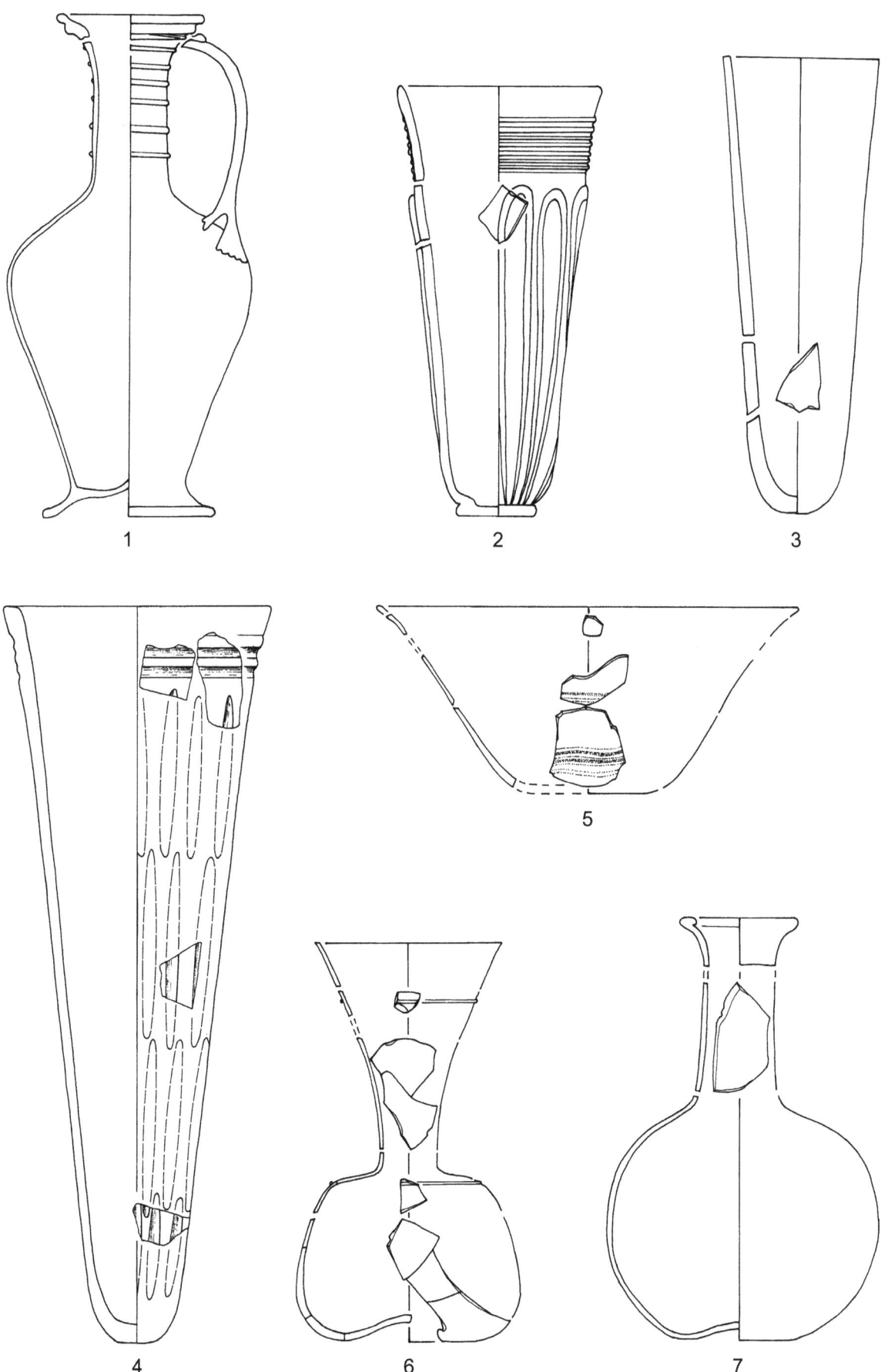

Abb. 7. Zähringer Burgberg, Gde. Gundelfingen, Kr. Breisgau-Hochschwarzwald. Glasfragmente römischer Glasbecher von der Höhensiedlung. – M. 1:2 (Zeichnung: Ch. Bücker).

liegt[32]. Vom Schloßkopf aus hat man Kaiseraugst gut im Blick und außerdem einen weiten Rundblick ins Rheintal, weshalb der Berg im Mittelalter sicherlich auch wieder aufgesucht wurde.

Verlockend ist es, die an Ober- und Hochrhein bekannten Höhensiedlungen mit den bei Ammianus genannten Alamannenkönigen zu verbinden. Er nennt Vadomar, dessen Wohnsitz am Hochrhein gegenüber von Kaiseraugst lag[33], also vielleicht die Hertenburg, und seinen Bruder Gundomad, der im 4. Jahrhundert wohl im nördlichen Breisgau wohnte, also möglicherweise der Zähringer Burgberg. Nach Ammianus mußte der Kleinkönig Chnodomar während der Schlacht bei Straßburg 357 nur über den Rhein, um „in sein eigenes Land" zu gelangen[34]. Seine Residenz könnte sich auf dem Geißkopf und/ oder dem Kügeleskopf am Kinzigtaleingang befunden haben. Daneben gibt es noch weitere Höhen am Schwarzwaldrand mit einzelnen Lesefunden, die allerdings bisher trotz intensiver Suche kein weiteres Fundmaterial erbrachten[35]. Möglicherweise waren diese Berge nur kurz besetzt und sind deshalb nicht als längerfristige Höhensiedlungsplätze einzustufen.

Aufgrund der speziellen Topographie im Rheingraben sowie der Nähe von spätrömischen Kastellen und germanischen Siedlungen wird diskutiert, ob das direkte Vorfeld der spätrömischen Rheingrenze am südlichen Ober- und Hochrhein nur mit Zustimmung der römischen Machthaber besiedelt werden konnte. Möglicherweise zeigt sich hier die schon andernorts beobachtete römische Siedlungspolitik, wobei germanische Stämme gezielt als Föderaten zur Vorfeldsicherung der Grenze angesiedelt wurden[36]. Die spätantike Rheingrenze war hier vermutlich weniger als Grenze denn als Grenzraum und Kontaktzone zwischen Römern und Germanen von Bedeutung[37].

Die Auffassung, dass das rechtsrheinische Vorland von Basel und Kaiseraugst von den „Hauptstoßrichtungen der alamannischen Landnahme abgeschnitten war", wie es U. Giesler noch 1997 im Begleitbuch zur Alamannenausstellung in Stuttgart, Zürich und Augsburg wiederholte[38], kann mit der Entdeckung der Höhensiedlung auf dem Schloßkopf bei Herten wohl revidiert werden. Der starke Ausbau römischer Befestigungen am Hochrhein im 4. Jahrhundert, das zweite von U. Giesler angeführte Argument für die spärlichen Hinweise auf eine frühalamannische Besiedlung, scheint auch nicht mehr relevant, zumal die frühen Alamannen im Breisgau gerade im direkten Vorfeld der Befestigungen siedelten. Man kann am Hochrhein sicherlich von einer gleichzeitigen Besiedlung mit ähnlichen historischen Voraussetzungen wie im Breisgau ausgehen allerdings mit der Einschränkung, dass hier zwischen Dinkelberg und Rhein nur ein schmaler, maximal 4 km breiter, besiedelbarer Streifen zur Verfügung steht.

Der Übergang zur Merowingerzeit

Aus der zweiten Hälfte des 5. Jahrhunderts gibt es am Oberrhein insgesamt nur geringe Anzeichen einer Besiedlung, d.h. bisher gibt es bis auf wenige Glas- und Keramikscherben vom Breisacher Münsterberg[39] keine Siedlungsplätze und nur wenige einzelne Gräber[40]. Deshalb wird vermutet, dass die Alamannen nach dem entgültigen Ende des römischen Reiches zu großen Teilen das Elsass und die Nordschweiz besiedeln[41]. Aber auch dort sind die Besiedlungsanzeiger noch eher gering[42]. Vermutlich besteht hier noch eine Forschungslücke, da bisher nur sehr wenig Siedlungen großflächig ausgegraben sind und andererseits die oft nur einzeln oder in kleinen Gräbergruppen bestatteten Germanen dieser Zeit schwerer zu finden sind, als die großen Reihengräberfelder, die aber frühestens erst am Ende des 5. Jahrhunderts einsetzen. Vielleicht spielte hier die politisch wechselvolle und kriegerisch unruhige Zeit eine Rolle.

Auffälligerweise ist zudem – mit Ausnahme von Breisach – bisher an keinem Platz eine direkte Siedlungskontinuität zur Merowingerzeit festzustellen. Nach bisherigem Forschungsstand werden die frühalamannischen ländlichen Siedlungsplätze und die Höhensiedlungen erst nach einer Besiedlungslücke etwa ab der Mitte des 6. Jahrhunderts wieder besiedelt, obwohl es im Breisgau[43] und am Hochrhein[44] Grabfunde und Gräberfelder gibt, die in der zweiten Hälfte des 5. und im frühen 6. Jahrhundert belegt werden. Im Gegensatz zu den ländlichen Siedlungsplätzen auf siedlungsgünstigen Lößflächen wie beispielsweise in Mengen am Tuniberg, werden siedlungsungünstigere Plätze frühalamannischer Zeit wie Sasbach, Jechtingen und Ihringen nicht ortskonstant weiter besiedelt[45]. Offensichtlich richtete sich die frühalamannische Besiedlung noch nach den römischen Siedlungsstrukturen, während in der folgenden Merowingerzeit nur die besten Böden und Lagen besiedelt werden[46].

---

32 DRACK 1993, 12 ff.
33 Amm. 18,2,16–18 (Wohnsitz des Vadomar „contra Rauracos").
34 Ebd. 16,12,59.
35 STEUER 1990b, 137. Im Gegensatz zu der Hertenburg fanden sich auf dem Kegelriß (Nr. 38) und der Feimilsburg (Nr. 39) am Schwarzwaldrand südlich von Freiburg bei mehrfachen Begehungen nicht eine einzige Keramikscherbe germanischer oder römischer Provenienz.
36 NUBER 1990, 52 f. mit Anm. 9. – ERDRICH 2001, 33 ff.
37 FINGERLIN 1993, 59 ff.
38 GIESLER 1997, 209 ff. – DIES. 1981, 92 ff.
39 BÜCKER 2001 a, 17 f. Bei der Bearbeitung des frühmittelalterliche Fundmaterial von Breisach sind zum jetzigen Zeitpunkt neben einigen Fragmenten eingeglättverzierter Keramik auch einige Fragmente von Glasbechern der zweiten Hälfte des 5. Jhs. entdeckt worden, u.a. eine Randscherbe eines blauen (!) spitzkonischen Glasbechers Typ Kempston und ein Fuß eines grünen spitzkonischen dickwandigen Glasbechers.
40 BÜCKER/HOEPER 1993, 325 ff. – QUAST 1997, 171 ff.
41 FINGERLIN 1991, 101. – DERS. 1997, 106.
42 SCHNITZLER 1997 bes. 89 ff. Im Gräberfeld von Niedernai wurden 31 Gräber der zweiten Hälfte des 5. Jhs. ergraben.
43 HOEPER 2001, 57 ff.
44 GIESLER 1997, 209 ff. – DIES. 1981, 92 ff.
45 BÜCKER 1999, 191 f. 318 ff. 218 f.
46 HOEPER 1997, 243 ff.

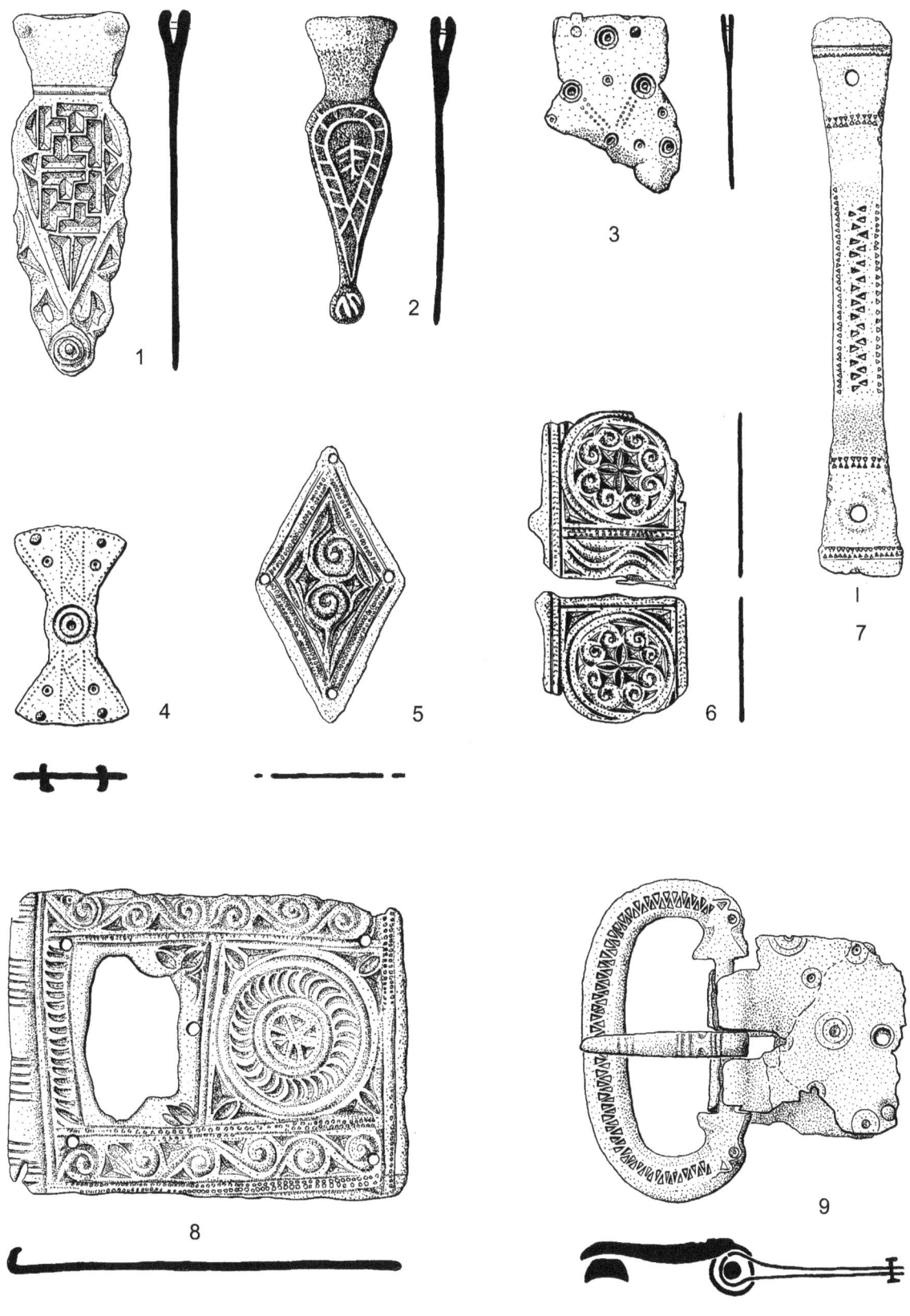

Abb. 8. Geißkopf, Gde. Berghaupten, Ortenaukreis. Bronzene Beschläge von spätrömischen Militärgürteln. – M. 3:4 (Zeichnung: R. Plonner).

Kontinuitätsfragen

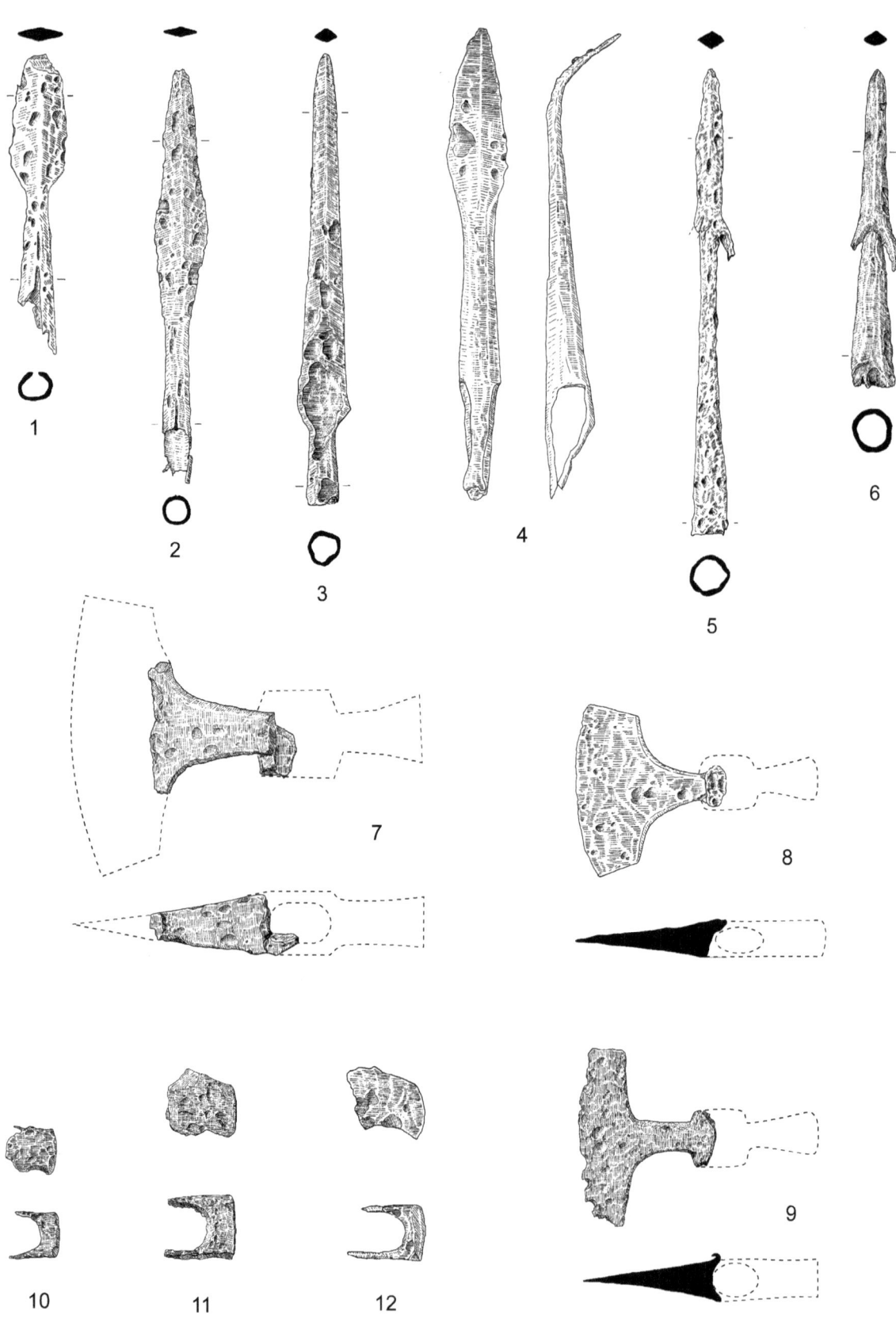

Abb. 9. Geißkopf, Gde. Berghaupten, Ortenaukreis. Eiserne Lanzenspitzen und Äxte. – M. 1:3 (Zeichnung: R. Plonner).

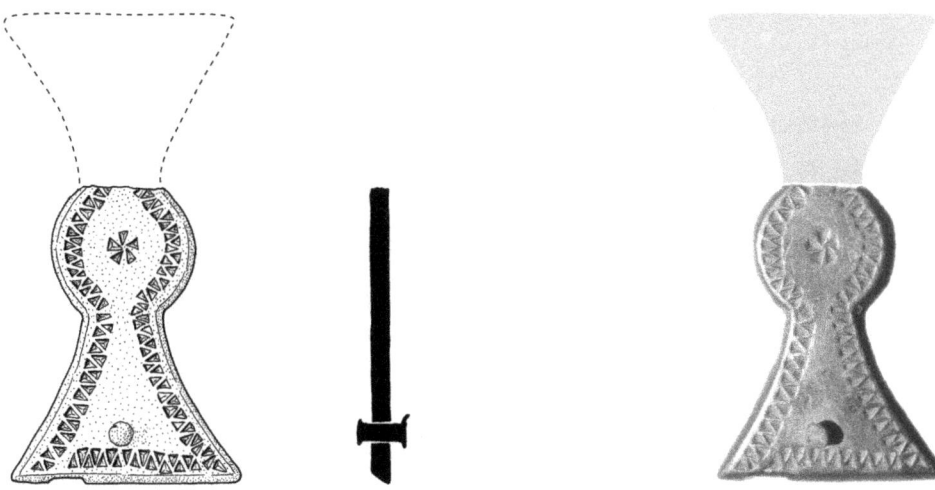

Abb. 10. Hertenberg, Gde. Herten, Stadt Rheinfelden, Kr. Lörrach. Propellerförmiger Beschlag eines spätrömischen Militärgürtels. – M. 1:1 (Foto: Ch. Bücker; Zeichnung: R. Plonner)

Literaturverzeichnis

Amm.
Ammianus Marcellinus, Römische Geschichte[5]. Ed. Wolfgang Seyfarth (Darmstadt 1983).

BAKKER 1997
L. BAKKER, Bollwerk gegen die Barbaren. Spätrömische Grenzverteidigung an Rhein und Donau. In: Die Alamannen (Stuttgart 1997) 111–118.

BÜCKER 1994
CH. BÜCKER, Die Gefäßkeramik der frühalamannischen Zeit vom Zähringer Burgberg, Gde. Gundelfingen, Kr. Breisgau-Hochschwarzwald. In: H. U. Nuber/K. Schmid/H. Steuer/Th. Zotz (Hrsg.), Römer und Alamannen im Breisgau. Arch. u. Gesch. 6 (Sigmaringen 1994) 125–229.

BÜCKER 1997a
DIES., Reibschalen, Gläser und Militärgürtel. Römischer Lebensstil im freien Germanien. In: Die Alamannen (Stuttgart 1997) 135–141.

BÜCKER 1999 a
DIES., Frühe Alamannen im Breisgau. Untersuchungen zu den Anfängen der germanischen Besiedlung im Breisgau während des 4. und 5. Jahrhunderts nach Christus. In: Arch. u. Gesch. 9 (Sigmaringen 1999).

BÜCKER 1999 b
DIES., Die Glas-, Perlen- und Edelsteinfunde vom Zähringer Burgberg bei Freiburg im Breisgau. In: S. Brather/Ch. Bücker/M. Hoeper (Hrsg.), Archäologie als Sozialgeschichte. Studien zu Siedlung, Wirtschaft und Gesellschaft im frühen Mittelalter. Festschr. H. Steuer. Studia Honoraria 9 (Rahden/Westf. 1999) 215–234.

BÜCKER 2001a
DIES., Neues aus dem alten Breisach: Zur frühmittelalterlichen Besiedlung des Münsterberges. Arch. Nachr. Baden 64, 2001, 15–21.

BÜCKER 2001 b
DIES., Vörstetten: Ein Siedlungsplatz der frühen Alamannen im Vorfeld der spätantiken Rheingrenze. Ebd. 65, 2001, 3–18.

BÜCKER/HOEPER 1993
DIES./M. HOEPER, Ein Kriegergrab des 5. Jahrhunderts n.Chr. aus Opfingen, Stadt Freiburg i. Br. Fundber. Baden-Württemberg 18, 1993, 325–342.

DRACK 1993
W. DRACK, Die spätrömische Grenzwehr am Hochrhein. Arch. Führer Schweiz 13[2] (Winterthur 1993).

ERDRICH 2001
M. ERDRICH, Rom und die Barbaren. Röm.-Germ. Forsch. 58 (Mainz 2001).

FINGERLIN 1990
G. FINGERLIN, Frühe Alamannen im Breisgau. In: H. U. Nuber/K. Schmid/H. Steuer/Th. Zotz (Hrsg.), Archäologie und Geschichte des ersten Jahrtausends in Südwestdeutschland. Arch. u. Gesch. 1 (Sigmaringen 1990) 97–137.

FINGERLIN 1993
DERS., Die alamannische Landnahme im Breisgau. In: M. Müller-Wille/R. Schneider, Ausgewählte Probleme europäischer Landnahmen des Früh- und Hochmittelalters. Vorträge u. Forsch. 41 (Sigmaringen 1993) 59–82.

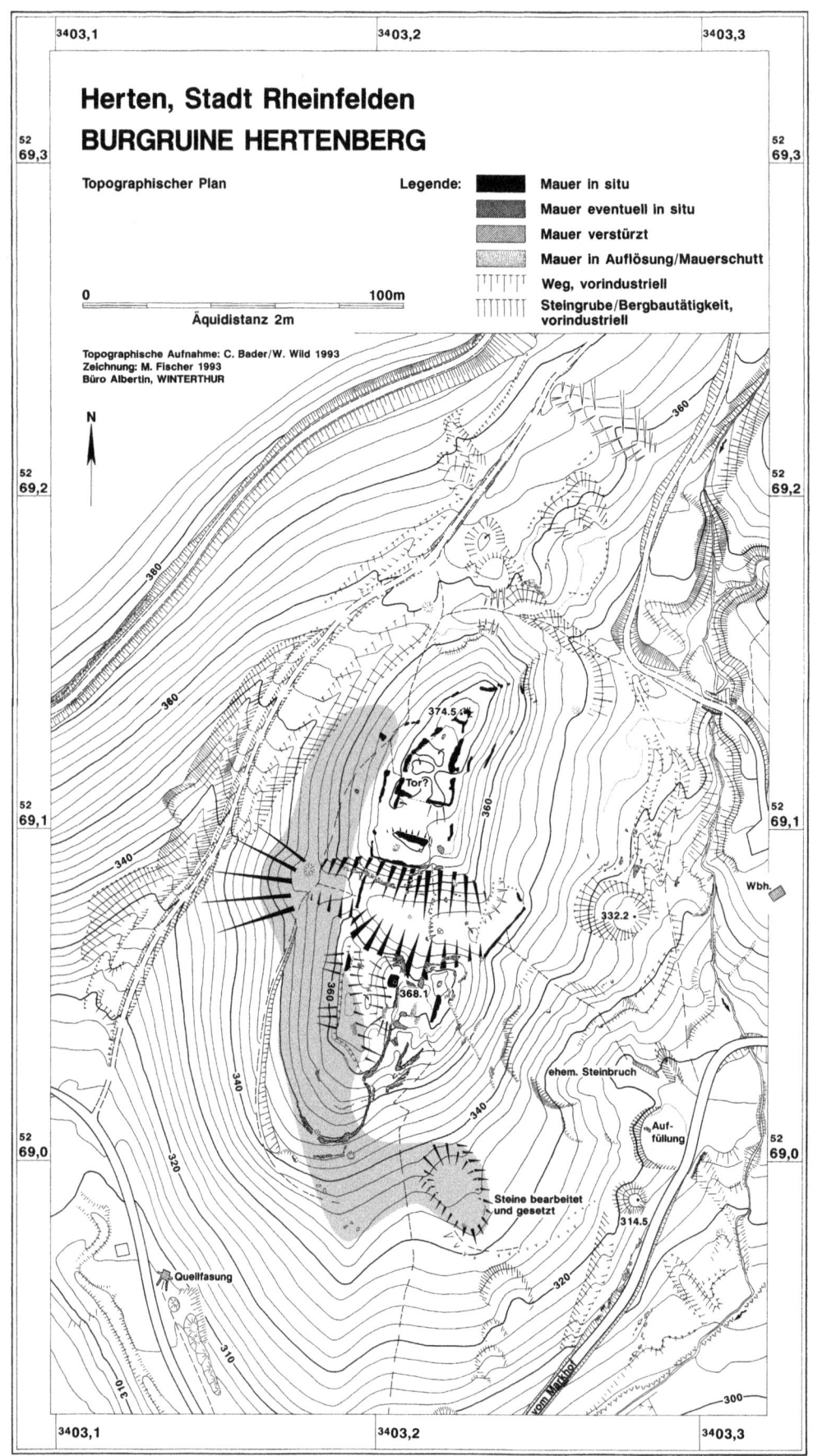

Abb. 11. Topographischer Plan der Burgruine Hertenberg. Schraffiert: Fundbereiche der handgeformten germanischen Keramik und der Metallfunde (Zeichnung: Landesdenkmalamt Baden-Württemberg, Außenstelle Freiburg, u. M. Hoeper).

FINGERLIN 1997
  DERS., Siedlungen und Siedlungstypen. Südwestdeutschland in frühalamannischer Zeit. In: Die Alamannen (Stuttgart 1997) 125–134.

FINGERLIN 2002
  DERS., Im Blickfeld von Kaiseraugst: Der Hertenberg, eine neu entdeckte Höhensiedlung der Völkerwanderungszeit im westlichen Hochrheintal. Arch. Nachr. Baden 66 (2002) 13 ff.

GARSCHA 1970
  F. GARSCHA, Die Alamannen in Südbaden. Germ. Denkmäler Völkerwanderungszeit A11 (Berlin 1970).

GIESLER 1981
  U. GIESLER, Das rechtsrheinische Vorland von Basel und Augst im frühen Mittelalter. In: Führer vor- u. frühgesch. Denkmälern 47. Lörrach und das rechtsrheinische Vorland von Basel (Mainz 1981) 92–125.

GIESLER 1997
  DIES., Völker am Hochrhein. Das Basler Land im frühen Mittelalter. In: Die Alamannen (Stuttgart 1997) 209–218.

GEUENICH 1997
  D. GEUENICH, Ein junges Volk macht Geschichte. Herkunft und „Landnahme" der Alamannen. In: Die Alamannen (Stuttgart 1997) 73–78.

GRÜTTER 1999
  D. GRÜTTER, Die Burgruine Hertenberg. In: Rheinfelder Geschichtsblätter 9 [hrsg. Verein Haus Salmegg e.V., Rheinfelden/ Baden Arbeitskreis Geschichte] (Rheinfelden 1999) 123–140.

HOEPER 1997
  M. HOEPER, Guter Boden oder verkehrsgünstige Lage. Ortsnamen und Römerstraßen am südlichen Oberrhein. In: Die Alamannen (Stuttgart 1997) 243–248.

HOEPER 2001
  DERS., Alamannische Siedlungsgeschichte im Breisgau. Zur Entwicklung von Besiedlungsstrukturen im frühen Mittelalter. Freiburger Beitr. Arch. u. Gesch. des ersten Jahrtausends 6 (Rhaden/Westf. 2001).

HOEPER/STEUER 1999
  DERS./H. STEUER (mit Beiträgen von Ch. Bücker u. J. Lienemann), Eine völkerwanderungszeitliche Höhenstation am Oberrhein – der Geißkopf bei Berghaupten, Ortenaukreis. Germania 77, 1999/1, 185–246.

HOFFMANN 1969/1970
  D. HOFFMANN, Das spätrömische Bewegungsheer und die Notitia Dignitatum. Epigr. Stud. 7/1–2 (Düsseldorf 1969/1970).

KÖRBER-GROHNE 1987
  U. KÖRBER-GROHNE, Nutzpflanzen in Deutschland. Kulturgeschichte und Biologie (Stuttgart 1987).

MARTI 2000
  R. MARTI, Zwischen Römerzeit und Mittelalter. Forschungen zur frühmittelalterlichen Siedlungsgeschichte der Nordschweiz (4.–10. Jahrhundert). Arch. u. Mus. 41A (Liestal 2000).

MARTIN 1997
  M. MARTIN, Zwischen den Fronten. Alamannen im römischen Heer. In: Die Alamannen (Stuttgart 1997) 119–124.

NUBER 1990
  H. U. NUBER, Das Ende des Obergermanisch-Raetischen Limes – Eine Forschungsaufgabe. In: H. U. Nuber/K. Schmid/H. Steuer/Th. Zotz (Hrsg.), Archäologie und Geschichte des ersten Jahrtausends in Südwestdeutschland. Arch. u. Gesch. 1 (Sigmaringen 1990) 51–68.

QUAST 1997
  D. QUAST, Vom Einzelgrab zum Friedhof. Beginn der Reihengräbersitte im 5. Jahrhundert. In: Die Alamannen (Stuttgart 1997) 171–190.

RÖSCH 2001
  M. RÖSCH, Pflanzenreste der Jungsteinzeit und der Völkerwanderungszeit aus Vörstetten, Kr. Emmendingen. Arch. Nachr. Baden 65, 2001, 29–42.

SCHNITZLER 1997
  B. SCHNITZLER, A l'Aube du Moyen Age. L'Alsace Mérowingienne. Collections Mus. Arch. 5 (Strasbourg 1997).

STEUER 1990a
  H. STEUER, Die Alamannen auf dem Zähringer Burgberg. Arch. Inf. Baden-Württemberg 13 (Stuttgart 1990).

STEUER 1990b
  DERS., Höhensiedlungen des 4. und 5. Jahrhunderts in Südwestdeutschland. In: H. U. Nuber/K. Schmid/H. Steuer/Th. Zotz (Hrsg.), Archäologie und Geschichte des ersten Jahrtausends in Südwestdeutschland. Arch. u. Gesch. 1 (Sigmaringen 1990) 139–205.

STEUER 1997
  DERS., Herrschaft von der Höhe. Vom mobilen Söldnertrupp zur Residenz auf repräsentativen Bergkuppen. In: Die Alamannen (Stuttgart 1997) 149–162.

STROHEKER 1974
  K. F. STROHEKER, Die Alamannen und das spätrömische Heer. In: W. Hübener, Die Alamannen in der Frühzeit. Veröff. Alemann. Inst. Freiburg 34 (Bühl 1974) 9–26.

SWOBODA 1986
  R. M. SWOBODA, Die spätrömische Befestigung Sponeck am Kaiserstuhl. Münchner Beitr. Vor- u. Frühgesch. 36 (München 1986).

Christel Bücker
Altgasse 53
79112 Freiburg i. Br.
buecker.hoeper@t-online.de

ZUR WIEDERBENUTZUNG RÖMISCHER MILITÄRANLAGEN IM MITTELALTER
Einige Beispiele vom Obergermanisch-Rätischen Limes[1]

Norbert Goßler

An der südenglischen Kanalküste, wenige Kilometer westlich von Portsmouth liegt Portchester Castle, ein illustres Beispiel für eine normannische Burganlage des 12./13. Jahrhunderts[2]. Die Hauptburg mit einem mächtigem Donjon sitzt in einer Ecke der nahezu quadratischen Vorburg, die in regelmäßigem Abstand mit Türmen bewehrt ist. Diesen Grundplan verdankt die Anlage jedoch keineswegs ihren normannischen Erbauern, sondern der Tatsache, dass man im Mittelalter eine erhaltene Befestigungsanlage aus spätrömischer Zeit wieder instand setzte und zur adeligen Wohnanlage ausbaute. Schon im 5./6. Jahrhundert hatten angelsächsische Siedler den Schutz des Kastells aufgesucht und sich in den alten Mauern dauerhaft eingerichtet[3].

Auf den ersten Blick mag es vielleicht vermessen erscheinen, diesem eindrucksvollen Beleg für die Kontinuität zwischen Antike und Mittelalter das Beispiel der Saalburg im Taunus gegenüber zu stellen. Die Bezeichnung als „Burg" würde zunächst kaum jemand auf eine tatsächliche, entsprechende Funktion in mittelalterlicher Zeit zurückführen, eher auf eine pittoreske Beschreibung der römischen Ruinenreste, die bis zum 18. Jahrhundert noch aufrecht standen. Die zahlreichen Funde, die seit den ersten Grabungen des Bad Homburger Baurates Louis Jacobi[4] im 19. Jahrhundert in der Saalburg zu Tage kamen, ließen auch keinen Zweifel daran, dass die Archäologen ein römisches Kohortenkastell freigelegt hatten[5] *(Abb. 1)*.

Zahlreiche Forscherpersönlichkeiten hatten während der Ausgrabungen nach der Sachkultur eines Limeskastells gesucht und diese – wie gesagt – in großen Mengen auch gefunden, wie schon die umfassende Saalburg-Monographie von Louis Jacobi aus dem Jahr 1897 eindrucksvoll beweist[6]. Der unter anderem von Ludwig Lindenschmit geäußerte Verdacht, unter dem Material könnten sich auch nachrömische, d.h. mittelalterliche Gegenstände befinden, wurde nicht weiter ernst genommen[7]. Bis ins 20. Jahrhundert galt eine Wieder- oder gar Weiterbenutzung römischer Militärbauten – von prominenten Bauwerken etwa wie in Regensburg *(Porta Praetoria)* oder Trier *(Porta Nigra*, Kaiserthermen) abgesehen – als nicht sehr wahrscheinlich. Als Hindernis für die exakte Ansprache nicht-römischer Objekte im Fundstoff aus den Kastellen wirkte sicher auch der bis vor 20 Jahren noch sehr unterschiedliche Kenntnisstand in Bezug auf die provinzialrömische und mittelalterliche Alltagskultur. Erst mit der Etablierung der Mittelalterarchäologie als eigenständiger Disziplin in den zwei letzten Jahrzehnten hat sich unser Wissen über die vielfältigen Bestandteile der mittelalterlichen Sachkultur beträchtlich erweitert. Kleinere Studien, etwa von H. Dannheimer über spätmittelalterliche Trensen[8] oder von R. Koch über hochmittelalterliche Schwertortbänder[9] haben dazu beigetragen, die nachrömische Zeitstellung entsprechender Funde aus Kastellen nachzuweisen. Auch im Zuge meiner eigenen Forschungen zu mittelalterlichem Reitzubehör aus Deutschland konnte ich eine ganze Reihe von nicht-römischen Funden aus Kastellen herausstellen[10].

Neuerdings liegt eine kurze Zusammenschau zu „Mittelalterlichen Profanbauten auf römischen Mauern" von St. Eismann vor[11]. Da der Schwerpunkt jenes Artikels auf den Baubefunden liegt, sollen in meinem Beitrag auch die Funde berücksichtigt werden bzw. das Verhältnis zwischen verschiedenen denkbaren Möglichkeiten der mittelalterlichen Wiederbenutzung und deren tatsächlicher Niederschlag im archäologischen Befund.

Kehren wir nun zum Anfang der Ausführungen zurück, zur Saalburg, gelegen an einer Passhöhe zwischen dem Vortaunus und dem Usinger Becken. In römischer Zeit verlief hier der Limes. Neben den zahlreichen Metallfunden, die während der Benutzung der Anlage als Kastell dort in den Boden gekommen sind, wurden auf der Saalburg auch eine ganze Reihe von mittelalterlichen Funden geborgen, die den Zeitraum vom 10. bis zum 15. Jahrhundert abdecken[12]. Es handelt sich im ein-

---

1 Die Form des in Trier gehaltenen Vortrages wurde beibehalten und lediglich um Anmerkungen erweitert.
2 Zur mittelalterlichen Anlage umfassend CUNLIFFE 1977.
3 Zur angel-sächsischen Besiedlung CUNLIFFE 1976.
4 Zur Forscherpersönlichkeit L. Jacobi kurze Zusammenfassung bei DÖLEMEYER 1997, 29 f.
5 Übersicht bei SCHALLMAYER 1997.
6 JACOBI 1897.
7 LINDENSCHMIT 1900, Kommentar zu Taf. 28.
8 DANNHEIMER 1971.
9 KOCH 1986.
10 GOSSLER 1996, 166 ff.
11 EISMANN 1999.
12 Erstmals vorgestellt bei GOSSLER 1996, 164; 166 f. – Aktuelle Übersicht bei DERS. 2001.

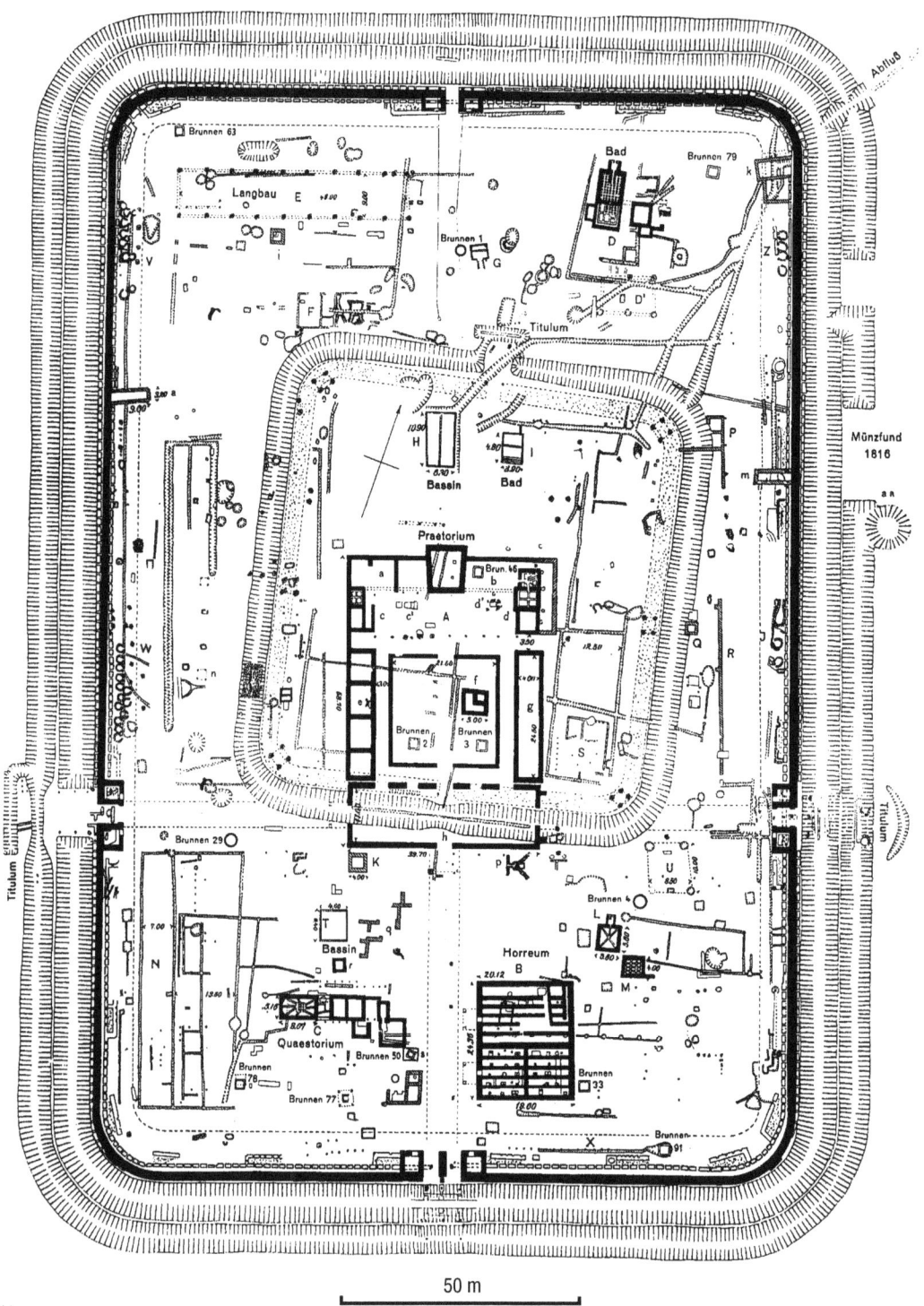

Abb. 1. Kastell Saalburg. Grabungsplan nach Jacobi (nach Schallmayer 1997, 115 Abb. 114).

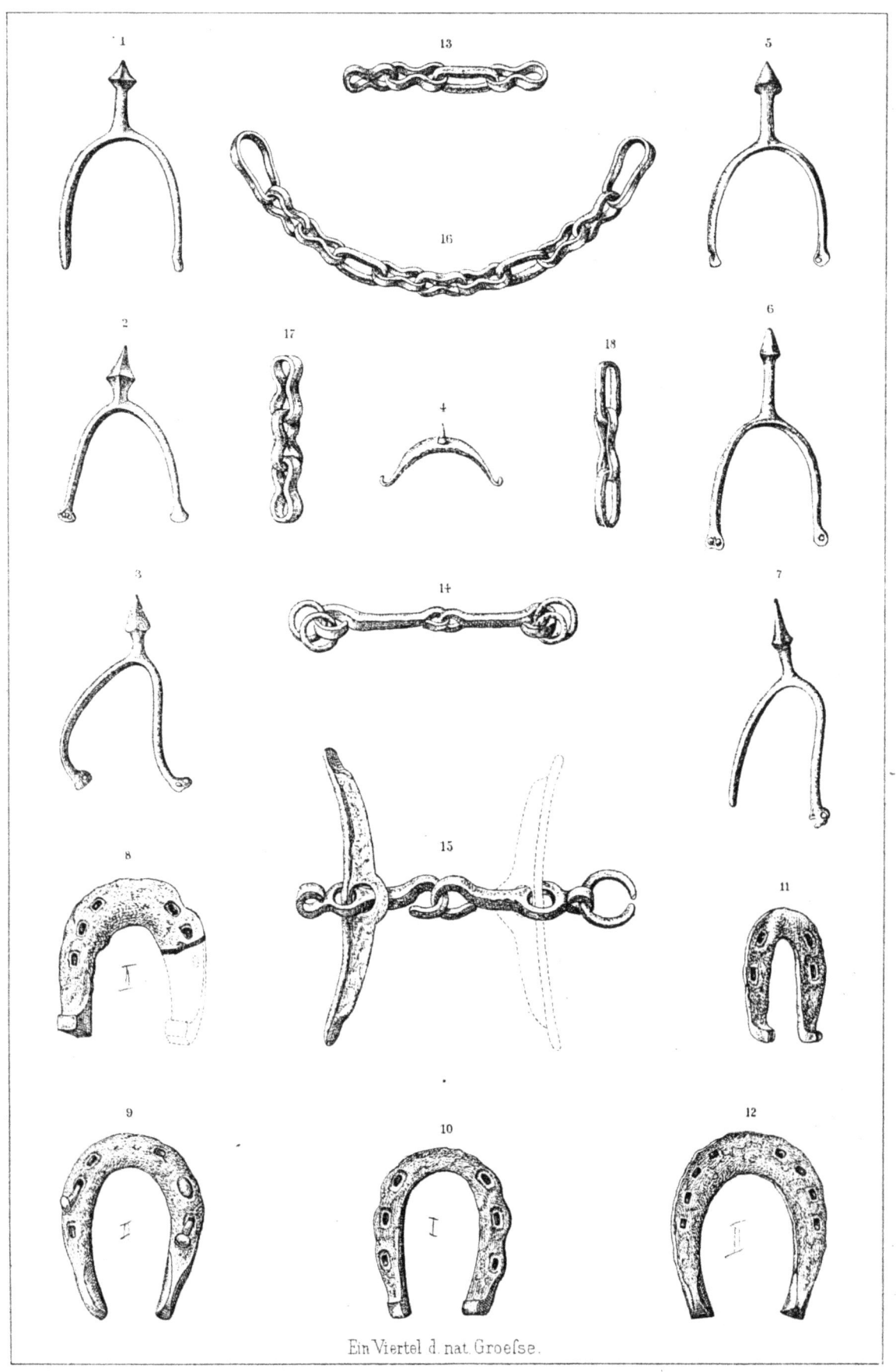

Abb. 2. Tafel aus der Saalburg-Monographie von L. Jacobi (1897) mit mittelalterlichen Stachelsporen, Hufeisen und einer Knebeltrense. – M. 1:4.

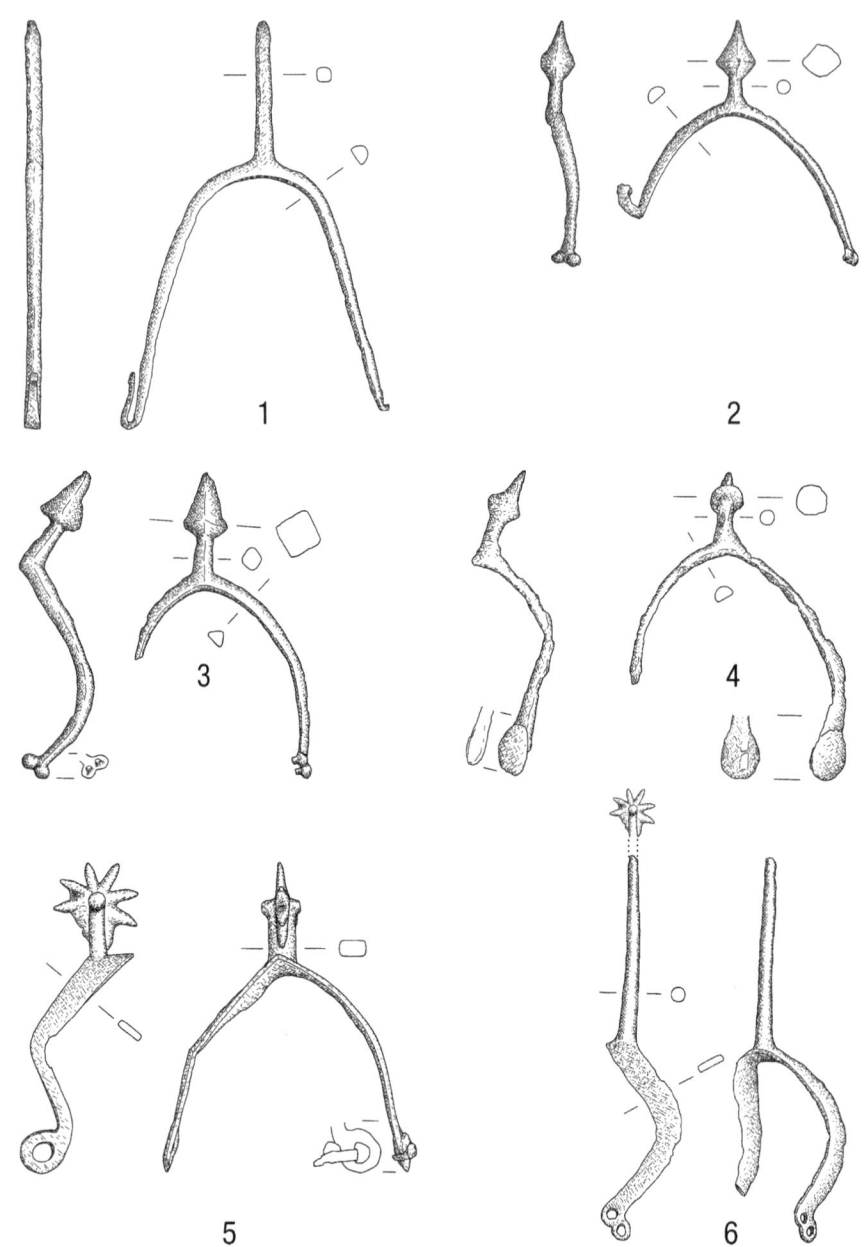

Abb. 3. Saalburg. Stachel- und Radsporen (Auswahl). – M. 1:3.

zelnen um zahlreiche Stachelsporen[13] *(Abb. 2,1–3.5–7; 3,1–4)*, einige Radsporen *(Abb. 3,5–6)*, eine Knebeltrense[14] *(Abb. 2,15)*, Teile vom Zaumzeug[15], daneben aber auch Schlüssel *(Abb. 4)*, davon einer sogar karolingerzeitlich[16] *(Abb. 4,1)* sowie um eine Gürtelschnalle[17]. Die Hufeisen der Saalburg, die in großer Zahl vorliegen und Formen sowohl mit Wellenrand als auch mondsichelförmigen Ruten umfassen *(Abb. 2,8–12)*, galten lange Zeit als „Kronzeugen" für die Existenz römischer Hufeisen[18]. Aufgrund des Nachweises des übrigen mittelalterlichen Reitzubehörs dürften sie allerdings ebenfalls entsprechend zu datieren sein. Allein eine typische Fundgattung aus Siedlungsgrabungen fehlt bisher fast vollständig im mittelalterlichen Spektrum von der Saalburg: die Keramik; ich halte es jedoch nicht für vollkommen ausgeschlossen, dass sich unter den reichen Keramikbeständen des Saalburg-Museums doch noch Gefäße aus dem Mittelalter befinden, die bisher unbeachtet geblieben sind[19].

---

13 Vgl. Kat.-Nr. 35,36, 79, 85, 101, 125, 141, 149, 157, 164, 187-190, 227-228, 275-276, 313, 367, 373 bei GOSSLER 1998.
14 Zur Knebeltrense ausführlicher DERS. 1996, 164.
15 JACOBI 1897 Taf. 57,15 (wappenförmiger Anhänger).
16 Von H. Jacobi schon als nicht-römisch erkannt, vgl. JACOBI 1934, 29 ff. – Karolingische Vergleichsfunde aus friesischen Grabfunden bei SCHMID 1999, 223 Abb. 16.
17 Vgl. OLDENSTEIN 1976 Taf. 75,991 (dort noch als römisch angesprochen).
18 Vgl. MANDERA 1956.
19 Tatsächlich haben sich mittlerweile zwei Kisten mit mittelalterlicher Keramik ohne genaue Herkunftsangabe im Magazin des Saalburgmuseums angefunden (briefl. Mitt. E. Schallmayer 20.06.2001 und 25.07.2001).

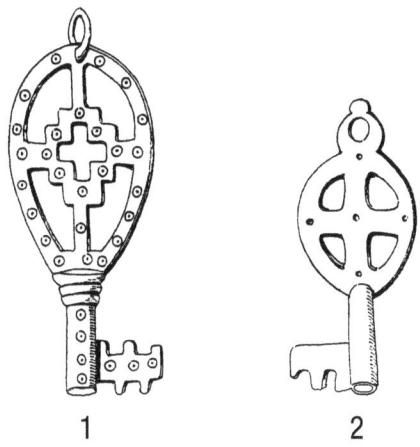

Abb. 4. Saalburg. Mittelalterliche Schlüssel (nach Jacobi 1928 Taf. 2). – M. 1:2.

Angesichts des mittelalterlichen Fundstoffes von der Anlage stellt sich nun die Frage nach der Art der mittelalterlichen Aktivitäten, die ihre Spuren im archäologischen Fundgut hinterlassen haben. Die schriftliche Überlieferung enthält keinerlei Anhaltspunkte auf eine unmittelbare Wiederbenutzung im Mittelalter.

Die strategische Lage der Saalburg an der genannten Passhöhe ermöglichte ohne Zweifel noch in nach-römischer Zeit eine Kontrolle dieser wichtigen Nord–Süd-Verbindung (Abb. 5,1). Möglicherweise bot das Kastellgelände eine günstige Rastgelegenheit für Reisende, die mit Pferd oder Wagen unterwegs waren[20]. Ob der Limes an dieser Stelle auch noch im Mittelalter als Grenze in Gebrauch war, ist schwer zu sagen. Untersuchungen von Matthias Austermann in der nördlichen Wetterau belegen, dass zumindest im frühen Mittelalter dort zum Teil aus administrativen Gründen an der römischen Grenzeinteilung festgehalten wurde[21].

Den ersten schriftlichen Berichten über die Saalburg aus dem 17. und 18. Jahrhundert können wir entnehmen, dass noch Teile der römischen Bausubstanz erhalten geblieben waren[22]. Deren Zustand lässt sich freilich kaum genau beurteilen. Stefan Eismann hat in seinem zitierten Aufsatz ausgeführt, dass innerhalb mittelkaiserzeitlicher Kastelle nur massivere Steinbauten wie horrea oder die principia für eine spätere Wiederverwendung in Frage kamen – von den Befestigungsanlagen einmal abgesehen[23]. Vielleicht stellt es in diesem Zusammenhang keinen Zufall dar, dass nach Berichten von Louis Jacobi ein Großteil des Reitzubehörs unmittelbar nördlich der principia geborgen wurden[24] (Abb. 1). Wir können also nicht ganz ausschließen, dass das Gebäude im Mittelalter eine geschützte Rückzugsmöglichkeit bot.

Das weite und nähere Umfeld der Saalburg weist mehrere Bodendenkmäler auf, die mit der mittelalterlichen Eisenverhüttung in unmittelbaren Zusammenhang stehen (Abb. 5). Die Eisenverarbeitung ist für den Taunus schon frühzeitig bezeugt: so musste im Jahr 772 das ca. 8 km nordwestlich der Saalburg gelegene Dorfweil (Abb. 5,4) Abgaben in Form von Eisen an das Kloster Lorsch liefern[25]. Die benachbarte Burg Hattstein (Abb. 5,5) wurde im 10. Jahrhundert durch den Mainzer Erzbischof zum Schutz der Eisenerzvorkommen im Umland errichtet[26]. Zu diesem Zeitpunkt setzen auch spätestens die mittelalterlichen Aktivitäten auf der Saalburg ein. Der Grund und Boden der Saalburg, der ursprünglich altes Reichsgut gewesen war, befand sich nach den bisherigen Erkenntnissen bis zur Mitte des 13. Jahrhundert im Besitz der Grafen von Diez[27]. Dieses Geschlecht besaß bis ins 14. Jahrhundert auch das Dorf Stahlnhain, eine Waldschmiedesiedlung 4,5 km westlich des Kastells[28] (Abb. 5,3). 1243 stiftete diese Familie das Zisterzienserinnenkloster Mariä Thron, das sich 1,5 km nördlich der Saalburg befindet[29] (Abb. 5,2). Zur Ausstattung des Klosters gehörte vermutlich auch das Gelände der Saalburg, da beim Bau der Klosterkirche gestempelte Ziegel von dort Verwendung fanden[30]. – Diese kurze Übersicht deutet zumindest an, in welchen Beziehungsgeflecht die mittelalterlichen Aktivitäten auf der Saalburg eingeordnet werden könnten.

Nicht alle Kastelle, bei denen eine mittelalterliche Wiederbenutzung vermutet werden kann, haben jedoch einen so reichen Fundniederschlag wie die Saalburg erbracht. Oft bieten nur Einzelfunde erste Anhaltspunkte. So z.B. im Fall des Kastells Schlossau an der Odenwaldlinie (Abb. 6): bei der Vorlage der von der Reichslimeskommission durchgeführten Grabungen hatte K. Schumacher 1914 auch ein mutmaßliches römisches Ortband aus Bronze vorgestellt[31] (Abb. 7,2). J. Neumaier konnte in Anlehnung an die Forschungen von R. Koch zeigen, dass es sich um das Bestandteil einer hochmittelalterlichen Schwertscheide handelt[32] (Abb. 7). Vor diesem Hintergrund erscheint auch die Flurbezeichnung des Kastellgeländes als „Burggewann" in einem anderen Lichte (Abb. 6); es erscheint durchaus möglich, dass der im 11. Jahrhundert entstandene Ort Schlossau von den noch aufragenden Mauern des Kastells seinen Namen erhalten hat[33]. Am Ende des 19. Jahrhundert waren die Befestigungen durch den Ackerbau dagegen weitgehend eingeebnet bzw. durch Steinraub geschleift worden[34]. Sogar ein adeliger Wohnsitz, in welcher Form auch immer,

---

20 Vgl. Gossler 2001, 69.
21 Austermann 1992/93, 130 f.
22 Vgl. Jacobi 1897, 3 f.
23 Eismann 1999, 54.
24 Jacobi 1897, 91.
25 Ernst 1991, 49.
26 Weidemann 1972, 202.
27 Diesen Hinweis verdanke ich D. Baatz.
28 Ausführlich Ernst 1991.
29 Sante 1960, 253.
30 Gossler 2001, 69.
31 Schumacher 1914, 6 Taf. 2,29.
32 Neumaier 1991. – Zu Vergleichsfunden ausführlich Koch 1986.
33 Vgl. Neumaier 1991, 31.
34 Vgl. Schumacher 1914, 2 f.

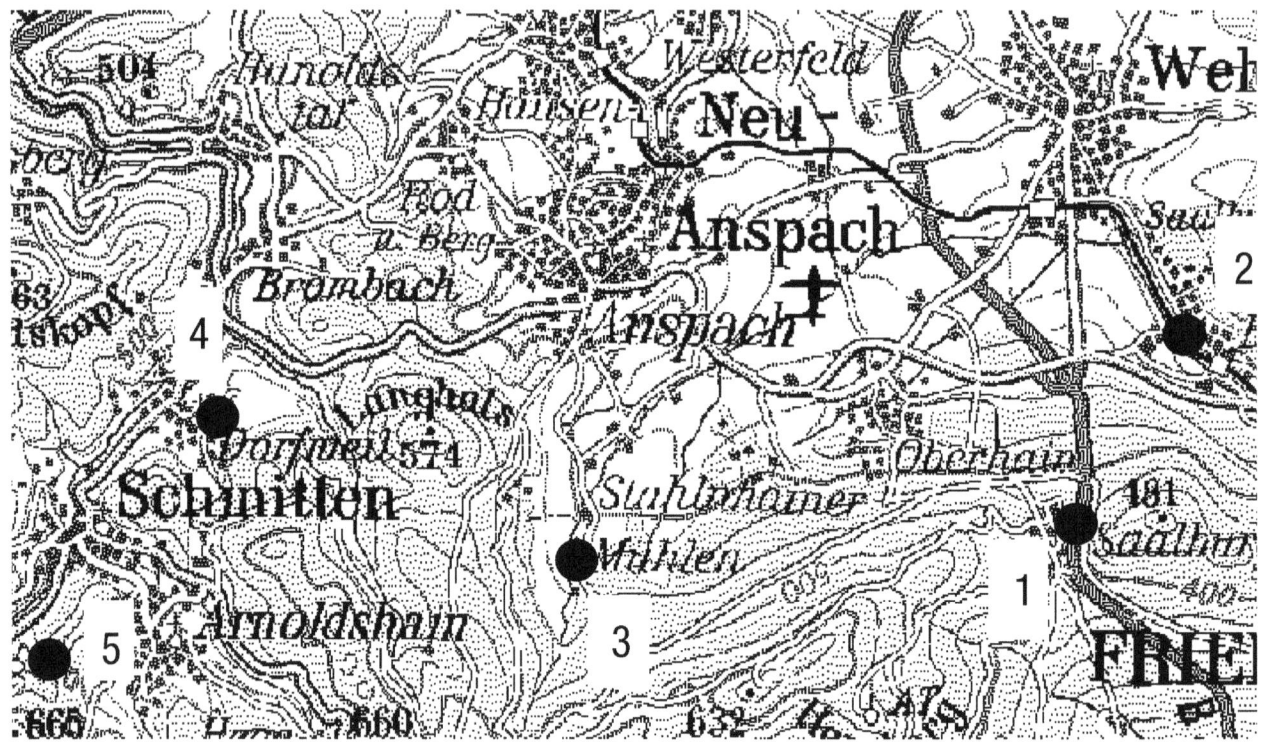

Abb. 5. Saalburg. Umgebungskarte mit im Text erwähnten Orten. – M. 1:80 000.

könnte im Kastell angelegt worden sein, vermeldet doch im Jahr 1412 eine Quelle einen Heinrich „uff der pfalcz zu Shloßauwe"[35]. Der alte Grabungsbericht von 1914 vermerkt allerdings keine nach-römischen Baubefunde. Vielleicht wurden sie übersehen, oder aber etwaige mittelalterliche Umbauten waren beim Steinraub als erste wieder beseitigt worden. Im Fall von Schlossau sprechen jedenfalls vor allem nicht-archäologische Indizien für eine Wiederbenutzung im Mittelalter.

Unsere nächste Station führt uns ca. 20 km in nordöstlicher Richtung an den Main: dort wurde in der Mitte der ersten Hälfte des 2. Jahrhundert n. Chr. ca. 1,7 km vom heutigen Ortskern ein römisches Kohortenkastell angelegt, das sog. Miltenberger „Altstadtkastell": es bildete der Ausgangspunkt einer natürlichen Straßenverbindung vom Maintal durch den Odenwald in das Neckar- und Rheintal und gleichsam eines der Tore in die Waldgebirge von Spessart und Odenwald. Die Erforschung der römischen Befestigung reicht bis 19. Jahrhundert zurück[36], doch erst Grabungen durch B. Beckmann und L. Wamser ergaben auch wesentliches zur mittelalterlichen Geschichte des Platzes[37]. Obwohl die von Beckmann in den Jahren 1970 bis 1976 durchgeführten Untersuchungen zuerst nur dem römischen Kastell galten, wurden die zufällig aufgedeckten mittelalterlichen Befunde von ihm vollkommen gleichwertig behandelt und im Grabungsvorbericht mitvorgelegt[38].

Nach der Aufgabe des Kastells als Grenzbefestigung in der Mitte des 3. Jahrhundert *(Abb. 9,1–2)* zeugen spätrömische Münzen und Argonnensigillata[39] noch von menschlicher Siedlungstätigkeit im 4. Jahrhundert, im 5. Jahrhundert lassen sich keine Aktivitäten mehr mit Sicherheit belegen. Vielleicht schon im 6., spätestens aber im 7. Jahrhundert wurden die römischen Ruinen aufgrund ihrer strategischen Lage erneut von Menschen bezogen. In der Ostecke wurde in offensichtlicher Anlehnung an die noch vorhandene ältere Kastellmauer eine kleine Befestigung mit einer zweischaligen Mauer in Mörtelbauweise errichtet, die eine Toranlage aufwies und vermutlich auch einen Wehrgang[40] *(Abb. 9,3)*. Das unscheinbare Fragment eines frühmittelalterlichen Steigbügels[41] unterrichtet uns darüber, dass dort zeitweise Personen höheren Standes anwesend waren *(Abb. 8)*. L. Wamser deutet die Anlage als fränkischen Stützpunkt im Rahmen des frühmittelalterlichen Landesausbaues in Mainfranken[42]. Sie besaß sicherlich vor allem eine militärisch-strategische Bedeutung; aus diesem Grund wurden offenbar auch nicht weitere Teile des Kastellgeländes benutzt. Möglicherweise waren die übrigen Teile der römischen Lagermauer schon stärker verfallen. In den folgenden Jahrhunderten ist der Fundniederschlag im gesamten Kastell-

---

35 So schon SCHALLMAYER 1984, 106. – In diesem Sinne auch NEUMAIER 1991, 31.
36 BECKMANN 1976/77, 65 f.
37 Ebd.; WAMSER 1989; DERS. 1992.
38 BECKMANN 1976/77, 113 ff.
39 WAMSER 1992, 235 f.
40 DERS. 1989, 161 ff.; DERS. 1992, 236 ff.
41 Übersicht der frühmittelalterlichen Typen bei NAWROTH 2001, 117 Abb. 53.
42 WAMSER 1989, 163 f.; DERS. 1992, 238 f.

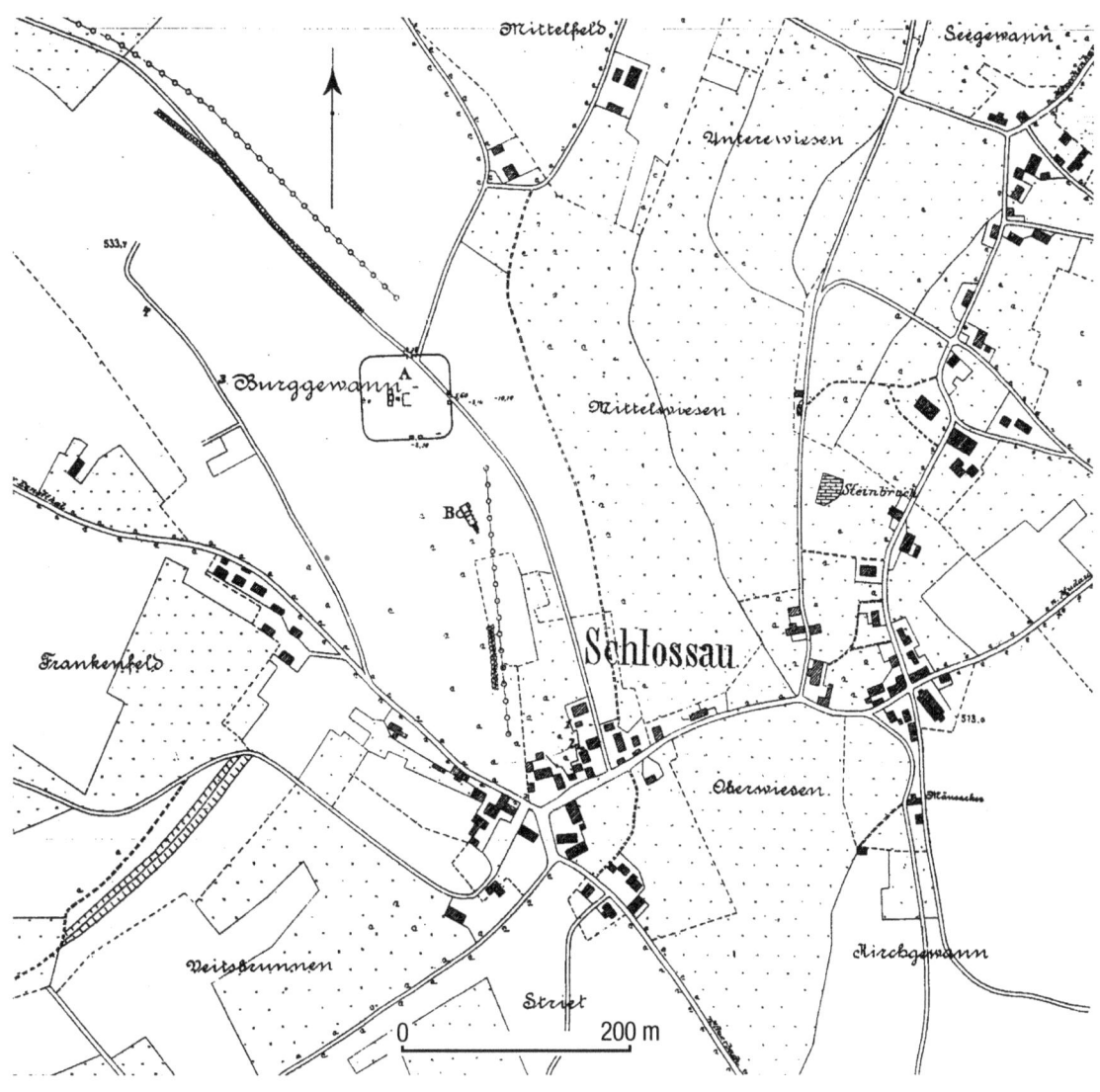

Abb. 6. Schlossau mit nördlich gelegenen Kastell (nach Schumacher 1914 Fig. 1).

bereich so gering, dass von keiner dauerhaften Besiedlung Zeit ausgegangen werden kann[43]. Wahrscheinlich im 12. Jahrhundert wurde dann unter Beibehaltung bzw. Wiederinstandsetzung der erwähnten frühmittelalterlichen Mauer in der Ostecke des Kastells ein Wohnturm angelegt[44] *(Abb. 9,4)*. Bei diesem Turm handelt es sich um ein Gebäude, dass seit salischer Zeit als typisch für adelige Wohnbauten angesehen werden kann[45]; möglicherweise befand sich hier der Sitz der edelfreien Ministerialenfamilie von Wallhausen, die seit dem späten 12. Jahrhundert urkundlich erwähnt wird[46]. Im Hochmittelalter sind auch außerhalb des Kastells Siedlungsreste festzustellen, u. a. eine Kirche[47]. Spätestens zu diesem Zeitpunkt muss die ehemalige Kastellbefestigung in einem Zustand gewesen sein, der keinen Schutz mehr bot, sondern nur noch zum Steinraub einlud[48]. Im ersten Drittel des 13. Jahrhunderts war der soziale Aufstieg derer von Wallhausen so weitgediehen, dass man eine Stadtgründung wagte[49], für deren Standort man wieder den Bereich des ehemaligen Kastells wählte *(Abb. 9,5)*. Die römische Umwehrung wollte oder konnte man nicht mehr nutzen und riss sie ab, um an ihrer Stelle eine Stadtmauer mit neu behauenem Steinmaterial zu errichten[50]. Lediglich die Mauern der ehemaligen *principia* dienten als Begrenzung des Friedhofes. B. Beckmann vermutet eventuell auch eine

---

43 Ebd.
44 WAMSER 1989, 165 ff.; DERS. 1992, 240 ff.
45 Überblick bei BÖHME 1999, 61 ff.
46 WAMSER 1989, 165; DERS. 1992, 241 mit Anm. 21.
47 BECKMANN 1976/77, 120 f; WAMSER 1989, 165; DERS. 1992, 241.
48 Vgl. BECKMANN 1976/77, 116.
49 1229 Bezeichnung als *civitas*, 1231 als *oppidum*, vgl. WAMSER 1989, 166; DERS. 1992, 242.
50 Vgl. die Beobachtungen von BECKMANN 1976/77, 116 sowie die Abb. 5 u. 13

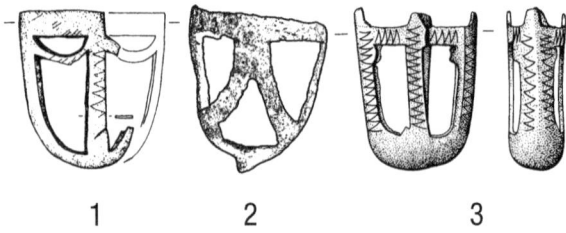

Abb. 7. Hochmittelalterliche Schwertortbänder. 1 Straubing; 2 Schlossau;

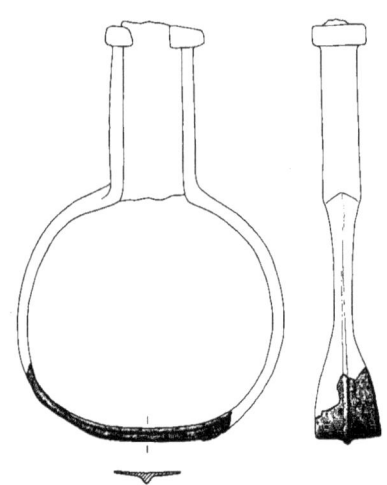

Abb. 8. Miltenberg, Altstadtkastell. Rekonstruierter Steigbügel (nach Wamser 1989, 166 Abb. 116). – M. 1:3.

Wiederbenutzung des Horreums[51]. Die stadtähnliche Bebauung berücksichtigte insgesamt den Verlauf der römischen Lagerstraßen. Römischer und mittelalterlicher Siedlungshorizont waren also weitgehend identisch[52]. Die planmäßige und strategische Anlage des Kohortenkastells, war also offenbar auch ohne erhaltene bzw. wiederbenutzbare Umwehrung so attraktiv, dass man bei der Stadtgründung den Befestigungsverlauf und die Lagereinteilung in Grundzügen beibehielt. Aufgrund politischer Auseinandersetzungen zwischen dem Haus Wittelsbach und den Mainzer Erzbischöfen war dem *oppidum* Wallhausen kein langer Bestand beschieden, 1237 wurde es weitgehend zerstört und verfiel. Lediglich in der Nordecke des Kastells bzw. der Stadtmauer bestand noch bis ins Spätmittelalter eine kleiner, befestigter Herrensitz[53] *(Abb. 9,6)*.

Unser letztes Beispiel führt uns noch einmal zurück nach Hessen: knapp 1 km südwestlich vom heutigen Kloster Arnsburg liegt ein Kastell *(Abb. 10,1; 11)* mit dem bezeichnendem Namen Alteburg; es handelte sich um das nördlichste Kohortenkastell am Wetteraulimes *(Abb. 10,4)*. 1151 stiftet der Wetterauer Ministeriale Konrad II. von Arnsburg-Hagen und seine Frau Luckarde an dieser Stelle ein Kloster, das an den Benediktinerabt Nikolaus von Siegburg übergeben wurde und von Siegburger Mönchen aufgesiedelt werden sollte[54]. Bei den Ausgrabungen des Lagers im Jahr 1893 stieß man östlich der *principia* auf einen Kirchenbau, der als kreuzförmige Basilika mit halbrunder Apsis und außen gerade anschließenden Nebenchören geplant war[55] *(Abb. 11: Bau D)*. Offenbar gedieh die angestrebte Klostergründung jedoch nicht wie gewünscht; 1174 übergab der Sohn Konrads, Kuno I. von Münzenberg, die Stiftung seines Vaters an den Zisterzienserorden in Kloster Eberbach und stellte dafür das Gelände seiner ehemaligen Burg zur Verfügung, die sich ca. 500 m südwestlich des Kastells befunden hatte *(Abb. 10,2)*. Der heutige Klosterstandort im Tal der Wetter resultiert aus einer nochmaligen Verlegung der Anlage im 13. Jahrhundert[56].

Was bewog nun Konrad I. gerade das ehemalige Kastellgelände als Platz für eine Klostergründung auszuwählen? D. Baatz vermutet, dass sich die Ruine der römischen Lagerumwehrung als Schutz für das Kloster angeboten haben könnte[57]. Für die Anlage ihres eigenen befestigten Wohnsitzes hatte die Familie von Arnsburg-Hagen allerdings das benachbarte Hainfeld ausgewählt, das an drei Seiten durch den Steilabfall zur Wetter hin natürlich geschützt war *(Abb. 10,2)*. Im 10. Jahrhundert entstand hier eine kleine Burg mit Wohnturm, die später erweitert wurde[58]. Theoretisch hätte sich als Standort für diese Burg auch eine Ecke der ehemaligen Kastellmauer angeboten, wie beispielsweise in Miltenberg. Man entschied sich jedoch bewusst anders: möglicherweise waren die römischen Lagermauern und -gräben in einem so schlechten Zustand, dass man eine Wiederinstandsetzung bzw. eine völlige Neuerrichtung scheute. Vielleicht entsprach die Lage des Kastells nicht dem gesteigertem Sicherheitsbedürfnis der Adelsfamilie. Schließlich muss daran erinnert werden, dass im Tal der Wetter seit dem 8. Jahrhundert eine offene Siedlung bestand, in der vermutlich die Wurzeln der im Hochmittelalter auf der gegenüber liegenden Hochfläche separiert angelegten Burgsiedlung zu suchen sind[59] *(Abb. 10,3)*.

Bis auf den nicht fertiggestellten Kirchenbau *(Abb. 11: Bau D)* haben die Benediktinermönchen offenbar nur wenige Spuren im Kastell hinterlassen. Der Grabungsbericht von Friedrich Kofler erwähnt z.B. keine römischen Spolien in den Fundamenten der begonnenen Basilika. Ebenso ist, wie bereits angedeutet, eine Wiederbenutzung der römischen Lagermauer nicht eindeutig zu beweisen. Einzig mehrere

---

51 BECKMANN 1976/77, 122 f.
52 Ebd.
53 WAMSER 1989, 166 f.; DERS. 1992, 242 ff.
54 SANTE 1960, 11; AUSTERMANN 1992/93, 117.
55 KOFLER 1914, 7 f. Anm. 1.
56 SANTE 1960, 11 f.; BAATZ/HERRMANN 1989, 229; AUSTERMANN 1992/93, 117 mit Anm. 49.
57 BAATZ/HERRMANN 1989, 229.
58 Kurze Beschreibung der Anlage bei BÖHME 1992, 22 ff.
59 Zur Siedlung ausführlich AUSTERMANN 1994/995, 119 ff. – B. Steidl teilte mir freundlicherweise mit, dass vom Kastellgelände ebenfalls Metallfunde frühmittelalterlicher Zeitstellung vorliegen.

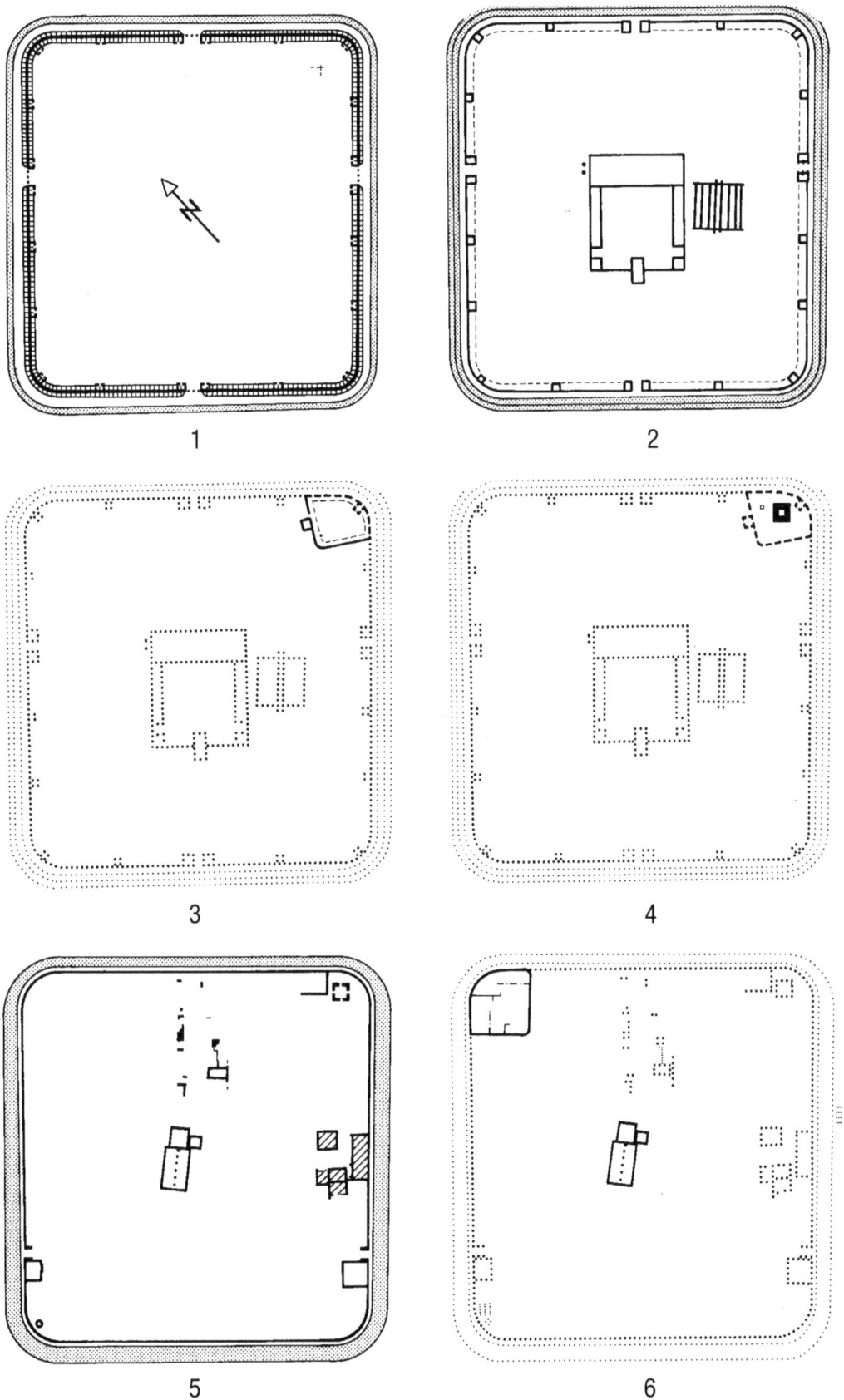

Abb. 9. Miltenberg, Altstadtkastell. Mögliche Abfolge der verschiedenen Wehranlagen am Platz des römischen Kastells. 1 römisches Holz-Erde-Kastell; 2 römisches Steinkastell; 3 merowingisches "Kleinkastell"; 4 salisch-staufische Turmburg; 5 Oppidum Wallhausen; 6 spätmittelalterlicher Herrensitz.

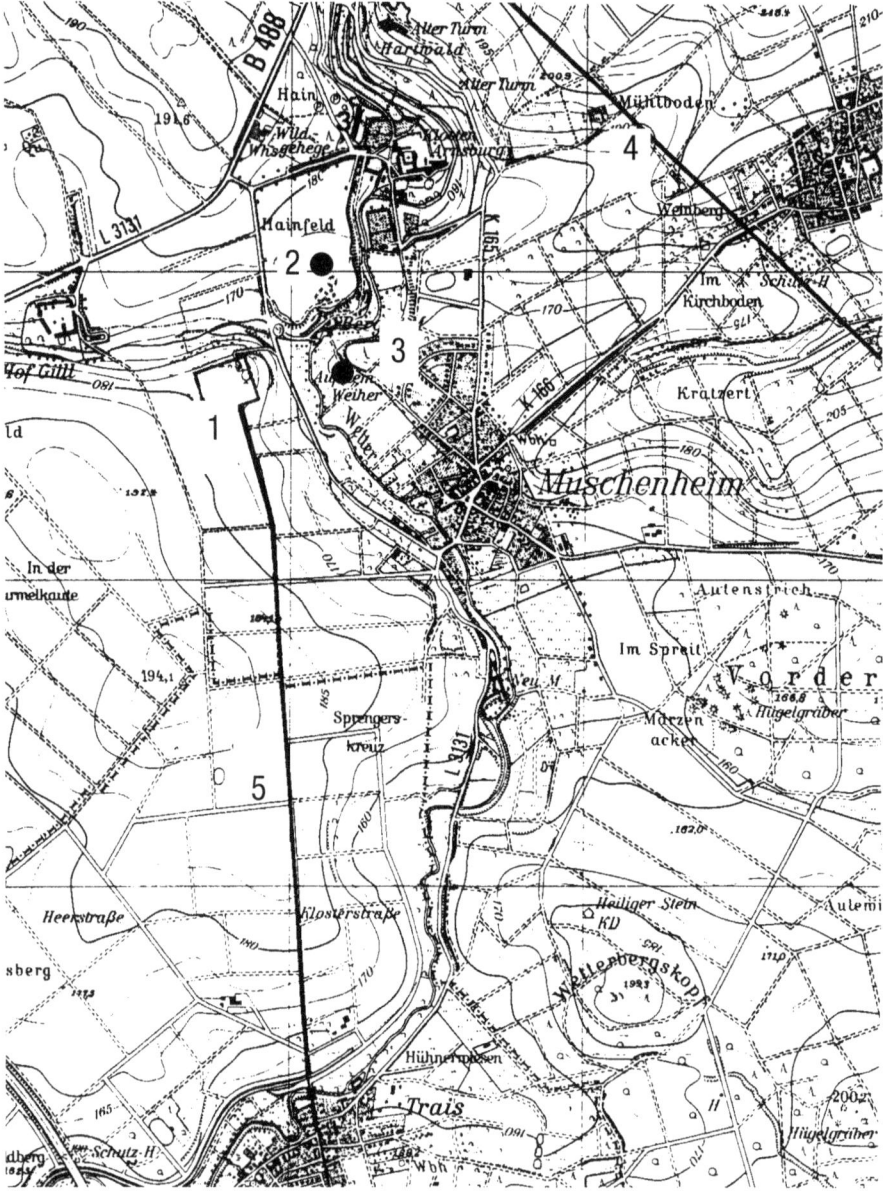

Abb. 10. Arnsburg. Umgebungskarte mit im Text erwähnten Bodendenkmälern. – M. 1:25 000.

Hufeisen aus einem als *horreum* zu deutendem massiven Bau mit Wandpfeilern auf den Außen- und Innenseiten *(Abb. 11: Bau B)* könnten einen Hinweis auf mittelalterliche Nutzung bilden[60]. Kofler teilt weiterhin mit, dass ca. 25 m nordöstlich des Südtores eine nachrömische Straße über den zugefüllten Lagergraben, die Berme und die niedergelegte Kastellmauer auf die Kirche zuführte[61] *(Abb. 11)*. Auch dies lässt nicht unbedingt darauf schließen, dass die Lagerbefestigung noch einem fortifikatorischen Zweck diente. Östlich und südöstlich der Kirchenapsis wurden in mehreren Reihen angelegte Gräber aufgedeckt, die mindestens 45 Bestattungen enthielten, eine erstaunlich hohe Anzahl, bedenkt man, das die Benediktiner für höchstens zwei Jahrzehnte im Kastell weilten[62]. Der Bestattungsplatz dürfte also auch von den Bewohnern der naheliegenden Burg und bzw. oder des Dorfes belegt worden sein.

Die Gründe für die Wiederaufgabe des Klosters liegen weitgehend im Dunkeln. Im Falle des Klosters Alteburg bedeutete die Wahl eines ehemaligen Kastellgeländes jedenfalls keinen generellen Standortvorteil. Trotzdem erfolgte m.E. die Platzwahl nicht rein willkürlich: die Stifter wollten ihr zukünftiges Hauskloster offenbar in ihrer unmittelbaren Nähe wissen; die nach drei Seiten geschützte Hochfläche, auf dem in römischer Zeit das Lager angelegt worden war, versprach eine gesicherte Anlage und bot außerdem genügend Platz im Falle des Gedeihens der Klostergründung. Die römische Lagerumwehrung konnte zwar nicht als Befestigungswerk genutzt werden, als sichtbare Abgrenzung des Klosterbezirkes nach außen hin erfüllte sie jedoch sehr wohl noch ihren Zweck. Vielleicht war eine erneute Befestigung zu einem späteren Zeitpunkt vorgesehen.

---

60 KOFLER 1914, 7.
61 Ebd. 9 Anm. 1.
62 Ebd. 8 Anm. 1.

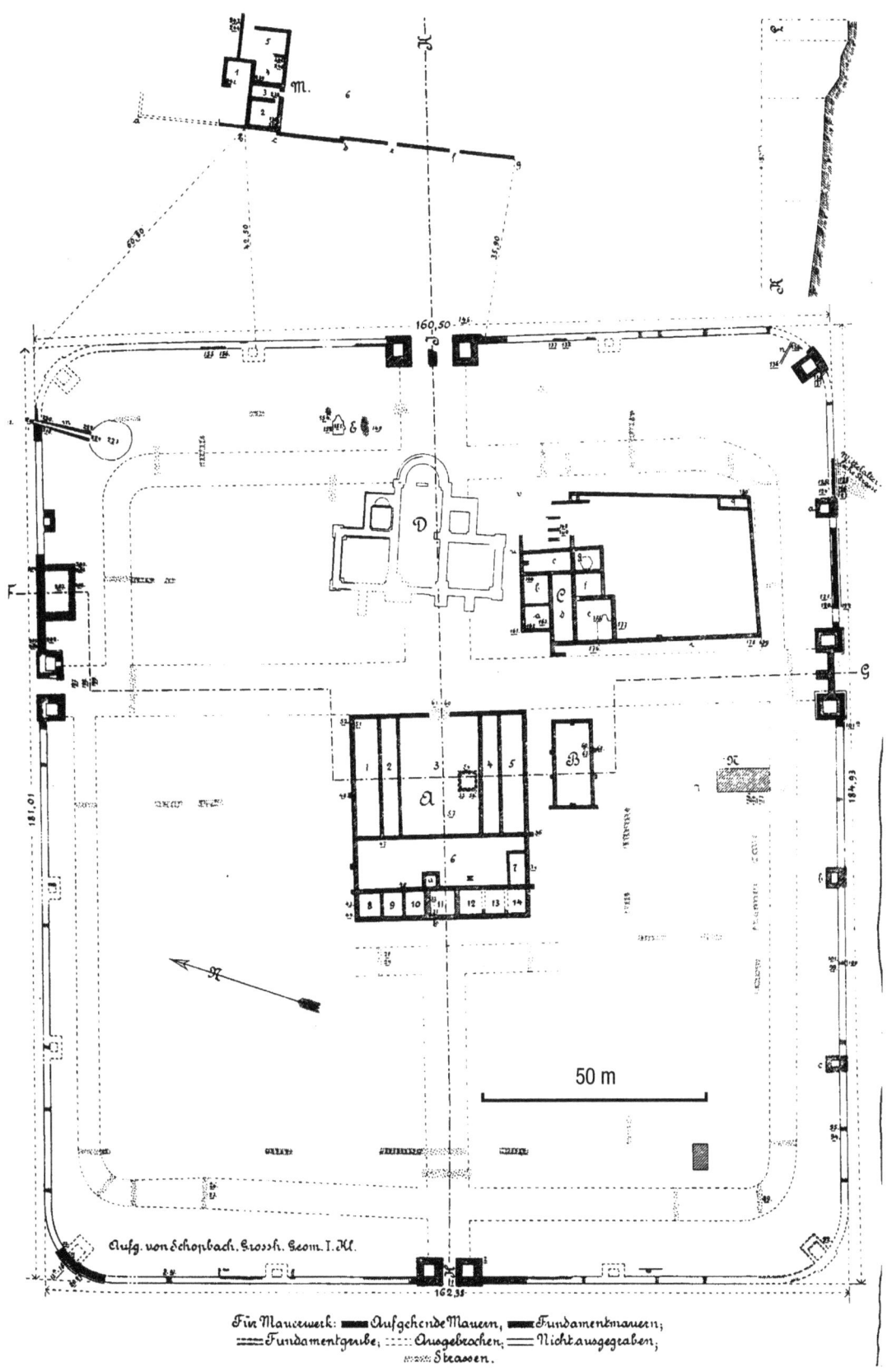

Abb. 11. Arnsburg, Kastell. Grabungsplan (nach Kofler 1914 Fig. 1).

Der Vergleich der Beispiele von der Saalburg, Miltenberg oder Arnsburg führt uns deutlich vor Augen, dass die Gründe für eine Wiederbenutzung römischer Militäranlagen vielfältig sein konnte. Im vorgeführten geographischen Rahmen kann man in den allermeisten Fällen lediglich von einer Standortkontinuität, jedoch keiner solchen der Besiedlung ausgehen. Trotzdem muss ausdrücklich hervorgehoben werden, dass auch rechts des Rheines bzw. nördlich der Donau das römische Erbe in der mittelalterlichen Siedlungslandschaft mitunter deutliche Spuren hinterlassen hat.

Literaturverzeichnis

AUSTERMANN 1992/93
M. AUSTERMANN, Bemerkungen zur frühmittelalterlichen Besiedlung am Rande der Wetterau. Ber. Komm. Arch. Landesforsch. Hessen 2, 1992/93, 113–138.

AUSTERMANN 1994/95
DERS., Grabungen in einer latènezeitlichen und mittelalterlichen Siedlung bei Arnsburg, Kr. Gießen. Ber. Komm. Arch. Landesforsch. Hessen 3, 1994/95, 113–143.

BAATZ/HERRMANN 1989
D. BAATZ/F.-R. HERRMANN (Hrsg.), Die Römer in Hessen² (Stuttgart 1989)

BECKMANN 1976/77
B. BECKMANN, Neuere Ausgrabungen im römischen Limeskastell Miltenberg-Altstadt und im mittelalterlichen Walehusen. Ein Vorbericht. Jahresber. Bayer. Bodendenkmalpfl. 17/18, 1976/77, 62–131.

BÖHME 1992
H. W. BÖHME, Burgen der Salierzeit in Hessen, in Rheinland-Pfalz und im Saarland. In: Ders. (Hrsg.), Burgen der Salierzeit. 2. In den südlichen Landschaften des Reiches. RGZM Monogr. 26 (Sigmaringen 1992) 7–80.

BÖHME 1999
DERS., Der hochmittelalterliche Burgenbau: Burgen vom 10. bis Mitte 12. Jahrhunderts. In: Ders et al. (Hrsg.), Burgen in Mitteleuropa. Ein Handbuch. 1. Bauformen und Entwicklung (Stuttgart 1999) 54–77.

CUNLIFFE 1976
B. W. CUNLIFFE, Excavations at Portchester Castle 2: Saxon. Rep. Research Com. Soc. Antiquaries London 33 (London 1976).

CUNLIFFE 1977
DERS., Excavations at Portchester Castle 3: Medieval, the outer bailey and its defences. Rep. Research Com. Soc. Antiquaries London 34 (London 1977)

DANNHEIMER 1971
H. DANNHEIMER, Zu einer spätmittelalterlichen Trense von Mühlthal a.d. Isar. Bayer. Vorgeschbl. 36, 1971, 180–183.

DÖLEMEYER 1997
B. DÖLEMEYER, Der Baumeister und sein Kaiser. Kaiser Wilhelm II., Louis Jacobi und die Saalburg. In: E. Schallmayer (Hrsg.), Hundert Jahre Saalburg. Vom römischen Grenzposten zum europäischen Museum (Mainz 1997) 28–32.

EISMANN 1999
ST. EISMANN, Mittelalterliche Profanbauten auf römischen Mauern. Eine Übersicht. In: S. Brather et al. (Hrsg.), Archäologie als Sozialgeschichte. Studien zu Siedlung, Wirtschaft und Gesellschaft im frühgeschichtlichen Mitteleuropa. Festschr. H. Steuer. Internat. Arch. Stud. Honoria 9 (Rahden/Westf. 1999) 45–56.

ERNST 1991
E. ERNST, Die Stahlhainer Mühlen. Reste einer untergegangenen Waldschmiedesiedlung. In: E. Ernst/H. Reitz (Hrsg.), Mühlen in Geschichte und Zukunft. Tagung Neu-Anspach 1986. Schriftenr. Hess. Freilichtmus. 8 (Neu Anspach 1991) 48–55.

GOSSLER 1996
N. GOSSLER, Mittelalterliches Reitzubehör von hessischen Burgen. In: Burgenforschung in Hessen. Kl. Schr. Vorgesch. Sem. Marburg 46 (Marburg 1996) 161–176.

GOSSLER 1998
DERS., Untersuchungen zur Formenkunde und Chronologie mittelalterlicher Stachelsporen in Deutschland (10.–14. Jahrhundert). Ber. RGK 79, 1998, 479–664.

GOSSLER 2001
DERS., Sporen und Hufeisen von der Saalburg. Zur mittelalterlichen Geschichte eines römischen Kastells. Jahrb. Hochtaunuskr. 2001, 67–70.

JACOBI 1897
L. JACOBI, Das Römerkastell Saalburg bei Homburg vor der Höhe (Homburg v.d. Höhe 1897).

JACOBI 1934
H. JACOBI, Mittelalterliche (?) Bronzeschlüssel von der Saalburg. Saalburg-Jahrb. 8, 1934, 29–31.

KOCH 1986
R. KOCH, Ein durchbrochenes Schwertortband vom Schwanberg bei Rödelsee. In: L. Wamser (Hrsg.), Aus Frankens Frühzeit. Festgabe P. Endrich. Mainfränk. Stud. 37 (Würzburg 1986) 193–206.

KOFLER 1914
F. Kofler, Das Kastell Arnsburg. ORL B II/2 Nr. 16 (Heidelberg 1914).

LINDENSCHMIT 1900
L. LINDENSCHMIT, Die ältesten Formen der Hufeisen. AuhV IV (Mainz 1900) Taf. 28.

MANDERA 1956
H.-E. MANDERA, Sind die Hufeisen von der Saalburg römisch? Saalburg-Jahrb. 15, 1956, 29–37.

NAWROTH 2001
M. NAWROTH, Das Gräberfeld von Pfahlheim und das Reitzubehör der Merowingerzeit. Wiss. Beibd. Anz. German. Nationalmus. 19 (Nürnberg 2001).

NEUMAIER 1991
J. NEUMAIER, Ein mittelalterliches Ortband aus dem Limeskastell Schlossau (Neckar-Odenwald-Kreis). Arch. Nachr. Baden 46, 1991, 30–31.

OLDENSTEIN 1976
J. OLDENSTEIN, Studien zu Beschlägen und Zierat an der Ausrüstung der römischen Auxiliareinheiten des obergermanisch-raetischen Limesgebietes aus dem zweiten und dritten Jahrhundert n. Chr. Ber. RGK 57, 1976, 49–284.

SANTE 1960
G. W. SANTE (Hrsg.), Hessen. Handb. Hist. Stätten Deutschland 4 (Stuttgart 1960).

SCHALLMAYER 1984
E. SCHALLMAYER, Der Odenwaldlimes. Vom Main bis an den Neckar (Stuttgart 1984).

SCHALLMAYER 1997
Ders., Kastelle am Limes. Die Entwicklung der römischen Militäranlagen auf dem Saalburg-Paß. In: Ders. (Hrsg.), Hundert Jahre Saalburg. Vom römischen Grenzposten zum europäischen Museum (Mainz 1997) 106–118.

SCHMID 1999
P. Schmid, Friesischer Grabbrauch in Karolingischer Zeit. In: Über allen Fronten. Nordwestdeutschland zwischen Augustus und Karl dem Großen. Ausstellungskat. Oldenburg (Oldenburg 1999) 213–229.

SCHUMACHER 1914
K. Schumacher, Das Kastell bei Schlossau. ORL B V/1 Nr. 51 (Heidelberg 1914).

WAMSER 1989
L. Wamser, In den Ruinen des Römerkastells Miltenberg-Altstadt: Fränkischer Stützpunkt, staufische Turmburg, pfalzgräflich-wittelbachisches Oppidum, spätmittelalterlicher Herrensitz. Arch. Jahr Bayern 1989, 160–168.

WAMSER 1992
DERS., Befestigte Anlagen des frühen bis späten Mittelalters in den Ruinen des Römerkastells Miltenberg-Altstadt. In: H. W. Böhme (Hrsg.), Burgen der Salierzeit. 2. In den südlichen Landschaften des Reiches. RGZM Monogr. 26 (Sigmaringen 1992) 235–244.

WEIDEMANN 1972
K. WEIDEMANN, Burg Hattstein. In: Hochtaunus, Bad Homburg, Usingen, Königstein, Hofheim. Führer vor- u. frühgesch. Denkmäler 21 (Mainz 1972) 201–203.

Norbert Gossler
Am Kiesteich 59
D–13589 Berlin
n_gossler@hotmail.com

KONTINUITÄT UND NUTZUNGSWANDEL: SPÄTANTIKE UND FRÜH-MITTELALTERLICHE FUNDE UND BEFUNDE AUS DER KÖLNER DOMGRABUNG

Sebastian Ristow

Unter dem Kölner Dom und seiner Umgebung ist von 1946 bis zum Frühjahr 1997 planmäßig ausgegraben worden. Ergebnisse dieser Langzeitgrabung wurden bisher überwiegend nur in Vorberichten und unter Ausschluss der Funde publiziert[1]. Auf Initiative des Landes Nordrhein-Westfalen als einem der wichtigsten Förderer dieser Grabungen wurde Ende 1999 beschlossen, Funde und Befunde in einer Reihe von monographischen Bearbeitungen vorzulegen. Um die Ergebnisse möglichst kurzfristig veröffentlichen zu können, hat man folgende Untersuchungszeiträume festgelegt: 1. Römerzeit, 2. Spätantike und Frühmittelalter, 3. Mittelalter I (Zeit des Alten Domes aus dem 9./10. Jahrhundert), 4. Mittelalter II (Ältere Bauzeit des gotischen Domes von 1248–1322), 5. Mittelalter III (Jüngere Bauzeit des gotischen Domes von 1322–16. Jahrhundert), 6. Neuzeit.

Ob, wie und wann die unterschiedlichen Abschnitte bearbeitet werden, ist noch nicht in allen Fällen klar terminiert. Die Funde der älteren Bauzeit des gotischen Domes sind bereits im Rahmen einer Dissertation von L. Jansen vorgelegt worden[2]. Zur Zeit bearbeiten U. Back und Th. Höltken Befunde und Funde des gotischen Domes[3]. Im Laufe des Jahres 2000 wurden vom Verf. die Ergebnisse zu Spätantike und Frühmittelalter ausgearbeitet und zum Druck eingereicht[4]. Für diesen Zeitabschnitt sind im folgenden die wichtigsten Eckpunkte aufgeführt.

Die Funde erweisen zweifelsfrei eine kontinuierliche Nutzung des Baugrundes in der nordöstlichen Ecke des römischen Stadtgebietes von Köln seit frührömischer Zeit. Keramik und Kleinfunde aus der Domgrabung wurden bisher nur kursorisch veröffentlicht. Insgesamt machen die etwa 2000 Stücke aus Spätantike und Frühmittelalter, die aus befundrelevantem Kontext stammen, nur ca. 1% der gesamten Fundmenge der Domgrabung aus. Wegen der extrem kurz bemessenen Projektzeit für die Aufarbeitung muß natürlich damit gerechnet werden, dass im Bereich der Feinkeramik und der Wandbruchstücke zahlreiche Scherben gar nicht dem Untersuchungszeitraum zugeordnet werden konnten. Eine größere Zahl dürfte sich auch unter den Fundkomplexen befinden, die den anderen zu bearbeitenden Zeitstufen zugewiesen wurden, jedoch bisher nicht gesichtet sind. Insbesondere gilt dies naturgemäß für die römische und die zeitlich folgende Periode des sogenannten Alten Domes ab Mitte des 9. Jahrhunderts. Hilfreich war jedoch, dass die Bearbeitung fast der gesamten Argonnen-TS auch für die Domgrabung schon vor längerer

Abb. 1. Köln, Domgrabung. Einhenkeltopf vom Typ Alzey 30 (Bild: R. Matz/R. Schenk).

Zeit von L. Bakker übernommen worden war, der seine Ergebnisse dankenswerterweise für die Befundauswertung bereitstellen konnte[5]. Die jüngsten spätantiken Münzen stammen – mit Ausnahme derer aus den fränkischen Gräbern – aus der Zeit des Arcadius (388–408), sind weitgehend nicht befundrelevant und sollen im Rahmen des FMRD-Corpus vorgelegt werden. Die Steinfunde des Untersuchungszeitraumes wurden durch D. Hochkirchen gesondert bearbeitet[6].

---

1 Mit weiteren Literaturangaben: DOPPELFELD/WEYRES 1980; WOLFF 1996.
2 JANSEN 1999.
3 BACK/ HÖLTKEN in Vorber.; BACK/ HÖLTKEN in Vorber.
4 RISTOW 2001; weiteres auch bei DERS. 2002; DERS. 2004.
5 DERS. 2002a (Beitrag zur Argonnen-TS). Aus redaktionellen Gründen war eine Abstimmung der Beiträge jedoch nicht mehr im erforderlichen Maße möglich.
6 DERS. 2002a (Beitrag zu den Steinfunden).

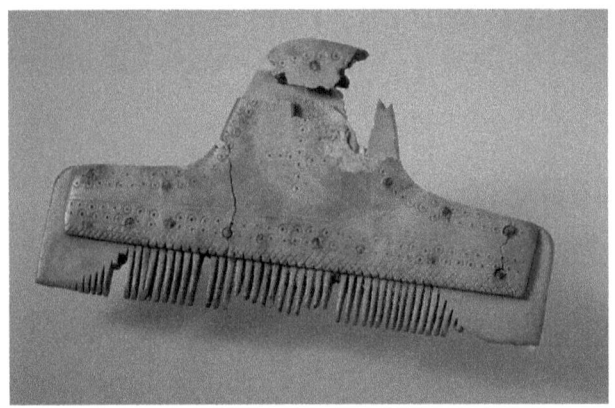

Abb. 2. Köln, Domgrabung. Spätantiker Beinkamm mit Kreuzverzierung (Bild: R. Matz/R. Schenk).

Aus dem 4. Jahrhundert liegt reichhaltiges Fundmaterial vor. Überwiegend handelt es sich dabei um rauwandige Gebrauchskeramik, sogenannte Mayener Ware. Mehr oder weniger komplett erhaltene Gefäße sind die Ausnahme *(Abb. 1)*. Aus der Menge der übrigen Kleinfunde seien ein Beinkamm mit Kreuzverzierung und der Corpus einer Armbrustspiralfibel aus der zweiten Hälfte des 4. Jahrhunderts herausgegriffen *(Abb. 2–3)*. Es ist bemerkenswert, dass der kreuzverzierte Beinkamm neben einem Messer des 6. Jahrhunderts das einzige mit einem christlichen Symbol versehene Stück aus dem gesamten Fundbestand des Bearbeitungszeitraumes ist. Keinesfalls kann für den Kamm die Anbringung des Kreuzes ausschließlich als Zeichen des Christentums des Benutzers oder gar als funktionsabhängig interpretiert werden. Es handelt sich vielmehr um ein zu dieser Zeit allgemein verbreitetes Dekorationsmotiv.

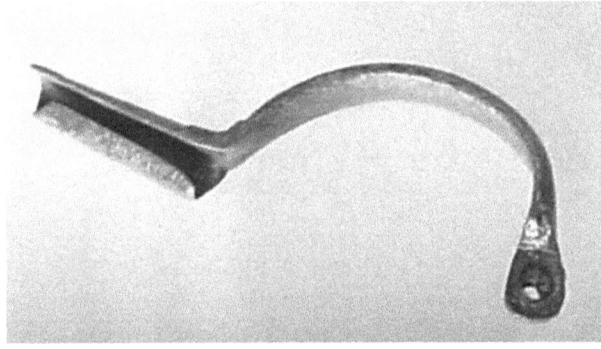

Abb. 3. Köln, Domgrabung. Corpus einer Armbrustspiralfibel vom Typ IxAA2b nach SCHULZE 1977(Bild: R. Matz/R. Schenk).

Einige Bronzenadeln markieren bereits den Übergang zum 5. Jahrhundert *(Abb. 4)*. Diese gemeinhin etwa 10 cm langen kerbschnittverzierten Nadeln mit Scheibenkopf und beweglichem Ösenring, der allerdings meist nicht erhalten ist, sind in Köln mit 8 Exemplaren recht häufig vertreten und finden sich etwa in Jülich sowie am Niederrhein bis nach Voerendaal in den Niederlanden. Vergleichbar sind die sogenannten Tiefönnadeln, die bei gleicher Zeitstellung überwiegend in der Germania Libera verbreitet waren[7]. Die Menge der Keramikfunde nimmt mit dem 5. Jahrhundert stark ab. Eine Ausnahme im Fundbestand stellen Scherben des Topfes mit unter dem Rand umlaufender Leiste vom Typ Alzey 33 dar, der als sicherer Indikator für das 5. Jahrhundert erwiesen ist[8]. Das 6.–8. Jahrhundert kann durch Fragmente diverser Knickwandtöpfe belegt werden. Aus dem 6. Jahrhundert sind vor allem fränkische Grabbeigaben anzuführen[9]. Außer den wohlbekannten Funden aus den beiden fränkischen Oberschichtgräbern des mittleren Drittels des 6. Jahrhunderts[10] fanden sich in den Depots der Domgrabung auch noch weitere – bisher nicht vorgestellte – Kleinfunde, die in Grabzusammenhänge gehören könnten, wie etwa bronzene Kästchenbeschläge *(Abb. 5)*.

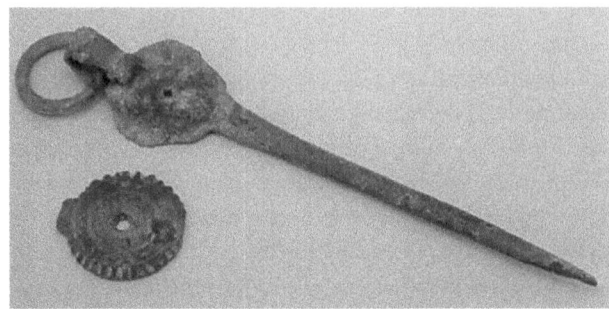

Abb. 4. Köln, Domgrabung. Kerbschnittverzierte Bronzenadel mit beweglichem Ösenring aus der Zeit um 400 (Bild: R. Matz/R. Schenk).

Auch für das 7. und 8. Jahrhundert lassen sich Funde in Anspruch nehmen. So z.B. das Fragment einer Kragenrandschüssel, die sich von ihren antiken Vorbildern deutlich entfernt hat *(Abb. 6)*. An das Ende des Untersuchungszeitraumes gehört das Fragment einer geglätteten Tüllenausgusskanne *(Abb. 7)*.

Im folgenden soll ein Abriss der wichtigsten Ergebnisse für die bauliche Nutzung des zu allen Zeiten *intra muros* befindlichen Grundstückes, auf dem der heutige Kölner Dom steht, gegeben werden. Den Beginn der Baugeschichte markieren mehr oder weniger gut ausgestattete römische Privathäuser. Dabei liegen die Befunde im Bereich des heutigen Domostchores einige Meter tiefer als diejenigen im westlichen Teil. Die östliche Bebauung gründet in der beginnenden Rheinaue, östlich der Hangkante zur Niederterrasse, die an der gesamten Kölner Rheinfront vorhanden ist und in römischer Zeit befestigt bzw. durch unterschiedliche Architekturlösungen überbrückt war[11].

Auf die problematischen Deutungsversuche für einige sehr stark fragmentierte massive Mauern im Querhausbereich des gotischen Domes, die früher als Mercurius-Augustus-Tempel und zuletzt als *horreum* bezeichnet wurden, soll hier nicht näher

---

7 Mit Literatur DERS. 2002a, Fundkat. F474ff. F626; 1823.
8 Mit Literatur ebd. Fundkat. F1801.
9 DOPPELFELD/WEYRES 264 ff.
10 RISTOW 2002a Befundkat. B808–809; Fundkat. F536–F537.
11 Zur städtebaulichen Situation s. den Beitrag von M. Trier in diesem Band.

Abb. 5. Köln, Domgrabung. Bronzene Kästchenbeschläge aus durchmischten Fundkomplexen der Domgrabung (Bild: R. Matz/R. Schenk).

Abb. 6. Köln, Domgrabung. Fragment einer spätmerowingischen Kragenrandschüssel (Bild: G. Hauser).

Abb. 7. Köln, Domgrabung. Fragment einer frühkarolingischen

eingegangen werden[12]. Es lässt sich lediglich festhalten, dass es sich dabei um Reste einer wie auch immer gearteten Terrassenbebauung handelt, in deren Abbruchhorizonten Fragmente qualitätvollen Baudekors geborgen werden könnten *(Abb. 8)*. Nach den Zerstörungen infolge des sogenannten Frankensturmes im Jahre 355[13] wurde im letzten Drittel des 4. Jahrhunderts eine umfassende Neuordnung des gesamten städtischen Bauareals vorgenommen. Im Westteil der Domgrabung ist kleinräumige spätantike Profanbebauung mit rechteckigen Räumen und in einem Falle auch einer spätrömischen Kanalheizung festgestellt. Die dem nördlichen Stadtmauerverlauf folgende Wallstraße, welche die nördliche Grabungsgrenze bildet, wurde verschmälert und blieb durch das ganze Frühmittelalter in Benutzung. Wohl noch im 5. Jahrhundert wurde nach Ausweis der Funde eine von Süden kommende Straßenführung gekappt und auch der Graben vor der Stadtmauer verfüllt.

Gravierend sind die Umgestaltungen im Bereich der Hangkante, also unter Querhaus und Chor des gotischen Domes. Hier sind Schuttschichten durch Brand zerstörter repräsentativ ausgestatteter römischer Architektur erfaßt, über denen massive und bis auf wenige Kleinbronzen der zweiten Hälfte des 4. Jahrhunderts sterile Lehmpackungen angehäuft wurden *(Abb. 8–9)*. Man hat also das Gelände östlich der Terrassenkante unter Aufgabe älterer, beschädigter Architektur an das höhere Niveau des Baugrundes im Westen angepasst. Im Querhausbereich entstand zunächst ebenfalls kleinräumige Wohn- und Gewerbebebauung. Diese Bebauung gruppierte sich um den fast 14 m durch alle diese Schichten abgeteuften und gut erhaltenen Brunnen B921. Die Differenzierung der Funde aus seiner Verfüllung in Schichten aus der Gebrauchszeit und später eingebrachtes Material lässt sich nach der Grabungsdokumentation nicht zweifelsfrei durchführen. Dennoch zeigen die Funde, bis auf wenige mittelalterliche und sogar eine neuzeitliche Scherbe, die aber möglicherweise während der Ausgrabung zwischen die übrigen Stücke gelangten, dass B921 sicher noch bis in das frühe 5. Jahrhundert in Benutzung war[14]. Dann wurde der Brunnen durch die Säulenstellung einer Hofkonstruktion aus Spolien überbaut, die südlich eines größeren römischen Gebäudes unbekannter Funktion bzw. westsüdwestlich des Baus aus dem 5. Jahrhundert unter dem Domchor entstand[15].

Im Areal des Ostchores des heutigen Domes sind großflächige Reste eines Bodens auf ca. 40 m Länge und rund 10 m Breite beobachtet worden, der zu einem größeren spätantiken Gebäude gehört (Bau 1; *Abb. 12*). Unter diesem B224 benannten Estrich wurde u.a. eine Münze des Constantius II. (323–361) geborgen. Der Boden ist wahrscheinlich noch 25 m weiter westlich dokumentiert, was aber heute nicht mehr überprüft werden kann, und läuft an das Fragment

---

12 Dazu Ristow 2002a Text u. Befundkat. B395–397.399 sowie evtl. zugehörig auch B1146–1147.
13 Amm. 15,5,2–31.
14 Ristow 2002a Fundkat. F70 ff. 120. 383/2. 399 ff. 408/7. 413/6. 413/8. 413/11. 413/12. 413/15. 417/14.
15 Ebd. Befundkat. B909–910. 929. 960.

Abb. 8. Köln, Domgrabung. Reste römischen Baudekors, die in den Horizonten des ausgehenden 4. Jahrhunderts östlich der Terrassenkante gefunden wurden (Bild: R. Matz/R. Schenk).

einer Apsis (B210) an. Bei der Mauer B805, die nordwestlich an diese Apsis anschließt, handelt es sich entgegen allen bisher vorgebrachten Interpretationen **nicht** um eine Außenmauer *(Abb. 10)* sondern um eine Mauer, an die von beiden Seiten Böden anlaufen.

Mit den zwar nach Technik und Material der Substanz von B805 ähnlichen Mauerfragmenten B806 und B807 ist nach der Befunddokumentation kein phasengleicher Zusammenhang herzustellen. Sie scheinen vielmehr zu einer Erneuerung des Baubestandes (Bau 2; *Abb. 12*) zu gehören, die im Kontext mit der Einbringung eines neuen großflächigen Estrichs in diesen Bereichen steht. Es handelt sich wohl ebenfalls **nicht** um Außenmauern eines Gebäudes, da auch an diese von beiden Seiten Böden anlaufen.

Ohne die Details hier ausführen zu können, lässt sich aus den dokumentierten Befunden **kein** kleiner Apsidenbau rekonstruieren, wie er in den bisherigen Vorberichten auftaucht und gelegentlich als „Oratorium" bezeichnet wird. Statt dessen kann für das späte 4. oder frühe 5. Jahrhundert die Errichtung eines größeren Apsidensaales und eine Erneuerung desselben angenommen werden, die als Bau 1 und 2 bezeichnet werden *(Abb. 11–12)*. Einschränkend muß jedoch bemerkt werden, dass die Dimensionen dieser Architektur nur höchst unsicher und beinahe ausschließlich aus durch die ältere Grabungsdokumentation bekannten Estrichen erschlossen werden können. Zur weiteren Klärung dieser Fragestellungen sind neue Sondagen oder Ausgrabungen unter dem Kölner Dom dringend erforderlich.

In Bau 2 wurden im mittleren Drittel des 6. Jahrhunderts die bekannten reich ausgestatteten Oberschichtgräber B808 und B809 eingebracht. Wenn Köln in dieser Zeit als städtisches Kontinuum intakt war, ist die Bestattung *intra muros* außerhalb einer in christlichem Kontext stehenden Architektur äußerst unwahrscheinlich. Somit sollte Bau 2 als Grab- und Memorialsaal oder als Kirche eingeordnet werden.

Als Vergleiche für größere spätantike oder merowingerzeitliche Grabbauten seien neben St. Maximin in Trier etwa die „église funeraire" von Viviers oder St-Pierre in Vienne genannt[16]. Gemeinsam mit dem Kölner Befund ist diesen Anlagen, dass sie im 6./7. Jahrhundert durch den Einbau von Schranken bzw. Ambokonstruktionen, die bevorzugt schlüssellochförmig waren, zu Kirchen umgestaltet wurden. Auch im benachbarten Bonn entwickelte sich die mittelalterliche Münsterkirche aus entsprechenden Anfängen eines merowingischen Grabsaales[17].

Die unter dem Kölner Dom erfasste schlüssellochförmige Amboanlage gehört ihrer Typologie nach noch in die zweite Hälfte des 6. Jahrhunderts und ist mehr oder weniger direkt über den fränkischen Prunkgräbern entstanden. Legt man die Proportionen vergleichbarer Kirchenanlagen und die in Köln erfassten Boden- und Mauerfragmente zugrunde, ergibt sich als Rekonstruktionsmöglichkeit für die Bau 3a benannte Kirche der zweiten Hälfte des 6. Jahrhunderts die Grundrissgestalt einer wahrscheinlich dreischiffigen Basilika mit Ostapsis und Eingangsbereich im Westen *(Abb. 12)*.

In Zusammenarbeit mit dem Architekten Zsolt Vasáros konnte auch die Vorstellung einer Innenraumansicht des Baus entwickelt werden, welcher der archäologische Befund zugrunde liegt *(Abb. 13)*.

Östlich schloß diese Kirchenanlage mit einem Baptisterium ab *(Abb. 14)*, dessen repräsentatives oktogonales Taufbecken mit Ziboriumsvorsätzen noch heute hinter dem Domchor erhalten ist. Typologische Indizien weisen die *piscina*, die wie die Gestalt der Amboanlage z.B. eine Parallele im mittelrheinischen Boppard findet, in die zweite Hälfte des 6. Jahrhunderts. Kirche und Baptisterium wurden im Laufe des 7./8. Jahrhunderts mehrfach umgestaltet und nach Westen bis über das ehemals durch den römischen Hypokaustenbau eingenommene Gelände erweitert (*Abb. 12*, hier grün). Als Westabschluss von Bau 3d entstand ein gestelzt halbrunder Eingangskorridor, der gut mit anderen Kirchenanlagen der Karolingerzeit und besonders mit dem St. Galler-Klosterplan und seinem sogenannten Ringatrium verglichen werden kann.

Von dieser letzten Phase sind auch Teile der baulichen Ausstattung bekannt, wie etwa der schwarz-weiße Steinplattenboden des Altarraumes *(Abb. 15)*, der mit anderen karolingischen Befunden parallelisiert werden kann. Bau 3d wurde in der zweiten Hälfte des 9. Jahrhunderts oder vielleicht erst im frühen 10. Jahrhundert durch Brand zerstört[18] und durch den Alten Dom, den Vorgänger der heutigen gotischen Kathedrale, ersetzt.

---

16 Ebd.
17 Ders. 2002b (Lit.).
18 Zu den Spekulationen über die Zerstörungsursache s. ders.2002a bes. mit Anm. 12–14. Ein Erdbeben scheidet nach den derzeitigen Erkenntnissen über die Befunde unter dem Dom und die Datierung stärkerer Beben im Rheinland als Ursache aus.

Abb. 9. Köln, Domgrabung. Nach 355 aufgegebene Erdgeschoßzone eines römischen Hauses und eingefüllte Schutt- und Lehmhorizonte. Darüber Reste kleinräumiger spätantiker Bauten und oben eine wiederverwendete Plinthe und Säulenbasis von der Umbauung eines Hofes aus dem 5. Jahrhundert (Bild: R. Matz/R. Schenk).

Abb. 11. Köln, Domgrabung. Rekonstruktionsversuch für den Bau des 5. Jahrhunderts unter dem Domchor (Zeichnung: Z. Vasáros, Budapest).

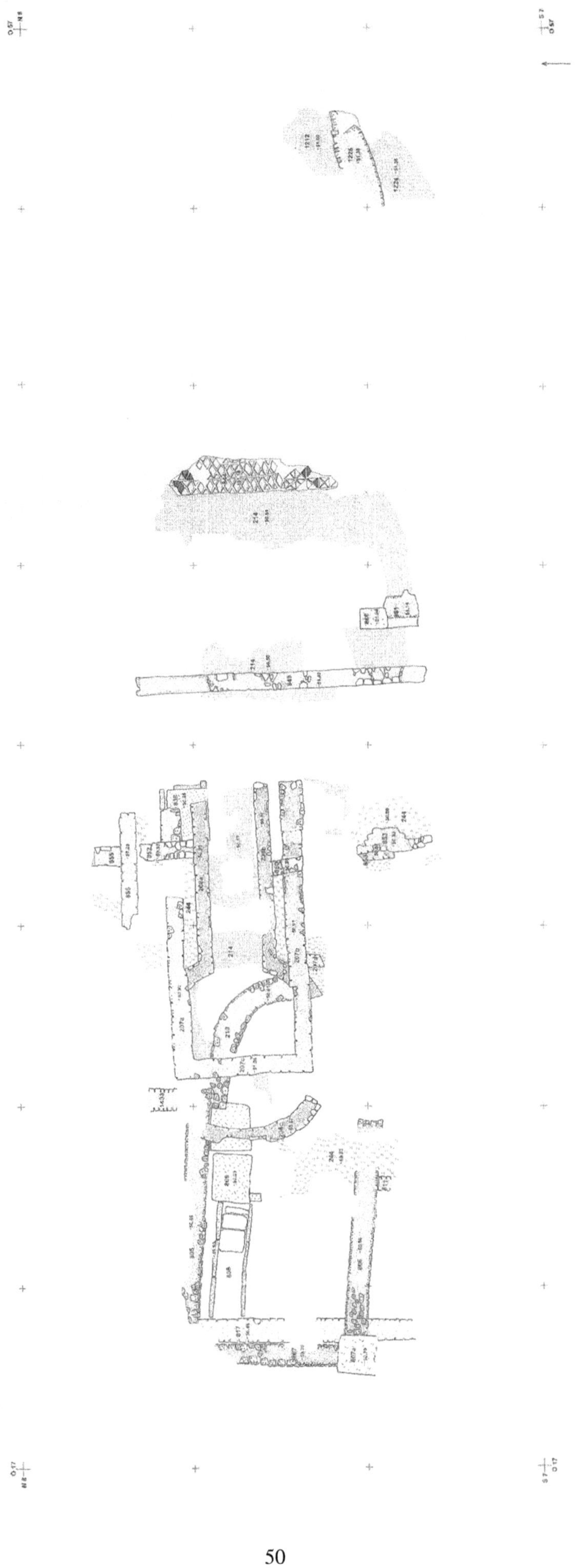

Kontinuitätsfragen

Abb. 10. Köln, Domgrabung. Befunde unter dem Ostchor des Kölner Domes (Zeichnung: Ch. Franken).

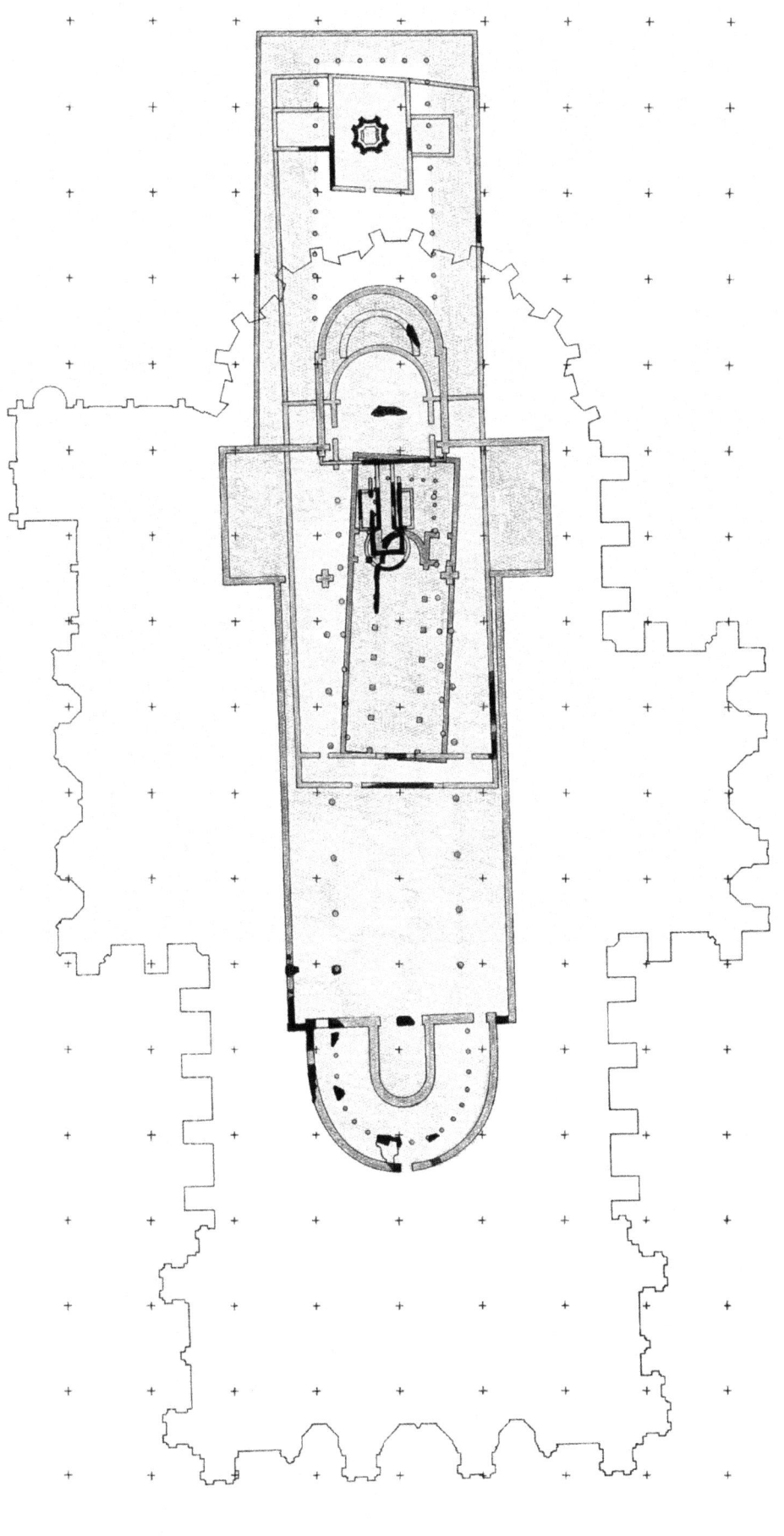

Abb. 12. Köln, Domgrabung. Rekonstruierte Grundrisse der Bauten des 5., 6. und frühen 9. Jahrhunderts unter dem Dom, wie sie sich aus den bisher erfassten Befunden darstellen (Zeichnung: Z. Vasáros, Budapest).

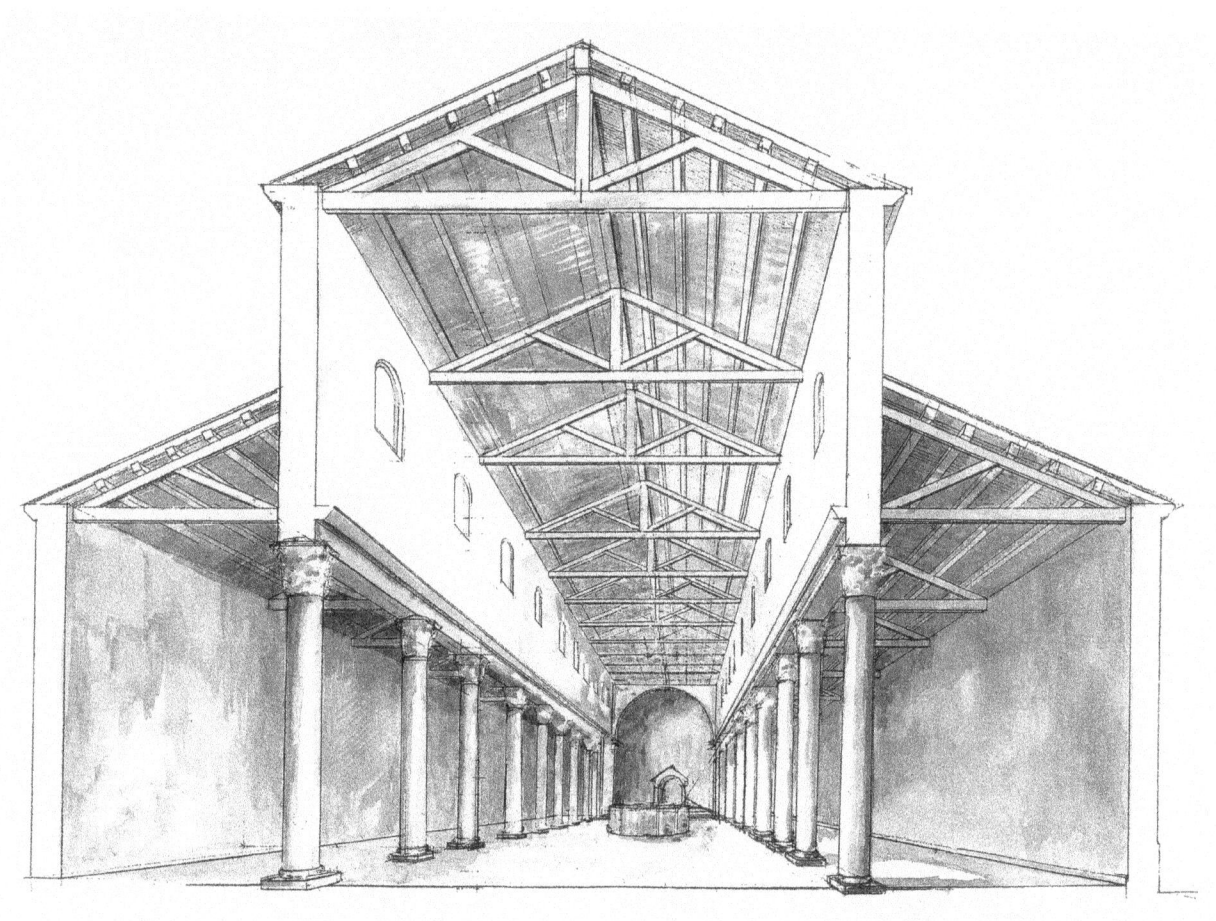

Abb. 13. Köln, Domgrabung. Blick von Westen in die Kirche der zweiten Hälfte des 6. Jahrhunderts (Zeichnung: Z. Vasáros, Budapest).

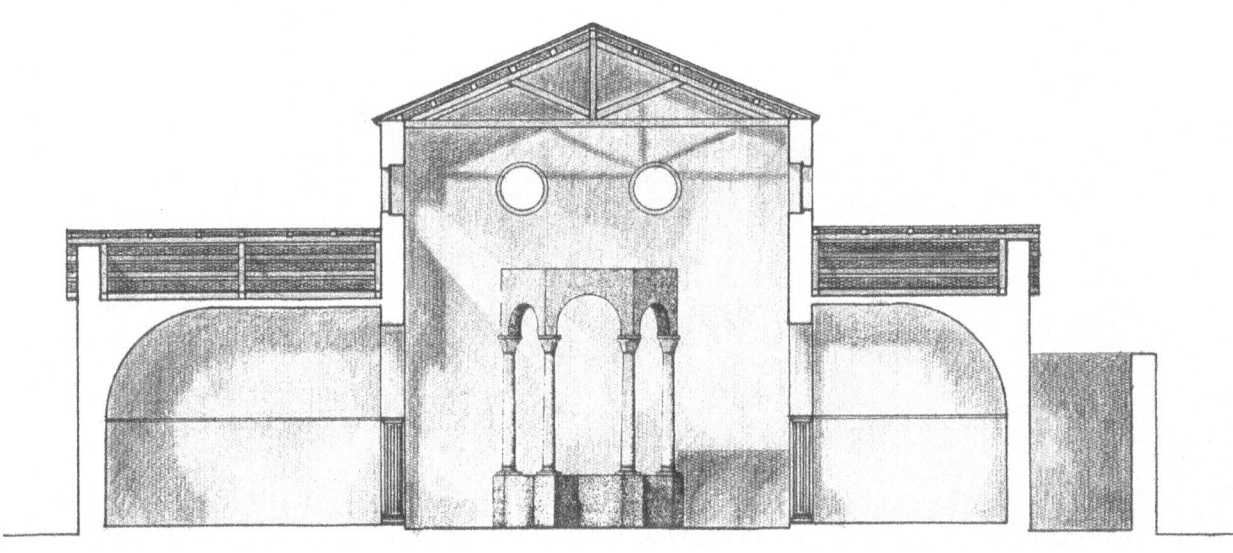

Abb. 14. Köln, Domgrabung. Rekonstruktion des merowingerzeitlichen Baptisteriums in seiner zweiten Ausbauphase.
Zeichnung: Z. Vasáros, Budapest.

Abb. 15. Köln, Domgrabung. Schwarz-weißer Steinplattenboden aus dem Altarraum der karolingischen Kirche (Bild: R. Matz/R. Schenk).

Literaturverzeichnis

BACK/HÖLTKEN in Vorber.
    U. BACK/ TH. HÖLTKEN, Die Baugeschichte des Kölner Domes nach archäologischen Quellen. Befunde und Funde aus der gotischen Bauzeit. Stud. Kölner Dom 10 (in Vorber.).

DOPPELFELD/WEYRES 1980
    O. DOPPELFELD/W. WEYRES, Die Ausgrabungen im Dom zu Köln. Kölner Forsch. 1 (Mainz 1980).

JANSEN 1999
    L. JANSEN, Die archäologischen Funde und Befunde aus der "ersten Bauzeit" der gotischen Kathedrale zu Köln (1248 bis 1322). Phil.-Diss. Univ. Bamberg (Bamberg 1999).

RISTOW 2001
    DERS., Ergebnisse der Ausgrabungen unter dem Kölner Dom. Zu den spätantiken bis karolingischen Perioden. Jahrb. Antike u. Christentum 44, 2001, 185–192.

RISTOW 2002a
    S. RISTOW, Die frühen Kirchen unter dem Kölner Dom. Befunde und Funde vom 4. Jahrhundert bis zur Bauzeit des Alten Domes. Stud. Kölner Dom 9 (Köln 2002).

RISTOW 2002b
    DERS., Bonn. In: RAC Suppl. II, Lief. 9 (Stuttgart 2002) Sp. 86–98.

RISTOW 2004a
    DERS., Spätantike Kirchen unter dem Dom? Ergebnisse der Grabungen und die Frage nach der ersten Kölner Bischofskirche. In: Ders. (Hrsg.), Neue Forschungen zu den Anfängen des Christentums im Rheinland. Jahrb. Antike u. Christentum, Ergbd., Kl. R. 2 (Münster 2004) 93–121.

RISTOW 2004b
    DERS., Köln. In: RAC 21 (Stuttgart 2004) Sp. 176–216.

SCHULZE 1977
    M. SCHULZE, Die spätkaiserzeitlichen Armbrustfibeln mit festem nadelhalter. Antiquitas III (Bonn 1977).

WOLFF 1996
    A. WOLFF (Hrsg.), Die Domgrabung Köln. Altertum–Frühmittelalter–Mittelalter. Koll. Baugesch. u. Arch. 14.–17.3.1984 in Köln. Vortr. u. Diskussionen. Stud. Kölner Dom 2 (Köln 1996).

Sebastian Ristow
Dölger-Institut
zur Erforschung der Spätantike
Universität Bonn
Lennéstraße 41
D–53113 Bonn

DAS KERAMIKMATERIAL DES KELLERS II DES GEBÄUDES 0501 IM VICVS BLIESBRUCK (DEPARTEMENT DE LA MOSELLE, FRANKREICH)

Florian Sarateanu-Müller

Einleitung

Nördlich der französischen Gemeinde Bliesbruck, auf der Flur „Steinfelder", wurden Teile eines *vicus* in einem Zeitraum von fast 22 Jahre ausgegraben[1]. Einen städtischen Charakter bekam die gallo-römische Siedlung von Bliesbruck gegen Ende des 1. Jahrhunderts n. Chr. (PETIT 2000). Die bislang neunzehn archäologisch untersuchten Streifen- und Reihenhäuser des nördlichen Teils des vicus sind aus Kalksteinen errichtet und besitzen in der Regel, neben einem Keller, ein oder mehrere hypokaustierte Wohnräume. In den meisten Fällen diente ein Innenhof als Werkstatt. Zur Straße hin befanden sich Geschäftsräume. Ein Säulengang *(porticus)* an der Straßenseite ergänzte die Hausarchitektur. Auffallend sind sieben westlich der Hauptstraße liegenden Reihenhäuser, die zu einer gemeinsamen Bauphase gehören. Sie bilden einen Kontrast zu den mehr oder weniger planlos gebauten übrigen Streifenhäusern. Die Straßenfassaden befinden sich in einer Flucht, die Sockel des Säulenganges ebenfalls. Die an der Westseite eines zentral gelegenen Marktplatzes neuerrichtete Thermenanlage (PETIT 2000) symbolisierte den neuen Lebenskomfort. Weiterhin wird ein öffentliches Gebäude an der Nordseite des Markplazes vermutet. Die aus einer Steinpflasterung bestehende, etwa sechs Meter breite Hauptstraße ist nur in ihrem westlichen Teil dokumentiert. In diesem Bereich ist sie von einem mit Steinplatten errichteten Abwasserkanal begrenzt. Sie ist in ihrem Verlauf nahezu identisch mit der heutigen Straßentrasse, die, die Ortschaften Bliesbruck (F) und Reinheim (D) verbindet. Die Wasserversorgung des vicus erfolgte mit Brunnen und Holzwasserleitungen.

Das Gebäude 0501 befindet sich direkt nördlich des ehemaligen französischen Zollhauses an der östlichen Straßenfront *(Abb. 1)*. Das Ost-West orientierte Gebäude, das in der ersten Hälfte des 4. Jahrhunderts seine maximale Größe von ca. 10,50 m Breite und über 40 m Länge erreichte *(Abb. 2)*, wurde in derselben Bautechnik errichtet, wie sie im ganzen Handwerkerviertel üblich ist. Auf einem als Stickung vorbereiteten Fundament wurde aus behauenen Kalksteinen, die mit Kalkmörtel verbunden waren, ein zweischaliges Mauerwerk aufgebaut. Die Füllung des Mauerkerns bestand aus Bruchsteinen, Mörtel und gelegentlich Ziegelbruch. Nach dem bisherigen Stand der Untersuchungen ist eine Aufgliederung des Gebäudes in zehn Räume zu erkennen, die verschiedenen Bauphasen zuzuordnen sind. Nördlich und südlich wurden Nachbargebäude festgestellt, die durch einen schmalen Zwischenraum von 0501 getrennt sind.

Die archäologische Untersuchung[2] hat eine Aufgliederung des Gebäudes 0501 in zehn Räume nachgewiesen, die mehreren Bauphasen zuzuordnen sind. Spätestens um die Mitte des 2. Jahrhunderts entstand eine leichte fachwerkartige Konstruktion, die an mehreren Steinsetzungen zu erkennen ist. Nach einem Umbau, der nicht mit einer Zerstörung in Verbindung zu setzen ist (es wurden keine Brand- oder Zerstörungsschichten festgestellt) entstand wahrscheinlich Ende des 2. Jahrhunderts ein Gebäude, das den provinzialrömischen Maßstäben entsprach. Das Haus besaß Wohnräume mit bemalten Wänden sowie einen Steinkeller *(Abb. 3–4)* und eine zur Straße hin gelegene Werkstatt. Die Mauern der Wohnräume waren in der Fachwerktechnik gebaut. Die Wände waren mit geometrischen und floralen Verzierungen dekoriert. Um die Mitte, oder in der zweiten Hälfte des 3. Jahrhunderts erfolgte eine umfangreiche Baumaßnahme. Die fachwerkartige Konstruktion wurde beseitigt und als Bauschutt zur Errichtung eines neuen Fußbodens in der Werkstatt verwendet. Ein neuer Steinkeller (Keller II) entstand einige Meter östlich von dem nun abgerissenen alten Keller.

---

1 Die Grabungsarbeiten begannen durch den Kiesabbau 1972 und dauerten mit unterschiedlicher Intensität bis 1994.
2 Die Ausgrabung des Gebäudes 0501 erfolgte zwischen 1990 und 1994 durch das Reinheimer Grabungsteam auf der Grundlage der grenzüberschreitenden Zusammenarbeit im Europäischen Kulturpark Bliesbruck-Reinheim. Ich möchte mich an dieser Stelle für die großzügige finanzielle Unterstützung seitens des Saarpfalz-Kreises, bei Herrn Landrat Clemens Lindemann, und der Außenstelle Blieskastel der Arbeitsverwaltung herzlich bedanken. Ebenfalls zu Dank verpflichtet fühle ich mich dem Grabungsteam aus bliesbruck unter der Leitung von Prof. Jean Schaub († 2000) und Dr. Jean Paul Petit für gute, kollegiale Zusammenarbeit.

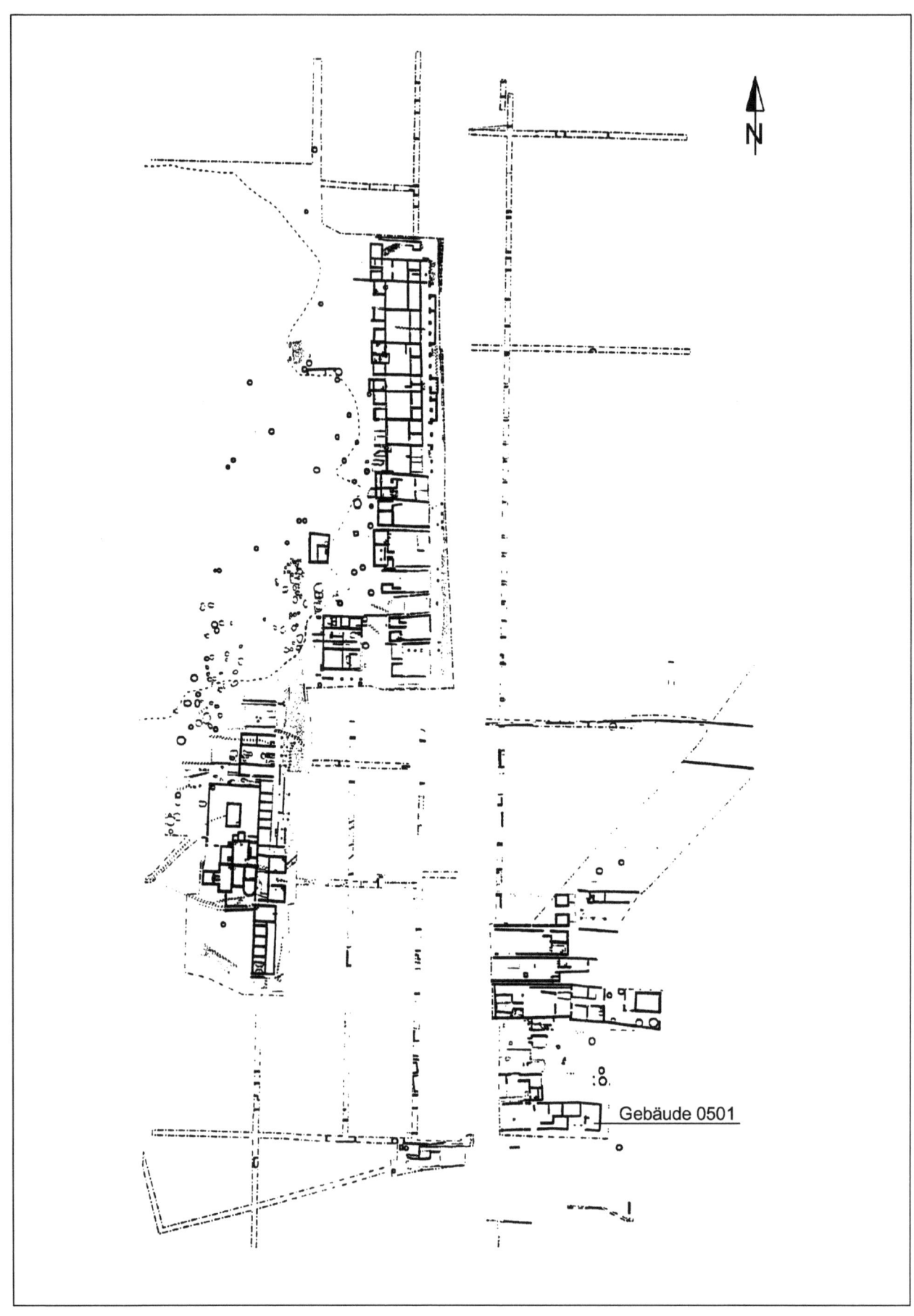

Abb. 1. Vicus Bliesbrück. Gesamtplan.

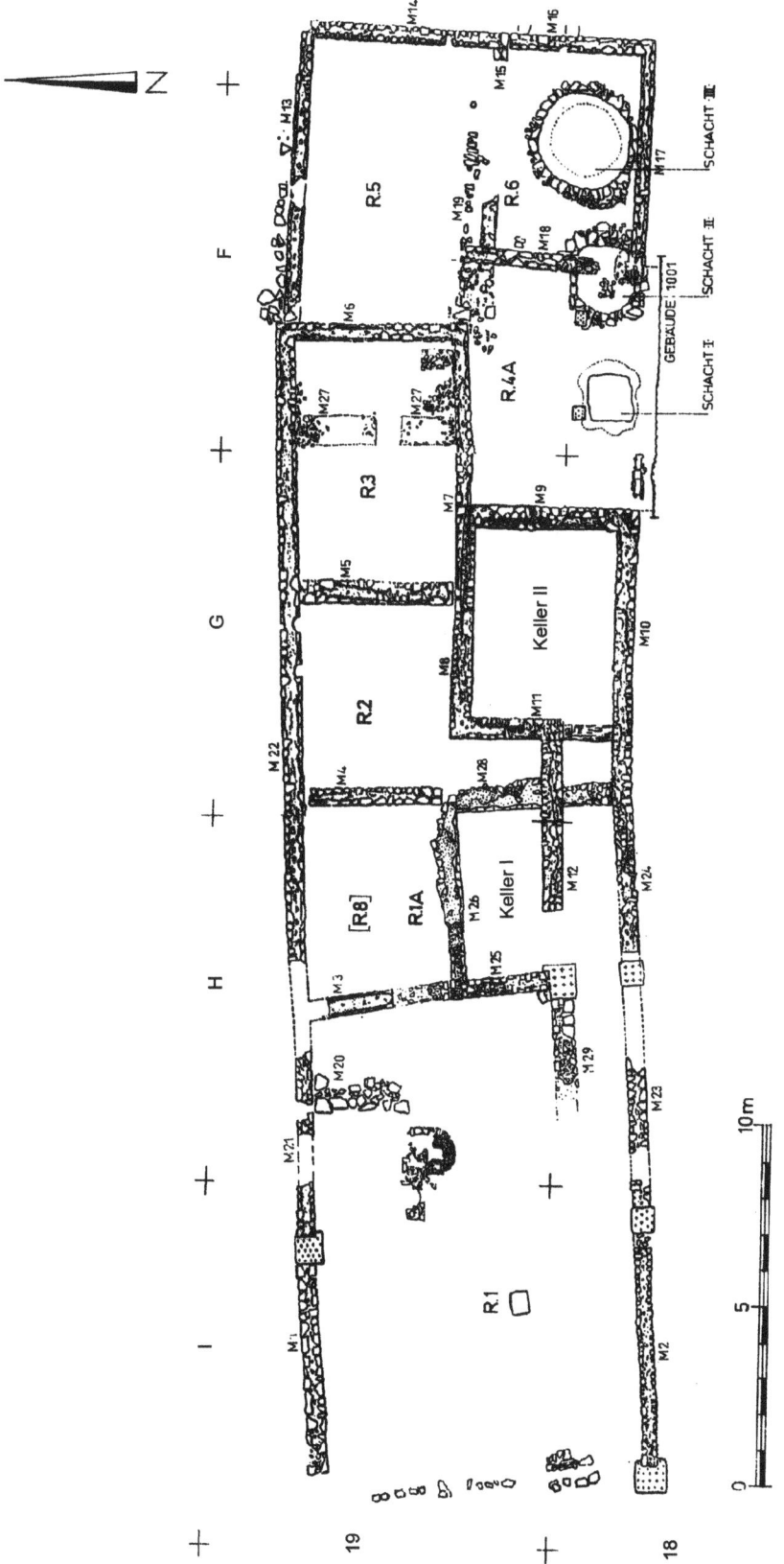

Abb. 2. Vicus Bliesbrück. Gebäude 0501.

Kontinuitätsfragen

Abb. 3. Vicus Bliesbrück. Gebäude 0501, Keller I, NW-Ecke.

Beschreibung des Befundes

Der rechteckige Kellerraum, Gegenstand unserer Untersuchung[3], weist als Innenmaße eine Länge (O–W) von 5,20 m und eine Breite (N–S) von 4,10 m, sowie eine noch erhaltene Höhe von fast 2 m auf. Er wird nach Norden von der Mauer M8, nach Osten von M9, nach Süden von M10 und nach Westen von M11 begrenzt. Der korridorartige, 1,50 m breite und 4,70 m lange nach Westen gerichtete Kellerzugang ist nach Norden von Mauer M12 und nach Süden von Mauer M2 eingefasst. Die Mauer M2 ist zugleich die südliche Außenmauer des Gebäudes. Eine Holzrampe (US 040) führte zur Kellertür, von der die verkohlte Holzschwelle (US 055) erhalten blieb. Der Fußboden (US 018) innerhalb des Kellers bestand aus gestampftem Lehm. Alle vier Mauern des Kellerraumes wurden auf einem aus großen Steinblöcken bestehenden Fundament errichtet. Das Fundament selbst liegt auf dem anstehenden Kies. Die aus Handquadern gesetzten Mauerinnenseiten sind weiß verfugt und mit nachgezogenem, rot ausgemaltem Fugenstrich versehen.

Die Nordmauer M8 wurde mit M9 und M11 im Verband errichtet; die Innenseite ist teilweise zerstört. Im westlichen Abschnitt der Mauer sind die rot ausgemalten Fugen noch gut erhalten. In der Mitte ist eine Nische eingebaut, deren Unterkante 0,90 m über dem Fußboden liegt. Bei einer Breite von 0,70 m ist die Nische etwa 0,40 m tief. Die genaue Höhe ist nicht mehr zu ermitteln; man kann sie auf etwa 0,80 m schätzen.

Die Ostmauer M9 *(Abb. 5)* wurde mit M8 und M10 im Verband gebaut; die Innenschale ist stellenweise stark gestört. Die Mauer enthält zwei trapezförmige, gleichgroße Lichtschächte. Ihre etwa 1,50 m breite Unterkante liegt 0,90 m über dem Fußboden, ihre Höhe beträgt 1,10 m. Auf der Mauerkrone lagen ursprünglich die Sandsteinblöcke der Fensterbänke. Vor dem südlichen Lichtschacht fanden sich in der Bauschuttauffüllung zwei Sandsteinblöcke, die von einer solchen Fensterbank stammen. Für den eingemeißelten Fensterrahmen kann ein Maß von 0,30 × 0,40 m rekonstruiert werden.

Die Südmauer M10 ist mit M11 im Verband gebaut. Hier wurde ebenfalls in der Mitte, 0,90 m über dem Fußboden, eine 0,70 m breite und 0,40 m tiefe Nische eingebaut. Trotz starker Zerstörung lässt sich ihre Höhe auf etwa 0,80 m schätzen. Vor der Nord- sowie der Südnische lagen in der Schicht 017 zahlreiche Keilsteine aus Buntsandstein, die von den Nischenbögen stammen.

Die Westmauer M11 *(Abb. 6)* ist wiederum in der Mitte mit einer Nische ausgestattet. Sohle und Innenwände der Nische waren mit Kalkmörtel verputzt; vom Boden sind nur Reste erhalten.

Nach einer Brandzerstörung, der das gesamte Haus zum Opfer fiel, wurde der Keller II nicht mehr benutzt. Er diente nun als Abfallgrube.

Die stratigraphische Abfolge innerhalb des Kellers II *(Abb. 7)*

006: Braun-schwarze, humose Auffüllungsschicht, die zwischen dem Humus und der Schicht 010 erfasst wurde. Zu den aussagefähigen Materialgruppen dieser Schicht zählt Mayener Ware. Neun Münzen[4] stammen aus dieser Schicht, die von den Kaisern Tetricus bis Arcadius geprägt wurden.

010: Auffüllungsschicht, bestehend aus lockerer schwarzer, aschehaltiger Erde, durchsetzt mit Bau- bzw. Bruchsteinen. Sie befindet sich zwischen den Schichten 006 und 015. Sie wurde im gesamten Keller und dessen Zugang beobachtet; nur im Ostteil des Kellers reichte die Schicht nicht

---

3 Die Grabungsarbeiten im Keller II fanden zwischen Herbst 1990 und Frühjahr 1991 statt.
4 Die Bestimmungen der Münzen wurden von Frau M.A. Auguste Miron durchgeführt und zur Verfügung gestellt. Dafür mei-

Abb. 4. Vicus Bliesbrück. Gebäude 0501, Keller I, Profil gegen SW.

bis an Mauer M9 heran. Dort wurde sie von Schicht 015 abgelöst. Die 228 Münzen, die aus dieser Schicht stammen, sind in dem Zeitraum von den Regierungszeiten der Kaiser Claudius bis Gratianus geprägt worden.

015: Auffüllungsschicht, die zwischen den Schichten 010 und 016 erfasst wurde, besteht überwiegend aus Bauschutt und brauner Erde. Nach dem Abbau der Schicht wurde festgestellt, dass sich in der Mitte des Kellers ursprünglich eine muldenartige Vertiefung befunden hatte, die mit Schicht 010 verfüllt worden war. Schicht 015 wurde auch im gesamten Kellerzugang beobachtet. Auffallend die Masse an Keramik, darunter sehr viele Fragmente der glatten und mit Rädchen verzierten "Argonnensigillata", Tierknochen, Kleinfunde und Münzen. 549 Münzen, die von Tetricus bis in die zweite Hälfte des 4. Jahrhunderts reichen.

015A: Auffüllungsschicht, die nur in der Nord-West-Ecke des Kellerraumes, von der Oberkante der Schicht 015 bis zur Oberkante der Zerstörungsschicht 017 hinabreichend erfasst wurde. Sie besteht aus lockerer, feiner, schwarz-brauner Erde, Holzkohle und Asche.
Die meisten der 115 Münzen sind Tetricusprägungen.

016: Zerstörungsschicht zwischen den Schichten 015 und 017, bestehend aus Steinen, Ziegelbruch und Lehm. Sie wurde überwiegend im Kellerraum, aber auch im Zugang beobachtet. 52 Münzen aus der Regierungszeiten von Claudius und Tetricus.

017: Zerstörungsschicht zwischen Schicht 016 und Lehmfußboden 018; darin Dachziegelbruch, Mörtel, verkohlte Bretter und Balken - wahrscheinlich aus der Dachkonstruktion -, Bausteine und 20 Keilsteine aus Sandstein, die von den Nischenbögen stammen. 24 Münzen aus den Regierungszeiten von Claudius und Tetricus.

018: Lehmfußboden (Niveau etwa -1,56 m), der auf der Auffüllungsschicht 019 / 081 errichtet wurde. Die Basis eines Steinsäulentisches befand sich fast in der Mitte des Kellers auf dieser Fläche. Keine Münzen

019/081: Planierschicht, unter dem Lehmfußboden 018 und dem anstehenden Kiessand. Das sekundär gebrannte Keramikmaterial besitzt die Merkmale der ersten Hälfte des 3. Jahrhunderts. 4 Münzen, drei Tetricus und eine Constantinus.

079: Brandschicht, die nur in der NO-Ecke des Kellers zwischen den Schichten 019 und 080 festgestellt wurde.

080: Auffüllungsschicht, die unter der Schicht 019/081 vorkommt. Es handelt sich um grubenartige Vertiefungen, die wahrscheinlich nach der Entnahme von Kiessand zu Bauzwecken entstanden und anschließend verfüllt wurden.

Kontinuitätsfragen

Abb. 5. Vicus Bliesbrück. Gebäude 0501, Keller II, O-Mauer.

Abb. 6. Vicus Bliesbrück. Gebäude 0501, Keller II, W-Mauer und Kellereingang.

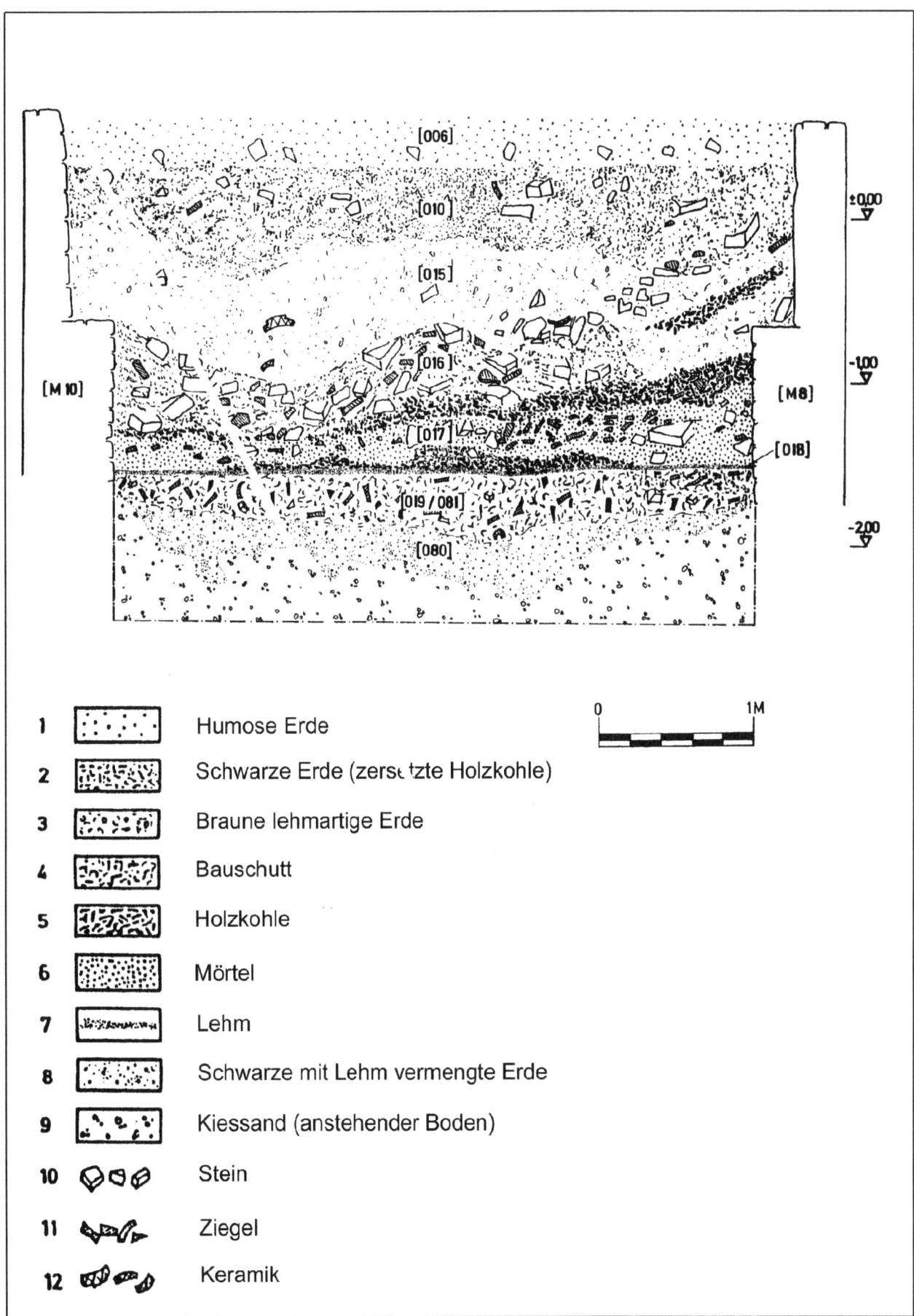

Abb. 7. Vicus Bliesbrück. Gebäude 0501, Keller II, Profil gegen W.

Die Keramik

Das im vorliegendem Aufsatz abgebildete Keramikmaterial[5] zeigt lediglich nur eine kleine Auswahl einiger Typen, die für jede Schicht repräsentativ sind. Der Aufsatz selbst besitzt den Charakter eines Vorberichtes.

Die Schichten 019, 080 und 081

Die Auffüllschichten 080, 081 und 019 entstanden nach dem Kiesabbau für Bauzwecke innerhalb des zukünftigen Kellers. Die Einfüllungen bestanden aus Erdmasse und Bauschutt, die mit vielen Keramikfragmenten durchmengt sind. Auffallend ist, dass die meisten Keramikfragmente aus allen drei Schichten sekundär verbrannt sind.

Terra Sigillata

Die Terra Sigillata wird durch die folgenden Typen vertreten: Teller Lud. Ti/Petit XIa (Kragenschüsseln des Typs Drag. 38/Gose 145 *(Abb. 8,1)* und zwei Exemplare (wohl Gose 146) mit dem Töpferstempel CINNAMVS *(Abb. 9,5)* und (CI?)NENVS. Gose datiert den Typ 146 in die 2. Hälfte des 3. Jahrhunderts. Halbkugeliges Schälchen des Typs Dragendorff 40/Gose 30 *(Abb. 9,3)* ist durch seine glatte Wandung, eine glatte abgerundete Randlippe und einen kräftigen, hohen Fuß charakterisiert. Gose datiert es in die zweite Hälfte des 3. Jahrhunderts. Halbkugelige Schüssel mit Rundstablippe und umlaufender Leiste (Drag. 44/Niederb. 18/Gose 60) ist nur durch ein Exemplar aus der Schicht 019/081 vertreten *(Abb. 8,3)*. Datierung nach Gose: Ende des 2. bis erste Hälfte des 3. Jahrhunderts. Reibschüssel mit röhrenförmigem, durch einen Löwenkopf maskierten Ausguss (Drag. 45/Niederb. 22/Gose 150) ist stark vertreten, besonders in der Schicht 019/081. Datierung nach Gose: Ende des 2. Jahrhunderts bis erste Hälfte des 3. Jahrhunderts. Schüssel mit unprofilierter Lippe und Barbotinedekoration zwischen zwei Leisten (Niederb. 19/Gose 67) ist ebenfalls nur durch ein Exemplar aus der Schicht 019 *(Abb. 8, 4)* vertreten. Datierung nach Gose: Ende des 2. Jahrhunderts.

Glanztonware

Die Glanztonware ist durch den bauchigen Becher mit niedrigem, einwärts geneigtem Hals und einer ganz kurz umgeschlagenen Lippe vorhanden. Er wurde entweder mit einem Barbotinerelief (Jagdszene) und breitem Kerbbandstreifen auf dem Unterteil (Niederb. 32b/Gose 197), oder ganz schlicht nur mit Kerbbandstreifen (Niederb. 32c/ Gose 198) verziert. Nach Gose wird der erste Typ ins letzte Drittel des 2., der zweite zum Ende des 2. bis zur 1. Hälfte des 3. Jahrhunderts datiert.

Die rot engobierte Ware von Gose als pompejanisch-rote Platten oder Schüsseln bezeichnet ist durch 10 Exemplare der flachen tellerartigen Platte ohne Fuß (Niederb. 53a / Gose 248) vertreten *(Abb. 8, 5–6; 9, 7)*. Gose datiert diesen Typ Ende des 2./erste Hälfte des 3. Jahrhunderts

Rauhwandig-tongrundige Ware

Niederbieber 104/Alzey 28/Gose 488 (Schüssel mit innen wulstig verdicktem Rand) und Niederb. 105/Gose 497 (Schüssel mit einwärts umgeknicktem Rand) sind besonders in der Auffüllungsschicht 081 *(Abb. 9, 4.6)* vorhanden. Nach Gose ist der Typ 488 in die erste Hälfte des 3. Jahrhunderts und der Typ 497 vom Ende des 2. bis in die Mitte des 3. Jahrhunderts datiert. Niederb. 112a/Gose 471 (flacher Teller mit leicht einwärts gebogenem, innen profiliertem Rand) wurde in den Schichten 019/081 festgestellt. Gose ordnet diesen Typ Ende des 2. bis zur ersten Hälfte des 3. Jahrhunderts ein und Petit (PETIT 1988, Taf. 184, 19–20; 229, C/I/B/13) bestätigt diese Datierung anhand seiner Befunde aus den Schächten am Vicusrand. Niederb. 113/Gose 477 (Teller mit flachem Boden und leicht nach außen geneigtem Rand). Die Tellerformen besitzen eine hellgraue-weiße Farbe; im Bruch ist der Ton hell. Nach Gose erste Hälfte des 3. Jahrhunderts. Niederb. 120/Gose 562 (Deckel mit scharf nach unten geknicktem Rand) ist durch mehrere Exemplare der Variante b *(Abb. 8,7)* repräsentiert.

Glattwandig-tongrundige Ware

Amphorenteile aus der Schichtenpackung 019/081 *(Taf. 9, 2)* sind mit dem Typ Niederb. Abb. 44,2/Gose 417 vergleichbar. Nach Gose sind Amphoren mit auf dem Henkelansatz sitzender Lippe in das 3. Jahrhundert zu datieren. Die Amphore *(Abb. 9, 1)* Typ Dressel 20/Niederb. Abb. 48 ist von Gose (Typ 441) Ende des 2. bis zur ersten Hälfte des 3. Jahrhunderts datiert.

Die Schichten 016 / 017

Die beiden Schichten entstanden nach einer Brandzerstörung und lagen auf dem Lehmfußboden 018. Es handelt sich um ausgesprochene Zerstörungsschichten.

Terra Sigillata

Die Terra Sigillata ist durch Fragmente von zehn verschiedenen Gefäßen vertreten, die nur in einigen Fällen eine sichere typologische Zuordnung ermöglichen. Die Schale Drag. 35, die Kragenschüssel Drag. 38, der Napf Drag. 41, der Teller Drag. 32 und die Kragenschüssel Chenet 326b *(Abb. 10,5)* sind durch je ein Fragment bestimmbar. Fünf Wandungsscherben stammen von einer Reibschüssel Drag. 45. Von den drei Standringen ist einer wegen der unterschiedlichen Schichtzugehörigkeit der aneinander passenden Fragmente von besonderem Interesse. Zwei Fragmente stammen aus dem Zerstörungshorizont aus dem Keller, ein Fragment aus Schicht 041, die außerhalb des Kellers im Raum 1 erfasst wurde. Ein Beleg der Gleichzeitigkeit beider Schichten.

---

nen Dank.

5 Die Zeichnungen wurden von Herrn Horst Schmidt angefertigt, für dessen Engagement ich mich an dieser Stelle herzlich bedanken möchte.

Die Glanztonware, häufig auch als Firnisware bezeichnet, wurde in beiden Schichten festgestellt. Es handelt sich um 9 Keramikfragmente, davon eine Randscherbe, die sich auf Grund der Verzierungen zu den Typen Niederb. 32b / Gose 197 und Niederb. Typ 32c / Gose 198 zuordnen lassen. Becher mit Zickzacklinien und Spruchaufschriften in Weißbarbotine *(Abb. 10, 8, 9)* sind von Gose dem Typ 204 zugeordnet und vom letzten Drittel des 3. bis in die erste Hälfte des 4. Jahrhunderts datiert. Der Typ Niederb. 33a / Gose 200 (bauchiger Becher ohne Dellen und ohne Weißmalereien, dessen Bauch nur mit feinen Kerbbändern verziert ist wird von Gose dem Ende des 2. bis zur ersten Hälfte des 3. Jahrhunderts zugeordnet.

Späte Terra Nigra
Die schwarzen, dünnwandigen, stark gebrannten Trinkbecher mit einem schlanken Fuß, die nach Chenet den Typ 334a ausmachen, sind auf Grund der Verzierung in drei verschiedenen Varianten vertreten: mit Barbotineverzierung *(Abb. 10,1)*, Strichverzierung *(Abb. 10,2)* und „Glasschliffverzierung" *(Abb. 10,3)*. Diese Art von Keramik ist ab Ende des 3. Jahrhunderts, besonders aber in der ersten Hälfte des 4. Jahrhunderts produziert worden (CHENET 1941, 84).

In der S-Keramik der Trierer Kaiserthermen (HUSSONG/CÜPPERS 1972 Taf. 3) kommt sie als Typus 31 (Eiförmiger Becher mit eingezogenem Hals, nach außen gebogenem Rand und Zapfenfuß) vor. Der bauchige Becher mit Dellen und hohem Steilhals und rundstabartiger Lippe *(Abb. 10, 4)* vom Typ Alzey Abb. 20,3–4 (UNVERZAGT 1916, 31) ist durch 41 Fragmente, davon vier Rand- und zwei Bodenscherben, vertreten. Gose bezeichnet ihn als Faltenbecher vom Typ 208 und ordnet ihn in die erste Hälfte des 4. Jahrhunderts ein. Bei der Sichtung der Wandungsscherben sind mindestens sieben Exemplare des Typs 208 identifiziert worden. Der bauchige Becher mit hohem Steilhals und Zapfenfuß ist durch mehrere Wandungsscherben vorhanden. Hussong (HUSSONG/CÜPPERS 1972, 15 Taf. 2) bezeichnet ihn als Typus 29a der S-Keramik. Schüssel mit Bauchknick und profilierter, leicht nach außen geneigter Wulstlippe vom Typ Alzey 25 (UNVERZAGT 1916,27), ist durch drei Exemplare present. In einem Fall erkennt man den Becher mit kugelrundem Bauch vom Typ Alzey Abb. 20, 2 (UNVERZAGT 1916, 31).

Die Entwicklung dieser Keramikgattung hat als erster Unverzagt zusammenfassend beschrieben. Man unterscheidet zwischen brauner und schwarzer Nigra. Die Nigra mit braunem Überzug beschränkt sich auf das Ende des 3. und Anfang des 4. Jahrhunderts (BERNHARD 1981 Anm. 32). Nach Bernhard (BERNHARD 1985, 113) findet der Übergang vom oxidierenden zum reduzierenden Brennverfahren bei Nigragefäßen westlich des Rheins erst um 350 n. Chr. statt. In Trier tritt die späte Schmauchware um die Wende des 3. zum 4. Jahrhundert auf (HUSSONG /CÜPPERS 1972, 14). Koch vertritt die Meinung, dass die Schüssel Alzey 25 gegen Ende des 3. Jahrhunderts aufkam und vor allem während der ersten Hälfte des 4. Jahrhunderts in Gebrauch war (KOCH 1981, 595).

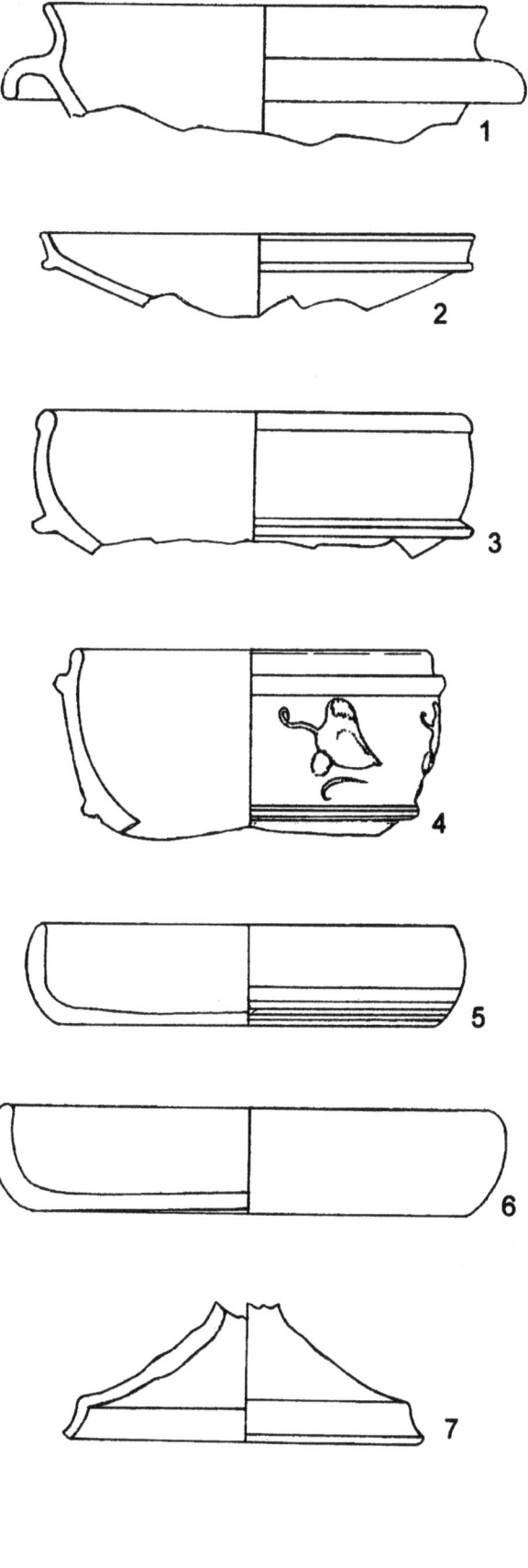

Abb. 8. Vicus Bliesbrück. Gebäude 0501, Keramik aus Schicht 080.

Kontinuitätsfragen

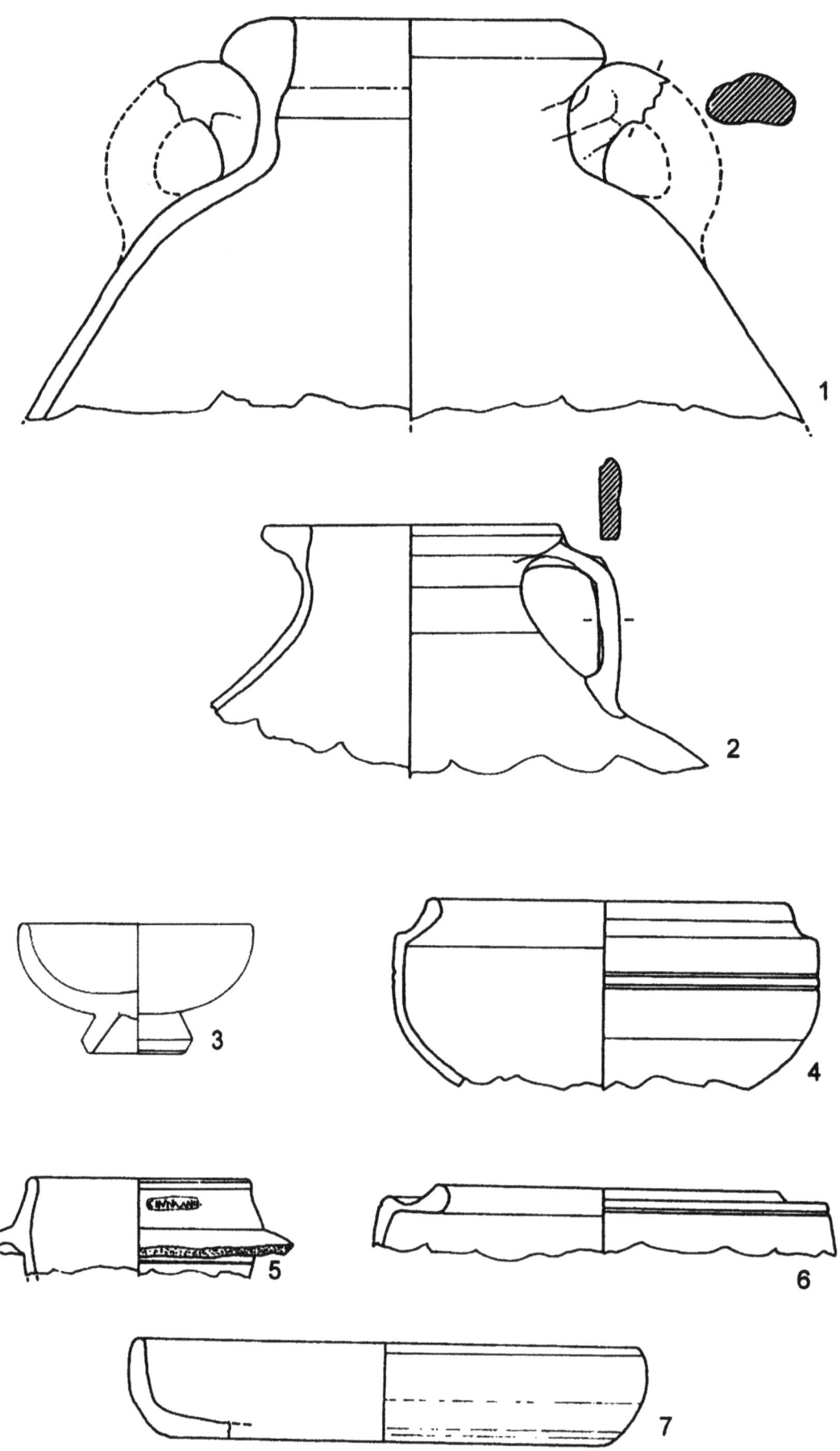

Abb. 9. Vicus Bliesbrück. Gebäude 0501, Keramik aus den Schichten 019/081.

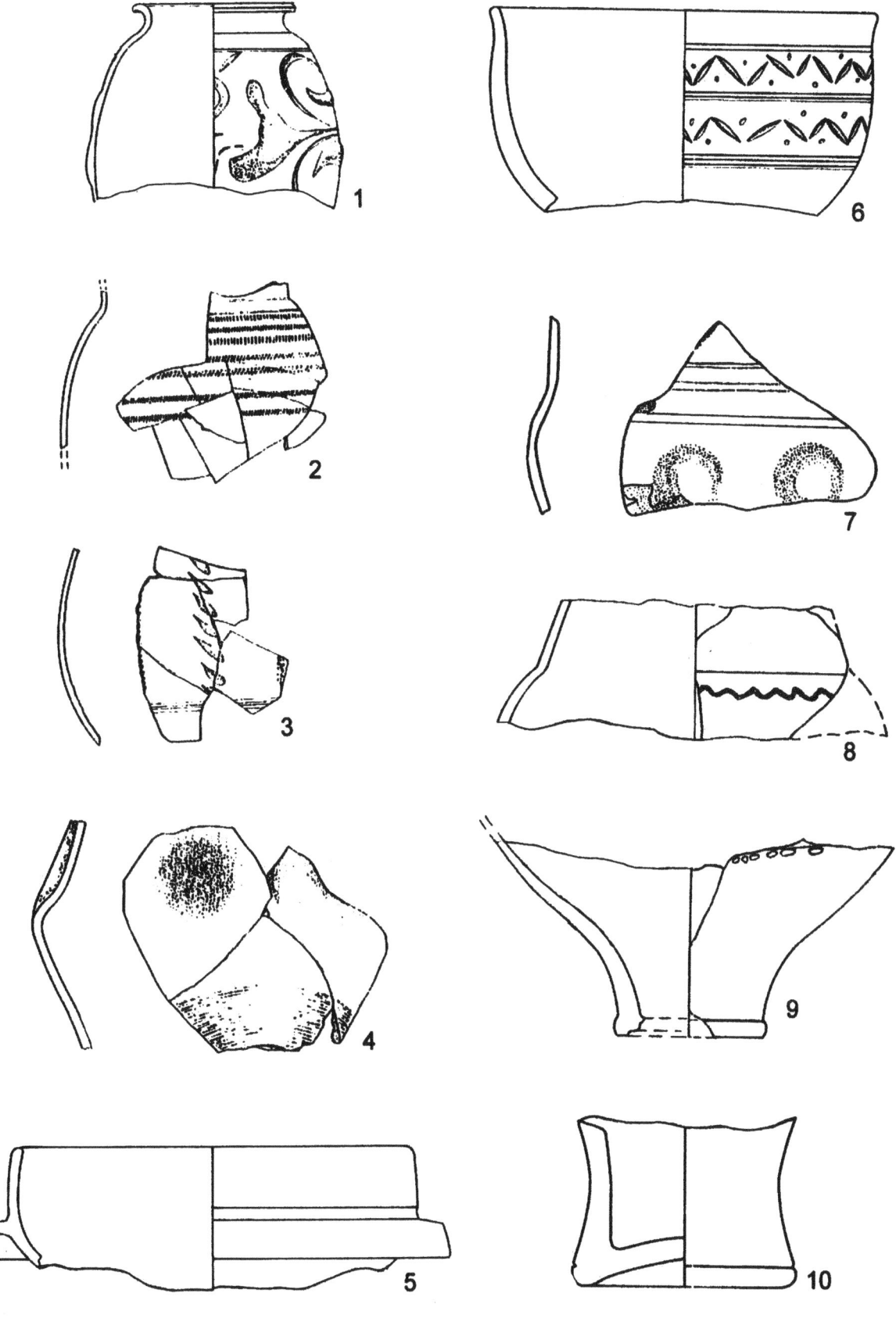

Abb. 10. Vicus Bliesbrück. Gebäude 0501, Keramik aus den Schichten 016/171.

Rauhwandig-tongrundige Ware
Niederb. 89/Alzey 27 (Topf mit innen gekehltem Rand) bildet neben der Schüssel Niederb. 104, die zahlenmäßig sehr stark vertretene Keramikform. Neben vielen Wandungsscherben sind Randfragmente von 19 Exemplaren zu verzeichnen. Es handelt sich in den meisten Fällen um Urmitzer Ware. Ein Randfragment ähnelt dem Typ Niederb. 103 (Schüssel mit innen gekehltem Rand). Niederb. 104 (Schüssel mit innen wulstig verdicktem Rand) ist nach der Zahl der Randfragmente zu urteilen, durch mindestens elf Exemplare vertreten, die in beiden Schichten vorkommen. Fast alle Randfragmente aus diesem Zerstörungshorizont sind Formen des 3. Jahrhunderts und gehören der Urmitzer Ware an. Nur ein Randfragment kann möglicherweise in die erste Hälfte des 4. Jahrhunderts eingeordnet werden, das nach Gilles dem Typ 45F (GILLES 1985, 97) entsprechen würde. Niederb. 105/Gose 497 (Schüssel mit einwärts umgeknicktem Rand und dann fast senkrecht emporgebogen) ist nur durch ein Randfragment vertreten. Nach Gose wurde dieser Typ am Ende des 2. und in der ersten Hälfte des 3. Jahrhunderts produziert. Niederb. 110b (Tiefer Teller mit oben gekehltem Rand). Von diesem Typ lässt sich nur ein Exemplar nachweisen. Nach Art des Tones handelt es sich um Urmitzer Ware. Niederb. 112a/Gose 471 (Flacher Teller mit leicht einwärts gebogenem, innen profiliertem Rand) kommt nur in der Schicht 017 einmal vor. Gose ordnet diesen Typ Ende des 2. bis zur ersten Hälfte des 3. Jahrhunderts ein und Petit bestätigt diese Datierung anhand seiner Befunde (PETIT 1988, tome II, planche 229) aus den Schächten am Rande des *vicus*. Niederb. 113 (Teller mit flachem Boden und leicht nach außen geneigtem Rand) stammen aus den beiden Schichten. Sie besitzen eine hellgraue-weiße Farbe; im Bruch ist der Ton hell. Niederb. 120 (Deckel) ist durch zwei Exemplare aus der Schicht 017 repräsentiert. Ein Exemplar entspricht Gose Typ 558, das andere Gose 563. Das erste Exemplar ist in das 2. Jahrhundert, das zweite, das der Speicherer Ware angehört, in die zweite Hälfte des 3. Jahrhunderts zu datieren. Eine Ausnahme bilden Fragmente von einer Keramikart, die nur in der Champagne vorkommt. Sie wird von den französischen Keramologen als „ceramique craqueleé et bleuteé" bezeichnet, was soviel wie blaufarbige Keramik mit Rissen bedeutet. Genauer einzuordnen ist nur ein Randfragment eines Gefäßes, das einem Exemplar aus Baalon (FELLER/HOERNER 1994, 113 Abb. 13) entspricht. Unser Exemplar (SARATEANU-MÜLLER 2002 Abb. 11,8) ist in die erste Hälfte des 4. Jahrhunderts zu datieren (FELLER/HOERNER 1994, 111).

Glattwandige-tongrundige Ware
Zwei Randfragmente und ein Bodenfragment stammen von Reibschüsseln. Die Randprofile der abgebildeten Gefäße finden ihre Parallelen in Niederb. 86, Abb. 53,2 und Niederb. 86, Abb. 53,7. Zwei Henkel und die untere Gefäßhälfte weisen neben mehreren Wandungsscherben auf das Vorhandensein von vier verschiedenen Krügen hin. Eine genaue Einordnung ist allerdings nicht möglich. Mehre Wandungs- und Halsfragmente stammen von mindestens zwei Amphoren. Nur in einem Fall würde man sie dem Typ Gose 415 oder 416 zuordnen.

Die Schichten 006, 010 und 015

Nach seiner Zerstörung wurde der Keller nicht mehr als solches, sondern als Abfallgrube benutzt. Die drei Schichten sind als Abfallschichten interpretierbar.

Terra Sigillata
Neben mehreren Exemplaren der Terra Sigillata aus dem 2.–3. Jahrhundert ist die späte Terra Sigillata, in der Fachsprache als Argonnensigillata bezeichnet, stark vertreten. Sie wird in verzierte und eine glatte Sigillata untergliedert. Die Muster der verzierten Ware kamen mit Hilfe eines Rädchens zustande. Die Hauptmasse der rädchenverzierten Argonnensigillata fand sich in den Auffüllungsschichten 015 und 010. Während die Schichten 015 und 010 über 50 Exemplare erbrachten, kamen aus 006 nur vier Gefäße. Typologisch gesehen überwiegt Typ Drag. 37 bzw. Chenet 320. Eine vollständige Bearbeitung der Rädchensigillata folgt in einem gesonderten Beitrag.

Seit dem Beginn des 20. Jahrhunderts beschäftigte man sich intensiv mit dieser Keramikgattung in der Hoffnung, durch die Rädchenmuster und deren Kombinationen eine Datierungsmöglichkeit zu erhalten. W. Unverzagt (UNVERZAGT 1916) schuf die erste Typologie dieser Sigillaten und datierte das Einsetzen ihrer Produktion in das frühe 4. Jahrhundert. Nach ihm befassten sich G. Chenet (CHENET 1941) und W. Hübener (HÜBENER 1968) intensiv mit der Materie, doch konnte eine endgültige Antwort über Anfang und Ende der spätantiken Töpfereien in den Argonnen bislang noch nicht gegeben werden. Grosso modo wird der Produktionsbeginn im ersten Viertel des 4. Jahrhunderts angenommen. Die im 4. Jahrhundert produzierte glatte Argonnensigillata, von Chenet ausführlich bearbeitet, ist durch mehrere Typen repräsentiert: Die Schüsseln Chenet 324c *(Abb. 11, 9)* und 324e *(Abb. 11, 5)* stammen aus der Schicht 010. Die Kragenschüssel Typ Chenet 326b *(Abb. 11, 9)* wurde in Schicht 015 dokumentiert. Die Reibschüssel ist durch den Typ Chenet 328b, die keinen Ausguß besitzt *(Abb. 11, 2)* und Chenet 330, Reibschüssel mit Löwenkopfausguss, vertreten. Sie stammen aus der Auffüllungsschicht 015 wie auch der Teller Typ Chenet 304a.

Späte Terra Nigra
ist in den drei Schichten stark nachgewiesen. Die späte Glanztonware wird überwiegend durch den bauchigen Becher mit Dellen ohne Weißmalerei mit hohem Steilhals und rundstabartiger Lippe vertreten. Gose bezeichnet ihn als Faltenbecher (Typ 208) der ersten Hälfte des 4. Jahrhunderts. Keramikgefäße mit schwarzem Glanzton und Barbotineverzierung (Chenet 334 a) sind neben den Faltenbechern mengenmäßig am stärksten vertreten, v.a. in der Schicht 015. Nur schwach vertreten ist der Typ Alzey 25 (Schüssel mit Bauchknick und profilierter, leicht nach außen geneigter Wulstlippe) mit insgesamt 11 Exemplaren aus den Schichten 015 und 010. Das abgebildete Keramikfragment *(Abb. 11,1)* ist nach dem reduzierenden Brennverfahren hergestellt worden.

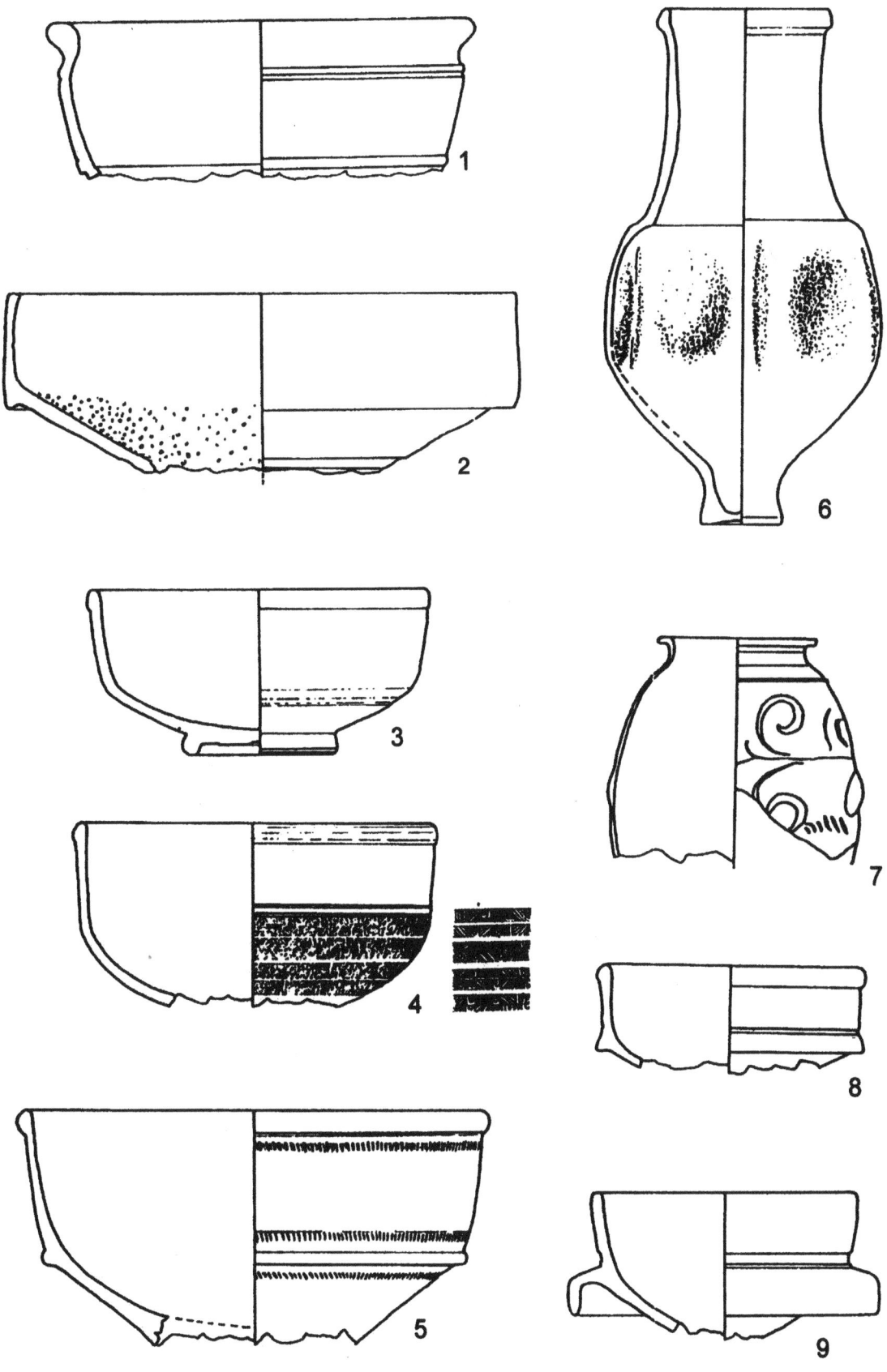

Abb. 11. Vicus Bliesbrück. Gebäude 0501, Keramik aus den Schichten 010/015.

Rauhwandig-tongrundige Ware
Diese Keramikgattung macht fast 80% des gesamten Keramikmaterials aus. Wir konnten feststellen, daß die Urmitzer-, Speicherer- und Mayenerware das gesamte Keramikspektrum beherrschen. Interessant für die Datierung der Schichten bleibt die Mayenerware (Ton von schiefriger Struktur mit grobem vulkanischem Sand gemagert), die durch mehrere Formen aus dem 4. Jahrhundert vorhanden ist. Die meisten Formen beschränken sich auf die Typen Niederb. 89/Alzey 27 (Topf mit innen gekehltem Rand) und Niederb. 104/Alzey 28 (Schüssel mit innen wulstig verdicktem Rand). Die Entwicklung des Typs Niederb. 104/Alzey 28 wurde von Unverzagt beschrieben (UNVERZAGT 1916). Der Rand entwickelte sich von einer rundstabähnlichen Form mit glatter, etwas nach innen geneigter Außeneite (3. Jahrhundert) zu einem dicken glatten Wulst, der nach außen über eine Rille stark heraustritt. Gilles hat in seiner Arbeit (GILLES 1985) über die spätrömischen Höhensiedlungen 13 Varianten (A-N) dieses Typs ausgesondert, der als 45 bezeichnet wurde. Die abgebildeten Gefäße entsprechen den Typen Gilles 45 N *(Abb. 12,1.3)*, Gilles 45 H *(Abb. 12,2)* und Gilles 45 I *(Abb. 12, 4)*. Gilles datiert den Typ 45N um die Mitte des 4. Jahrhunderts, den Typ 45I in die zweite Hälfte des 4. Jahrhunderts. Der Typ 45N wird am Ende des 4.–Anfang des 5. Jahrhunderts datiert. Die Tellerformen Niederb. 113 (Teller mit flachem Boden und leicht nach außen geneigtem Rand) von grauschwarzer Farbe stammen in überwiegender Zahl aus den Schichten 015 und 010. Alzey 29/Gilles 47 (Teller/Schüssel mit flachem Boden und einwärts gebogenem Schrägrand) eine Form, die erst in constantinischer Zeit auftritt (GILLES 1985, 97), kam nur in den Auffüllungsschichten 015 und 010 *(Abb. 12,5–6)* zutage.

Glattwandig-tongrundige Ware
Unter diesem Begriff werden die Keramikgefäße zusammengefasst, deren Oberfläche nicht absichtlich durch die Beimengung von Sand rauhwandig gemacht wurde; es existieren Reibschüsseln, Krüge und Amphoren. Das Masse der Reibschüsseln wurde in den Auffüllungsschichten 006, 010 und 015 festgestellt. Die Randprofile der abgebildeten Gefäße finden ihre Parallelen in Niederbieber 86, Abb. 53,2 und Niederbieber 86, Abb. 53,7.

„Vorratsgefäße"
In dieser Keramikgruppe sind Keramikfragmente von vier Dolia zu erwähnen. Fast alle Fragmente stammten aus den Schichten 015 und 010. Der Ton ist im Bruch graubraun und grob gemagert, die Oberfläche geglättet.

Zusammenfassung

Stratigrafisch gliedern sich die Schichten aus dem Keller II in drei Packungen auf: Auffüllschhichten 080 und 019/081, Zerstörungsschichten 016/017, die von der Schichtenpackung 019/081/080 durch den Lehmfußboden 018 getrennt sind und Auffüllungsschichten 015/010/006. Das Keramikmaterial der Schichten 080/019/081 läßt sich vom Ende des 2. bis in die zweite Hälfte des 3. Jahrhunderts datieren. Viele der Keramikfragmente weisen Spuren sekundärer Verbrenung nach, die auf eine Brandzerstörung hinweisen. Die Errichtung des Lehmfußbodens 018 kann nur in der zweiten Hälfte des 3. Jahrhunderts stattgefunden haben.

Die typologische Analyse der Keramik aus der Schichten 016/017 zeigt, dass einige Typen wie Chenet 334a, Alzey Abb. 20, 2, Alzey Abb. 20, 3- 4, Alzey 25/Gose 208, Chenet 326b, Keramikformen sind, die zum Ende des 3. und vor allem in der ersten Hälfte des 4. Jahrhunderts produziert wurden. Die Schüssel Niederb. 104/Gilles 45F und die „ceramique craquelée bleutée" sind Keramiktypen, die ebenfalls in die erste Hälfte des 4. Jahrhunderts chronologisch einzuordnen sind. Sie bringen den Beweis, dass der Zerstörungshorizont, bestehend aus den Schichten 016 und 017, nur in der ersten Hälfte des 4. Jahrhunderts entstehen konnte, möglicherweise um die Mitte des 4. Jahrhunderts. Für eine solche Datierung spricht auch die Tatsache, dass die Verfüllung des nun als Abfallgrube benutzten Kellers, zeitlich nur direkt anschließend erfolgen konnte und nicht nach einem halben Jahrhundert, wenn man die Hypothese einer Zerstörung im 3. Jahrhundert in Betracht ziehen will. Witterungsspuren wurden im Grenzbereich der Schichten 016 und 015 / 015A nicht beobachtet (SARATEANU-MÜLLER 2000, 60).

Die Abfallschichten 006, 010, 015 und 015a besitzen die typische Zusammensetzung einer Abfallgrube. Aus ihnen stammt ungewöhnlich viel Fundmaterial, darunter fast 1200 Münzen aus den Regierungszeiten Constantins d. Großen, Magnentius und Valentinians. Neben zahlreichen Keramikformen aus dem 2.-3. Jahrhundert (Drag. 37, Niederb. 27, Niederb. 32b und c) stammen aus den Schichten 006, 010 und 015 in erster Linie charakteristische Formen des 4. Jahrhunderts wie Alzey 29/Gilles 47 (ab constantinischer Zeit), Gilles Typ 45N (um die Mitte des 4. Jahrhunderts), Gilles Typ 45I (zweite Hälfte des 4. Jahrhunderts) und Gilles Typ 45N (Ende des 4.–Anfang des 5. Jahrhunderts). Erwähnenswert sind die schwarzen dünnwandigen, stark gebrannten Trinkbecher mit einem schlanken Fuß vom Typ Chenet 334a und besonders, die Argonnensigillata, die mit über 50 Exemplaren vertreten ist.

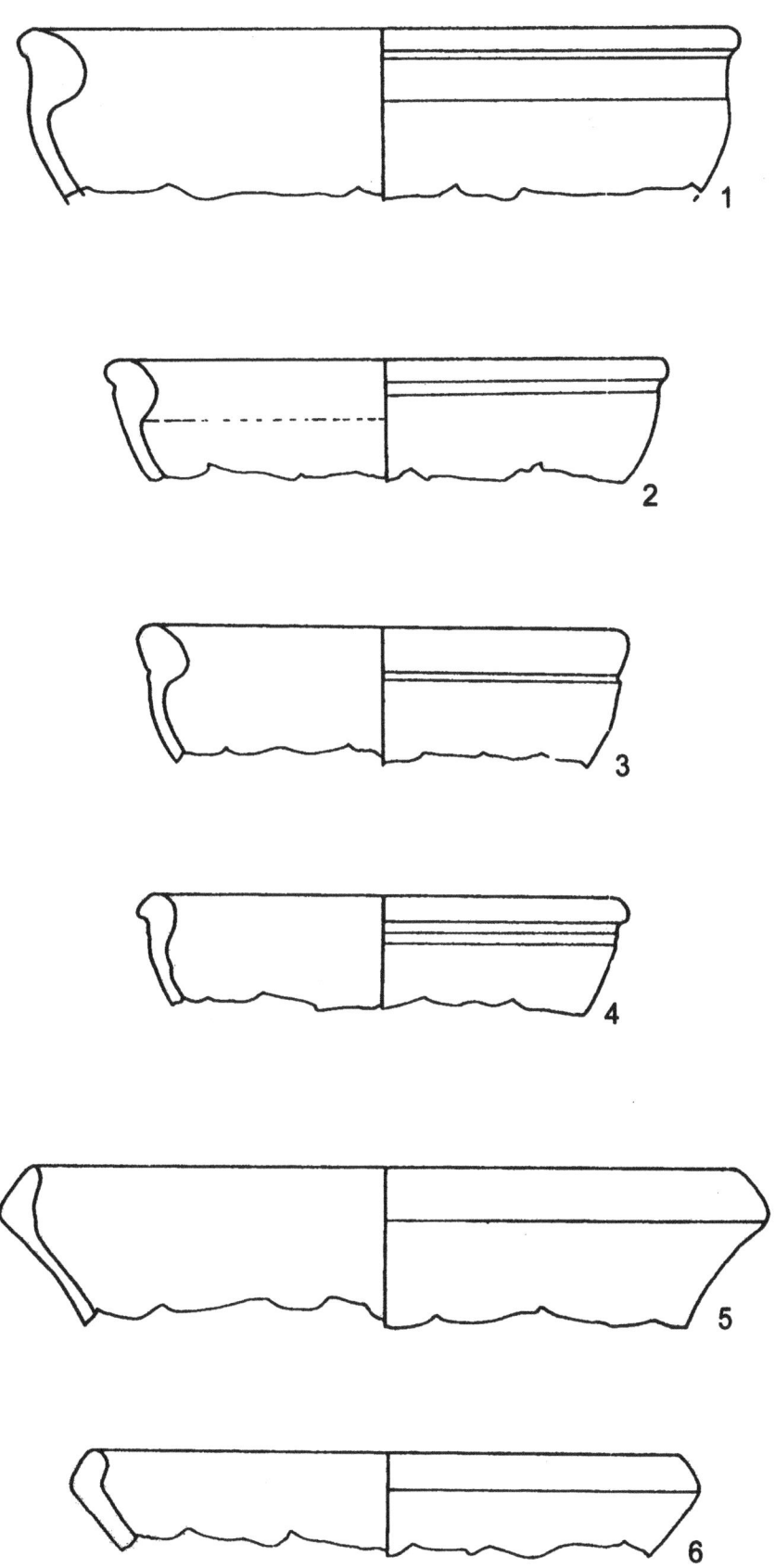

Abb. 12. Vicus Bliesbrück. Gebäude 0501, Keramik aus Schicht 006.

Literaturverzeichnis

Bernhard 1981
H. Bernhard, Die spätrömischen Burgi von Bad-Dürkheim-Ungestein und Eisenberg. Eine Untersuchung zum spätantiken Siedlungswesen in ausgewählten Teilgebieten der Pfalz. Saalburg-Jahrb. 37, 1981, 23–85.

Bernhard 1985
Ders., Studien zur spätrömischen Terra Nigra zwischen Rhein, Main und Neckar. Saalburg-Jahrb. 40-41, 1984/85, 34–120.

Chenet 1941
G. Chenet, La céramique gallo-romaine d'Argonne du IVe siècle et la terre sigillée décorée à la molette (Macon 1941).

Feller/Hoerner 1994
M. Feller/B. Hoerner, Première approche de la céramique du Bas-Empire en Lorraine. Rev. Nord, Hors-Série, Coll. Archéologie 4, 1994, 95–115.

Hübener 1968
W. Hübener, Eine Studie zur spätrömischen Rädchensigillata (Argonnensigillata), Bonner Jahrb. 168, 1968, 241 ff.

Gilles 1985
K.-J. Gilles, Spätrömische Höhenbefestigungen in Eifel und Hunsrück. Trierer Zeitschr., Beih. 7 (Trier 1985).

Gose 1950
E. Gose, Gefäßtypen der römischen Keramik im Rheinland. Bonner Jahrb., Beih. 1 (3. unveränd. Nachdruck d. Ausgabe 1950, Köln 1984).

Hussong/Cüppers 1972
L. Hussong/H. Cüppers, Die Kaiserthermen. Die Spätrömische und frühmittelalterliche Keramik. Trierer Grabungen u. Forsch. I,2 (Mainz 1972).

Koch 1981
R. Koch, Terra-Nigra-Keramik und angebliche Nigra-Ware aus dem Neckargebiet. Fundber. Baden-Württemberg 6, 1981, 579–602.

Oelmann 1914
F. Oelmann, Die Keramik des Kastells Niederbieber. Mat. röm.-germ. Keramik 1 (Frankfurt 1914, Nachdruck Bonn 1976).

Petit 1988
J.-P. Petit, Puits et fosses rituels en Gaule d'après l'exemple de Bliesbruck (Moselle) (Metz 1988).

Petit 1989
Ders., La commercialisation de la céramique sigillée dans la bourgade gallo-romaine de Bliesbruck (Moselle) au milieu du IIIe siècle après J.-C. Révélation d'une production tardive de vases ornés des potiers Avitus, L.A.L. et L.AT.AT de Blickweiler et Eschweiler-Hof. Jahrb. RGZM 36, 1989, 473–519.

Petit 1993
Ders., L'architecture privée dans l'agglomération secondaire de Bliesbruck: bilan et perspectives de recherche. Blesa 1 (Bliesbruck 1993) 129–160.

Petit 2000
Ders. (Hrsg.), Le complexe des thermes de Bliesbruck (Moselle). Un quartier public au coeur d'une agglomération secondaire de la Gaule Belgique. Blesa 3 (Bliesbruck 2000).

Roth-Rubi 1990
K. Roth-Rubi, Spätantike Glanztonkeramik im Westen des römischen Imperiums. Ein Beitrag zur Leistungsfähigkeit der Wirtschaft in der Spätantike. Ber. RGK 71, 1990, 905–971.

Sarateanu-Müller 2001
F. Sarateanu-Müller, Das Keramikmaterial aus den Zerstörungsschichten 016 und 017 des Gebäudes 0501 aus dem gallo-römischen vicus Bliesbruck (Département de la Moselle). In: Histoire et céramologie en Gaulle mosellane (Montagnac 2001) 47–62.

Unverzagt 1916
W. Unverzagt, Die Keramik des Kastells Alzei. Mat. röm.-germ. Keramik 2 (Frankfurt 1916).

Florian Sarateanu-Müller
Ausgrabungen Reinheim
Robert-Schuman-Str. 2
D–66453 Gersheim-Reinheim
florian.mueller@europaeischer-kulturpark.de

KONTINUITÄT UND BRUCH ENTLANG DER DONAU (4.–8. JAHRHUNDERT)

Christian Siffre

Was ergibt sich aus der Berührung zwischen Germanen und Römern? In welchem Maß werden die Römer durch die Neuankömmlinge gestört? Schreckliche Katastrophe, Überleben, Zusammenleben? Was übernehmen die germanischen Bevölkerungen von der antiken Zivilisation?

Die deutsche Geschichtsschreibung hat diese Fragen unter einem Forschungsthema mit dem Titel Kontinuitätsprobleme zusammengefasst. Diese Problemstellung bildet seit 30 Jahren ein bevorzugtes und kontinuierliches Studienthema der Forschung jenseits des Rheins; wie das Kolloquium von Trier bezeugt. Dieses Interesse erklärt sich
– erstens aus der starken Zerstörung der römischen Elemente in den Rhein- und Donaugebieten. Da diese Frage des Fortdauerns für die Franzosen weniger Probleme mit sich bringt, haben die Historiker die Völkerwanderungen eher von einem germanischen als von einem römischen Standpunkt aus betrachtet.
– zweitens durch das negative Bild der Germanen in der westlichen Welt, das auf die zwei Weltkriege zurückzuführen ist, und das die deutschen und österreichischen Autoren mit Recht zurückweisen wollten. Wir können z.B. bemerken, dass deutsche Autoren den Begriff „Völkerwanderung(en)" verwenden, während französische von „Invasion(en)" sprechen[1].

Unser Ziel besteht darin, eine Bilanz der deutschsprachigen Literatur zum Thema zu ziehen, die Erläuterung der Geschichtsquellen anhand der jüngsten Ausgrabungsergebnisse zu überprüfen, und ein möglichst genaues Bild der Kontinuität und des Bruches zu zeichnen.

1. Vorstellung des Raumes

Mit dem Begriff „Donaugebiet" ist das Gebiet innerhalb der Grenzen der ehemaligen römischen Provinzen *Noricum*, Rätien und Pannonien gemeint. Es erstreckte sich von der Einmündung der Iller in die Donau bis zur Save. Seine Eingliederung in das römische Reich fand im 1. Jahrhundert v.Chr. statt. Rätien, das Land der Räter, wurde im Jahre 15 v.Chr. nach heftigen Kämpfen durch Drusus und Tiberius, die Schwiegersöhne von Augustus, erobert. *Noricum*, das ehemalige *Regnum Noricum*, wurde ohne nennenswerte Konflikte im Jahre 15 v.Chr. annektiert. Pannonien, dessen Eroberung im Jahre 16 v.Chr. begonnen hatte; wurde erst im Jahre 9 n.Chr. nach mehreren Aufständen befriedet.

Die Bebauung, zuerst in Form militärischer Anlagen – zunächst in Holz, später in Stein –, dann auch von Zivilsiedlungen, war die erste Folge der römischen Eroberung. In *Raetia Secunda* war *Augusta Vindelicorum*/Augsburg, die unter Hadrian das munizipale Stadtrecht erhalten hatte, ein bedeutendes Zentrum städtischen Lebens. *Castra Regina*/Regensburg und *Quintana*/Künzing spielten hauptsächlich eine militärische Rolle. *Ovilava*/Wells, die den munizipalen Rang unter Hadrian erhalten hatte, war der Sitz der Zivilverwaltung von *Noricum ripense*. In *Lauriacum*/Lorch an der Donau, wo die wichtigste Strasse von *Noricum* endete, residierte der militärische Befehlshaber.

In Pannonien war die Urbanisierung stärker. *Carnuntum*/Petronnell war seit Traian Hauptstadt Oberpannoniens und bildete ein Zentrum des Bernsteinhandel[2]. Im Jahre 308 war es der Sitz der Kaiserkonferenz, die Diokletian, Galerius und Maximianus versammelten. Im 4. Jahrhundert war es immer noch eine bedeutende Stadt. Hier hat Kaiser Valentinian im Jahre 375 zeitweilig sein Hauptquartier aufgeschlagen, um seine Offensive gegen die Germanen vorzubereiten. *Aquincum*/Budapest, das im Jahre 260 verwüstet und danach neu errichtet wurde, war bis zum 4. Jahrhundert ein wichtiges militärisches Zentrum. *Sirmium*/Sremska Mitrovica an der Save war sicherlich die größte Stadt. Sie war mehrmals Kaiserresidenz. Bei den Grabungen sind luxuriöse Bäder, der kaiserliche Palast, ein Hippodrom und Gewerbeviertel zutaggekommen[3]. Laut Ausonius verdient es *Sirmium* trotzdem nicht, zu den bedeutenden Städten seiner Zeit gezählt zu werden[4].

Links der Donau, lebten germanische Völker (Alamannen, Quaden, Rugier) oder die Sarmaten iranischer Herkunft. Seit der römischen Eroberung, bedrohten sie ständig die Provinzeinwohner. Im 3. Jahrhundert gelang es den Alamannen, Teile Raetiens zu erobern. Die Römer mussten das Dekumatland verlassen und sich an die Grenze entlang der Iller zurückziehen. Erst im Rahmen der Reform Diokletians kam es zur endgültigen Konsolidierung der Lage. Am Ende des 4. Jahrhunderts führte Kaiser Valentinian in großem Umfang militärische Baumaßnahmen durch: die Wiederherstellung der Limeslager und die Erbauung einer Kette von Wachtürmen.

---

1 L. Musset, Les invasions: les vagues germaniques 1 ff.
2 Plin. nat. 37,45,52–53.
3 Bierbrauer 1984b, 74 ff.
4 Auson. 145–154.

Infolge der verlorenen Schlacht bei *Adrianopolis*/Edirne im Jahre 378 wendete sich das Blatt. Rom war nicht mehr im Stande, die von den Hunnen vertriebenen Völkerwellen zurückzudrängen. Zahlreiche Scharen wie die Quaden im Jahre 395, oder die Wandalen im Jahre 406 querten über die Donau. Der Vernichtungsvorgang zeigt sich an dem Rückgang des Geldumlaufs, an der Aufgabe der v*illae* und an der Reduzierung der Besiedlung in den Lagern.

Die Beziehungen zwischen Römern und Germanen bestanden nicht nur in hartnäckigen Kämpfen. An der Donau waren die Handelsgelegenheiten nicht selten. Aus Germanien kamen Leder, Pelze, Honig, Wachs, Sklaven, Frauenhaare und, wie gesagt, Bernstein. Die römischen Händler verkauften hauptsächlich Wein und Geschirr. Die Germanen gerieten dadurch zunehmend in eine wirtschaftliche Abhängigkeit.

Um sich gegen ihre kämpferischen Nachbarn zu schützen, pflegten die Römer auch eben diejenigen, die sie bedrohten, zu benutzen. So reihten sich germanische Söldner in die Ränge ihrer Heere ein. Die starke Beteiligung der Germanen an der römischen Armee wird mehrmals von Ammianus Marcellinus erwähnt[5]. Sie ist durch die Ausgrabungen immer besser bekannt. Ich denke an die Keramik vom Typ Friedenhain-Preštovice, die man in Neuburg, Eining, Weltenburg, Regensburg, Straubing, Passau und auf dem Goldberg (Türkheim) gefunden hat[6].

Mit Hilfe dieser Beziehungen, breitete sich der römische Einfluss jenseits der Donau aus. So sieht man die Germanen römische Bautechnik annehmen. Ein gutes Beispiel dafür kommt von dem Oberleiserberg im Norden von Wien, wo man ein großes Gebäude freigelegt hat, dessen Bauplan und Bautechnik der Arbeit vergleichbar sind, die man im inneren Teil des Reiches beobachten kann. Der Oberleiserberg sollte der Sitz der Markomannen werden, die mit den Römern verbündet waren[7] und deren Bekehrung zum Katholizismus hundert Jahre vor Chlodwig eine Ausnahme darstellt[8].

Die Donau erscheint also als eine politische und militärische Grenze, die aber durchlässig ist, die durch die germanischen Völker passiert wird, die Handel und Kultureinflüsse nicht hindert.

2. Das Ende des Verteidigungssystems

Die erste Frage, die uns interessiert, ist, ein Enddatum für den Limes zu bestimmen. Die *Notitia Dignitatum*[9] ist schwer zu lesen und die Ausgrabungen erlauben es nicht, ein genaues Datum für das Verlassen der Lager festzulegen.

In Rätien hat die Forschung lange gemeint, dass die Truppenkonzentration von 401/402, die dazu bestimmt war, die Wisigothen aus Norditalien zu vertreiben, das Ende des Limes bedeutete[10]. Das sich der Oberbefehl des Generidus um 409 über Rätien erstreckte, steht im Widerspruch zu dieser Hypothese[11].

Die Arbeit von H. Castritius[12] zeigt, dass die *Notitia Dignitatum* die Lage in den Jahren 420–430 widerspiegeln könnte. Die Anwesenheit der regulären Armee von Aetius in den Jahren 429–430 zeigt, dass das Westreich nicht auf seine Souveränität verzichtet hat und dass Grenztruppen bis zu dieser Zeit weiterbestanden haben oder durch Aetius wiederhergestellt worden sind[13]. Gegen 450/460, als die Alamannen von Gibuld das Flachland besetzen, ist das Verteidigungssystem nicht mehr vorhanden[14].

In *Noricum* hat der Limes weiterbestanden. Die *Vita Severini* zeigt ein sehr geschwächtes Verteidigungssystem, das aber unter dem Befehl von einem *tribunus* noch weiterfunktioniert[15]. Die Goldmünzen, die zur Anthemius' Zeit geprägt worden sind, sind mit der Bezahlung der Truppen in Verbindung zu setzen. Im Jahre 476 beendet Odoaker die Besoldung, was zu dem Zusammenbruch der Grenzorganisation führt[16]. Diese Nachricht, die durch Eugippius kundgegeben wird, zeigt, dass das gewählte Datum, um das Ende des Westreiches zu bezeichnen, zwar in mancher Hinsicht unpassend ist, für dieses Gebiet aber eine wirkliche Bedeutung hat.

In Pannonien ist das Problem sehr schwierig, da das Gebiet sehr ausgedehnt ist und man nur wenige Quellen besitzt. Der Untergang des Verteidigungssystems ist je nach Region unterschiedlich. Valeria war die erste Provinz, in der der Limes zusammenbrach, zahlreiche Historiker schlagen als Zeitpunkt dafür den Beginn des 5. Jahrhunderts vor. Sie stützen sich auf die Abwesenheit eines *praeses* in der *Notitia Dignitatum*, auf die Grenzen der Befehlzone von Generidus, die zwar Oberpannonien einschließt, aber *Valeria* nicht und auf die Vereinigung Ufernorikums und Pannoniens zu einem einzigen Herzogtum[17]. Wir neigen dazu, die Aufgabe *Valerias* um 420 festzulegen, als Aetius eine Armee mit Hilfe der hunnischen Kontingente aufstellt, um den Usurpator Johannes zu unterstützen. Die Provinz ging also faktisch an die Hunnen, was dem Grenzsystem ein Ende bereitete. Die *Pannonia I* ging ein Jahrzehnt später an die Hunnen, als Aetius ein zweites Mal die Hilfe von Ruga anforderte, um wieder an die Macht zu gelangen (433/444). *Pannonia II* ging mit der Einnahme von *Sirmium* verloren (440/441)[18].

---

5 Amm. 14,10,7; 21,3–4; 30,6,1; 31,10,17.
6 KELLER 1987.
7 FRIESINGER/STUPPNER 1997.
8 Paul. 36.
9 Not. dign. 199 ff.
10 HEUBERGER 1932, 121; 249; MAZZARINO 1942, 128; STAEHELIN 1948, 318.
11 Zos. hist. 5,50,3.
12 CASTRITIUS 1985, 17 ff.
13 Sidon. carm. 7 : „*Nam post Juthungos et Norica bella subacto/ victor Vindelico...*"
14 Eugipp. 19,5: „...*cum diligenter provinciam peragraverit, remissurum quantos in eadem reperturus fuisset numeros captivorum.*"
15 Ebd. 4,2–3.
16 Ebd. 20,1: „*...qua consuetudine desinente simul militares turmae sunt deletae cum limite.*"
17 MÓCSY 1974, 346; JONES 1964, 354.
18 BÓNA 1991, 212.

Man weiß nicht wirklich, was mit den germanischen Soldaten geschah, die zur Grenzverteidigung herangezogen worden waren. Man muss annehmen, dass sie teilweise an Ort und Stelle blieben. Das Ende des Verteidigungssystems öffnete auch neuen Völkern das Tor, diesmal vollkommen unabhängig.

An der oberen Donau ist die Ankunft der Alamannen mit dem Sieg Chlodwigs 506 in Verbindung zu bringen. Die Besiegten strömten in Scharen in die Ebenen Rätiens. Die Bajuwaren werden erstmals beim gotischen Geschichtsschreiber Iordanes genannt[19]. Ihr Name, die Männer aus Baia oder Boia, führt uns in das benachbarte Böhmen, doch ist jetzt bewiesen worden, dass die bajuwarische Ethnogenese zwischen Inn, Donau und Lech um 500 stattgefunden und mehrere Volkssplitter hineingezogen hat. Den Bajuwaren gelang es, ein von den Franken abhängiges Herzogtum zu bilden.

Östlich der Enns wechselten seltsamerweise binnen weniger Jahrzehnte Rugier, Eruler und Langobarden einander in der Herrschaft ab. Schließlich setzte sich im Karpatenbecken die awarische Macht durch. Diese berittenen Krieger, die keine Schrift kannten, organisierten ein Königsreich, dessen Institutionen sehr weit von dem westlichen Modell entfernt waren.

3. Das Schicksal der römischen Bevölkerung

Der Einbruch dieser verschiedenen Völker war nicht ohne Wirkung auf die Provinzbewohner. Die Literatur ist voller Erzählungen von Zerstörungen und Massakern. Man konnte also ganz bestimmt am Ende des Altertums in den Grenzprovinzen nicht gut leben. Eugippius beschreibt für das Ende des 5. Jahrhunderts belagerte Bevölkerungen im Inneren der Städte, die außerhalb der schützenden Stadtwälle Gefahr liefen, angegriffen, gefangen genommen oder sogar getötet zu werden.

Viele zogen es vor, ihr Heimatland zu verlassen, um in weniger gefährdeten Bezirken des Kaiserreiches Zuflucht zu suchen. Die ersten Auswanderer – zumindest die, die man als solche identifizieren kann – gehörten zu den obersten Sozialschichten. Die religiösen Ämter, die auf den Epitaphen aufgeführt sind, sprechen für ein hohes soziales Niveau der Verstorbenen, die aus *Sirmium* kamen und sich nach Salone geflüchtet hatten[20]. Dank ihres Vermögens und ihrer Beziehungen konnten diese Personen ohne Schwierigkeiten ihren Rang wieder erreichen.

Der Auszug der Bewohner *Noricums*, der im Jahre 488 von Odoaker angeordnet wurde, erscheint als eine sehr außergewöhnliche und organisatorisch komplizierte Maßnahme. Unter der Leitung des Grafen Pierus nahmen die Einwohner die Reliquien von Severinus mit sich und zogen nach Italien[21]. Die Absicht des Skirenchefs war nicht so sehr, die örtlichen Bevölkerungen zu schützen, als viel mehr die Rugier von ihren wirtschaftlichen Grundlagen abzuschneiden. Der Abzug der Bewohner führte zum Verlassen der Städte von *Favianis*/Mautern, *Carnuntum*/Petronell), *Cetium*/St. Pölten), *Vindobonna*/Wien), *Comagenis*/Tulln) und *Asturis*/Klosterneuburg, die, wie die letzten Ausgrabungen beweisen, zwischen den 5. und 8. Jahrhundert unbewohnt blieben. Diese Auswanderung betrifft jedoch nur ein ziemlich kleines Gebiet. Anderswo muss man mit dem Verbleib von einem Teil der Einwohner rechnen, besonders bei den sozial niedrigeren Klassen, die in anderen Teilen des Kaiserreiches wenig Hoffnung auf eine glückliche Zukunft hatten.

In *Lauriacum* hörte das Leben nach dem Jahre 488 nicht auf. Man weiß aus dem Leben des Hl. Antonius, dass das Bistum noch einige Zeit unter der Leitung von Constantius weiterbestanden hat, und dass es immer noch eine Kanzlei gab, die imstande war junge Gebildete zu formen[22]. Die Ausgrabungen, die vom österreichischen Landesmuseum unternommen worden sind, haben gezeigt, dass die erste christliche Basilika, die unter der gegenwärtigen St. Lorenz Kirche von Enns-Lorch gegen 370 erbaut wurde, ihre Kultfunktion ohne Unterbrechung beibehalten hat[23].

Wahrscheinlich wurde der Reliquienbehälter, der bei der Restauration 1900 gefunden wurde, über die Jahrhunderte in den verschiedenen Kirchen, die an diesem Ort erbaut wurden, aufbewahrt. Die Kritiken, die diesbezüglich geäußert wurden (der Reliquienbehälter ist erhalten geblieben, aber nicht der Inhalt), scheinen mir diese die Annahme einer Ortskontinuität nicht in Frage zu stellen. In Augsburg beweist das Fortdauern des christlichen Kults ohne Zweifel das Verharren der römischen Bevölkerung. Als der Dichter Venantius Fortunatus in die einstige Provinzhauptstadt kam, sagte er, dass die Reliquien der heiligen Afra immer noch verehrt würden[24]. Die Erinnerung an Afra, die gegen 304 in der Nähe von Augsburg als Opfer der Verfolgungen durch Diokletian starb, beweist das Weiterleben einer römisch-christlichen Bevölkerung.

Im Allgemeinen sind die Zeugnisse für den Fortbestand der römischen Bevölkerung selten. Die Archäologie hat mit zahlreichen Schwierigkeiten zu kämpfen, wenn sie sich für die römisch-christlichen Bevölkerungen interessiert, da diese allgemein ohne Grabbeigaben begraben wurden. Eine Grabstätte ohne Grabbeigaben kann nicht datiert werden; wenn man zufällig einen oder zwei Gegenstände findet, mögen Gegenstände wie diese mehrere Jahrhunderte lang benutzt worden sein, was kaum zufriedenstellend ist. Bis jetzt wurde nirgendwo große romanische Begräbnisstätte, die aus dem Beginn des Frühmittelalters stammt, identifiziert. In Staubing, in der Nähe von Regensburg, gibt es einige wenige

---

19 Iord. Get. 55,280: *„Nam regio illa Suevorum ab oriente Bajobaros habet, ab occidente Francos, a meridie Burgundiones, a septentrione, Thuringos."*
20 CIL III Suppl. 1 Nr. 9515; 9551; 9576.
21 Eugipp. 45,7.
22 Ennod. 10–11: *„...qui eum inter ecclesiasticos exceptores caelestem militiam iussit ordiri."*
23 ECKHART 1980.
24 Ven. Fort. 4: *„Si tibi barbaricos conceditur ire per amnes, ut placide Rhenum transcendere possis et Istrum, pergis ad Augustam qua Virdo et Licca fluentant. Illic ossa sacrae venerabere martyris Afrae."*

Grabbeigaben; man weiß nicht, ob die begrabenen Personen Vorfahren der Provinzbewohner sind oder ob es sich um christianisierte Germanen handelt[25]. In vielen Fällen ist selbst die Weiterbesiedlung der Orte nicht sicher. In Passau gibt es z.B. keine Funde aus dem 7. Jahrhundert[26].

Da im 8. Jahrhundert im bajuwarischen Gebiet wieder Texte verfasst werden, lässt sich feststellen, dass manche Personen römische Namen tragen. Es handelt sich dabei um Namen, die aus dem Lateinischen stammen, wie z.B. Maximus, Secundus, Quartinus, Rufinus, oder um christliche Namen wie Petrus, Paulus, Johannes, Martinus; sowie Namen, die sich auf einen bestimmten Ort beziehen (zum Beispiel Solvanus von *silva*, der Wald). Es ist nicht leicht, die ethnische Herkunft dieser Personen zu bestimmen. In der Sammlung „Die Tradition des Hochstifts Freising" kann man z.B. lesen, dass die Eltern einer gewissen Benedicta Alpolt und Deothil hießen, ihre beiden Brüder hießen Palduuart und Hrodolf. Diese Frau war bestimmt nicht römischer Herkunft[27]. Die Ortsnamen weisen kaum auf romanische Bevölkerung hin. Die Walchennamen findet man hauptsächlich in von der Donau entfernten Gebieten, am Alpenrand, im Salzburger Land[28].

Im von Völkerwanderungen betroffenen pannonischen Gebiet ist ein Fortbestand der einheimischer Bevölkerungsteile noch weniger greifbar. Die letzte literarische Quelle ist die Vita des heiligen Antonius von Lérins. Seine Familie lebte gegen Ende des 5. Jahrhunderts in *Aquincum*. In *Sirmium* besteht die Bevölkerung nur bis 582 in großer Zahl fort. In diesem Jahr erobern die Awaren nach einer dramatischen Belagerung die Stadt. Es wurde beschlossen, dass die Römer zwar am Leben bleiben würden, dass sie dafür aber ihr Hab und Gut lassen müssten[29]. Unter der Führung Bischofs Sebastian brachten die Flüchtlinge die Reliquien der Vier Gekrönten nach Italien, sowie die Texte, die später zum Verfassen des Evangeliars des Korbinian dienen sollten[30]. Dieses befindet sich heute in München.

Das Vorrücken der deutschen Sprache bis an die Grenzen Italiens zeigt, dass die römische Restbevölkerung weder zahlreich noch einflussreich genug war, um ihre Kultur durchzusetzen. Es wäre trotzdem falsch zu behaupten, dass die vier Jahrhunderte römischer Herrschaft keine Spuren hinterlassen hätten.

Aus der Antike sind Namen geblieben, etwa von Flüssen (Donau, Enns, Inn, Drau, Raab) und von Ortschaften (*Castra Regina*/Regensburg, *Batavis*/Passau, *Brigantium*/Bregenz, *Augusta Vindelicorum*/Augsburg, *Quintanis*/ Künzing, *Caelius Mons*/Kellmünz, *Cambodunum*/Kempten, *Abodiacum*/Epfach). Die Großstädte überlebten die dunklen Zeiten. Sie wurden kleiner, die Einwohnerzahl nahm ab; ab und zu wurden sie sogar verlassen (Wien). Dann spielten sie wieder eine wichtige Rolle in den neuen germanischen Staaten. Dank ihrer Mauern wurde die Stadt Regensburg, obwohl ihre Lage im Bayerischen Herzogtum nicht zentral war, als Hauptstadt der Agilofinger gewählt. Scheinbar haben barbarische Gruppen ohne Unterbrechung die Stadt *Aquincum* bewohnt, bis der ungarische Eroberer Arpad sie wieder entwickelte.

Auf dem Land war der Bruch sehr brutal. Nach dem Angriff der Juthungen 357 gibt es in Rätien wohl keine bewirtschafteten *villa* mehr. In die Vita Severini ist die Rede von einem *vicus*, aber man weiß nicht, ob diese Siedlungsform tatsächlich weiterbestand[31]. Der Einfluss der Spätantike ist immerhin spürbar. Entlang der römischen Strassen wurden viele alamannische Fundstätten entdeckt. Es kommt manchmal vor, dass die Nähe des alten Friedhofs auf den Gedanken bringt, dass sich Barbaren am selben Ort wie die Provinzbewohner ansiedelten, wie es zum Beispiel in Gögingen, nicht weit von Augsburg, der Fall ist[32]. Zweifelsohne war der früher bebaute Boden leichter zu roden, auch wenn der Wald ihn zum Teil wieder erobert hatte.

Als die Missionare in Bayern kamen, konnten sie sich auf alte Bräuche stützen, wie zum Beispiel den Kult der Hl. Afra und des Hl. Florian. St. Severin in Passau und die Lorenzkirche in Enns wurden auf antiken Kirchen errichtet. Die Bistümer der zweiten Phase der Bekehrung zum Christentum befinden sich größtenteils südlich der Donau und des Bodensees. Es gab auch eine technische Hinterlassenschaft. Die Römer brachten den Germanen bei, wie man Weinbau treibt und wie Keramik hergestellt wird[33].

Daraus kann man schließen, dass die alte politische Grenze an der Donau, wenn auch mit geringen Änderungen, bis in die Mitte des 8. Jahrhunderts als kulturelle Grenze fortbestand.

Quellen

Amm.	Ammianus Marcellinus, Res gestae [hrsg. u. übers. von E. Galletier/J. Fontaine, Paris 1968–1999].
Auson.	Ausonius, Mosella [hrsg. von R. Peiper, Stuttgart 1976].
CIL	Corpus Inscriptionum Latinarum, Inscriptiones Asiae Provinciarum Europae Graecarum Illyrici Latinae [hrsg. von Th. Mommsen, 1892 ff.].
Ennod.	Ennodius, Vita beati Antonii Lerinensis [hrsg. von F. Vogel, Berlin 1885].
Eugipp.	Eugippius, Vita Sancti Severini [hrsg. u. übers. von Ph. Régerat, Paris, 1991].
Iord. Get.	Iordanes Geta, De origine actibusque Getarum [hrsg. von Th. Mommsen, Berlin 1882].

---

25 CHRISTLEIN 1971, 54; FISCHER 1993, 138; 140.
26 DERS. 1994, 93 f.
27 Freising Nr. 356.
28 REIFFENSTEIN 1992.
29 Men. 27,3 (Exc. de Leg. Rom. 20).
30 ZEILLER 1918, 127–128.
31 Eugipp. 8, 2: „*Romanos tamen duris condicionibus aggravans quosdam etiam Danuvio iubebat abduci. Nam cum quadam die in proximo a Favianis vico veniens aliquos ad se transferri Danuvio preacepisset, vilissimi scilicet ministerii servitute damnandos..vir dei ut eos dimitteret postulabat.*"
32 BIERBRAUER 1984a, 90.
33 FISCHER 1993, 78.

Men.	Menander Protector in: The history of Menander the Guardsman [hrsg. u. übers. von R. C Blockley, Liverpool, 1985].
Not. dign.	Notitia Dignitatum omnium tam civilium quam militarium [hrsg. von O. Seeck, Berlin 1876/Frankfurt am Main 1962].
Paul.	Paulinus, Vita Ambrosii [hrsg. von M. Pellegrino, Rom 1961].
Plin. nat.	Plinius d. Ä., Naturalis historia [übers. von E. de Saint-Denis, Paris 1972].
Sid.	Sidonius Apollinaris, Carmina/epistulae [hrsg. u. übers. von A. Loyen, Paris 1960 u. 1970].
Freising	Die Traditionen des Hochstiftes Freising 1 und 2 [hrsg. von Th. Bitterauf, München 1905–1909].
Ven. Fort.	Venantius Fortunatus, Vita Sancti Martini [hrsg. u. übers. von S. Quesnel, Paris 1996].
Zos. hist.	Zosimus, Historia nova [hrsg. u. übers. von F. Paschoud, Paris 1971–1989].

Literaturverzeichnis

BIERBRAUER 1984a
V. BIERBRAUER, Alamannische Besiedlung Augsburgs und seines näheren Umlandes. In: G. Gotlieb/W. Baer/J. Becker (Hrsg.), Geschichte der Stadt Augsburg (1984) 84–100.

BIERBRAUER 1984b
V. BIERBRAUER, Jugoslawien seit dem Beginn der Völkerwanderung bis zur slawischen Landnahme: die Synthese auf dem Hintergrund von Migrations- und Landnahmevorgängen. In: K. D. Grothusen (Hrsg.), Jugoslawien. Integrationsprobleme in Geschichte und Gegenwart. Beitr. Südosteuropa-Arbeitskr. DFG. 5. Internat. Südosteuropa-Kongress (1984) 49–97.

BÓNA 1991
I. BÓNA, Das Hunnenreich (Budapest, Stuttgart 1991)

CASTRITIUS 1985
H. CASTRITIUS, Die Grenzverteidigung in Rätien und Noricum im 5. Jahrhundert n. Chr. Ein Beitrag zum Ende der Antike. In: H. Wolfram/ A. Schwares, Die Bayern und ihre Nachbarn 1 (Wien 19859 17–28.

CHRISTLEIN 1971
R. CHRISTLEIN, Das Reihengräberfeld und die Kirche von Staubing bei Weltenburg. Arch. Korrbl. 1, 1971, 51 ff.

ECKHART 1980
L. ECKHART, Die Kontinuität in den Lorcher Kirchenbauten mit besonderer Berücksichtigung der Kirche des 5. Jahrhunderts. Denkschr. Österr. Akad. Wiss. 145 (Wien 1980) 23–29.

FISCHER 1993
TH. FISCHER, Das bajuwarische Reihengräberfeld von Staubing. Studien zur Frühgeschichte im bayerischen Donauraum. Kat. Prähist. Staatsslg. München 26 (München 1993).

FISCHER 1994
TH. FISCHER, Bemerkungen zur Archäologie der Severinszeit in Künzing und Passau. In: E. Boschof/H. Wolff, Das Christentum im bairischen Raum von den Anfängen bis ins 11. Jahrhundert (1994) 93–127.

FRIESINGER/STUPPNER 1997
H. FRIESINGER/A. STUPPNER, Der Oberleiserberg bei Ernstbrunn. In: V. Gassner/S. Jilek/A. Stuppner, Der römische Limes in Österreich. Führer zu den archäologischen Denkmälern (Wien 1997) 282–287.

HEUBERGER 1932
R. HEUBERGER, Rätien im Altertum und Frühmittelalter. Forschungen und Darstellung. Schlern-Schr. 20 (Innsbruck 1932/Aalen 1981).

JONES 1964
A.H.M. JONES, The Later Roman Empire. A Social, Economic and Administrative Survey (Oxford 1964) 284–602.

KELLER 1987
E. KELLER, Der nordalpine Teil der Raetia secunda im 5. Jahrhundert. In: Archäologie und Völkerwanderungszeit an der mittleren Donau im 5. und 6. Jahrhundert. Anz. Germ. Nationalmus. 1987, 77–88.

MAZZARINO 1942
S. MAZZARINO, Stilicone. La crisi imperiale dopo Teodosio. Studi Istit. Ital. Storia Antica 3, 1942.

MÓCSY 1974
A. MÓCSY, Pannonia and the Upper Moesia. A History of the Middle Danube Provinces of the Roman Empire. The Provinces of the Roman Empire 4 (London, Boston 1974).

MUSSET 1994
L. MUSSET, Les invasions: les vagues germaniques. Coll. Nouvelle Clio P.U.F. (Paris 1994).

REIFFENSTEIN 1992
I. REIFFENSTEIN, Vom Sprachgrenzland zum Binnenland. Romanen, Baiern und Slawen im frühmittelalterlichen Salzburg. In: W. Haubrichs, Sprachgrenzen. Zeitschr. Literaturwiss. u. Linguistik 83 (Göttingen 1992) 40–64.

SÁZDECZKY-KARDOSS 1983
S. SÁZDECZKY-KARDOSS, Pannonien und das Evangeliarium S. Corbiniani dictum. In: Acta Classica Univ. Scient. Debrecen 19, 1983, 123–128.

STAEHELIN 1948
F. STAEHELIN, Die Schweiz in römischer Zeit (Basel 1948.)

ZEILLER 1918
J. ZEILLER, Les Origines chrétiennes dans les provinces danubiennes de l'Empire romain (Paris 1918).

Christian Siffre
13, Avenue caravadossi
F–06000 Nice
siffre_christian@yahoo.fr

"RÖMER" RECHTS DES RHEINS NACH "260"?
Archäologische Beobachtungen zur Frage des Verbleibs von Provinzbevölkerung im einstigen Limesgebiet

Bernd Steidl

Im Zusammenhang mit der Behandlung des Themas „Kontinuität" am Schnittpunkt von der mittleren Kaiserzeit zur Spätantike und von der Spätantike zum Frühen Mittelalter im Rahmen des Arbeitsgruppentreffens der Arbeitsgemeinschaften „Römische Kaiserzeit" und „Frühes Mittelalter" war die Bitte der Veranstalter nach einem Beitrag zu Kontinuitätsfragen im einstigen Limesgebiet[1] eine interessante Herausforderung. Dies nicht zuletzt deshalb, weil sich trotz einer Fülle an Literatur in der wissenschaftlichen Diskussion seit einigen Jahren zwei völlig konträre Vorstellungen gegenüberstehen. Der im allgemeinen Geschichtsbild fest verankerten Vorstellung, das Ende des Limes in den Germanenstürmen des Jahres 260 sei mit der Räumung des Limesgebietes durch die Römer einher gegangen[2], kann heute die Ansicht entgegengehalten werden, römische Bevölkerung habe sich über das „magischen" Datum von 260 hinaus im Rechtsrheinischen noch für einige Zeit behaupten können – und sei es nur innerhalb von Rückzugsräumen[3].

Unter dem provokanten Titel „Römer rechts des Rheins nach 260?" veröffentlichte 1989 Karlhorst Stribrny seine Untersuchung zum spätrömischen Münzumlauf im ehemaligen Limesgebiet[4]. Für die hier zu behandelnde Fragestellung greife ich diesen Titel gerne auf, versehe allerdings sowohl das Wort „Römer" wie auch das Datum „260" mit Anführungszeichen und beschließe den Satz mit einem Fragezeichen. Denn wir haben es hier gleich mit zwei Problemen zu tun, die uns im folgenden beschäftigen sollen:

◆ Was ist unter „Römern" zu verstehen, die sich nach dem ominösen Datum von „260" auf römischem Provinzboden oder *ehemaligem* Provinzboden bewegt haben sollen, wenn wir nach Trägern von Kontinuitätserscheinungen suchen?

◆ Kommt dem Datum „260" für die Geschichte des Limesgebietes tatsächlich eine Bedeutung als bevölkerungsgeschichtlichem Wendepunkt zu?

Zunächst sei in aller Kürze der Diskussionsstand zu dem in den vergangenen Jahren verstärkt in Zweifel gezogenen Datums 260 n. Chr. für den „Fall" des obergermanisch-raetischen Limes referiert.

Die literarische Quellenlage erlaubt bekanntlich keine Ableitung eines bestimmten Datums für ein Ereignis, das wir mit „Limesfall" bezeichnen. „260" ist forschungsgeschichtlich begründet und beruht auf dem von Emil Ritterling 1901 ermittelten *terminus post quem* für die Zerstörung des Kastells Niederbieber im Neuwieder Becken, ganz im Norden des obergermanischen Limes *(Abb. 1)*[5]. Es ist nicht unwesentlich zu betonen, daß Niederbieber auch heute – nach weiteren 100 Jahren Forschung – noch immer das einzige obergermanische Limeskastell geblieben ist, in dem sich eine gewaltsame finale Zerstörung nachweisen läßt.

Berechtigte Kritik an dem spätestens seit 1951 fest etablierten Datum[6] übten zuerst L. Okamura 1984 und H. U. Nuber 1990[7]. Um einige zusätzliche Facetten erweitert wurde das Thema „Limesfall" daraufhin 1992 in einer von H.-P. Kuhnen konzipierten Ausstellung in einem ganz neuen Licht dargestellt: Nicht die militärische Niederlage gegen die auf Reichsgebiet drängenden Germanenscharen, sondern ein Bündel verschiedenster Faktoren militärischer, ökologischer, wirtschaftlicher und innenpolitischer Art hätten im Zusammenwirken den Kollaps im Limesgebiet ausgelöst und zu einem schleichenden Prozeß des Niedergangs geführt[8].

---

1 Unter „Limesgebiet" wird hier im üblichen Sinn jener Raum verstanden, der durch den obergermanischen und den raetischen Limes gegen die Germania Magna abgegrenzt ist, gegen die übrigen Teile der Provinzen *Germania superior* und *Raetia* durch die Flüsse Rhein, Iller und Donau.

2 Vgl. NUBER 1990, 54 ff. mit zahlr. Lit.; UNRUH 1992, 16 ff. (Zitatesammlung); KOS 1995, 131 ff. mit Lit.; STROBEL 1999, 9 mit Lit.

3 SOMMER 1988, 303 ff.; STRIBRNY 1989; NUBER 1990 bes. 66 ff.; DERS. 1993; UNRUH 1993; STROBEL 1999, 13; 28; STEIDL 2000a; DERS. 2000b.

4 STRIBRNY 1989.

5 Ritterling datiert die Zerstörung von Niederbieber aufgrund der Münzfunde in das Jahr 259, spätestens 260 n. Chr., geht aber bei seinem Urteil noch von der Usurpation des Postumus – dessen Münzen in Niederbieber noch fehlen – im Jahr 259 n. Chr. aus. Nachdem die Erhebung des Postumus heute jedoch in das Jahr 260 datiert werden muß, wäre die Erstürmung des Kastells um ein Jahr nach 260 zu verschieben. Die jüngsten Münzen aus insgesamt vier Schatzfunden des Zerstörungshorizontes datieren nach gegenwärtiger Chronologie in das Jahr 259 n. Chr. – RITTERLING 1901 bes. 110 f.; 116; vgl. NUBER 1990, 64 ff.; DERS. 1993, 101; STROBEL 1999, 13. – Zu den Münzschätzen aus Niederbieber: NOESKE 1996.

6 SCHLEIERMACHER 1951, 155.

7 OKAMURA 1984; NUBER 1990.

8 KUHNEN 1992.

Wenn hierbei vielleicht auch der eine oder andere Faktor in seinen tatsächlichen Auswirkungen überbewertet worden sein könnte, so befreite doch der umfassende Blick auf die auch überregional feststellbaren Verhältnisse des 3. Jahrhunderts von der Enge bisheriger, weitgehend auf die Konfrontation zwischen Germanen und Römern reduzierter Sichtweise.

Gleichfalls in das Jahr 1992 fiel die Entdeckung des mittlerweile berühmten Siegesaltares von Augsburg, der ein unschätzbares Primärzeugnis für die in Diskussion stehende Periode darstellt[9]. Mit seiner Datierung auf den 11. September des Jahres 260 und der Überlieferung einer zweitägigen Schlacht des zusammengewürfelten raetischen Heeres gegen ein Aufgebot der Iuthungen, die beutebeladen im Frühjahr 260 aus Italien zurückkehrten, löste er jedoch – so scheint es – eine Rückwärtsbewegung in der aufgekommenen Diskussion um das Datum des „Limesfalls" aus[10]. Selbst Kritiker des alten Datums kehrten in der Folgezeit zu der beinahe überwundenen Überzeugung zurück, das Jahr 260 habe die entscheidende Wende im Geschick des obergermanisch-raetischen Limesgebietes bedeutet[11]. Die Inschrift selbst bietet aber trotz der auf ihr überlieferten Jahresangabe und kriegerischen Zusammenhänge keine Anhaltspunkte für die Vernichtung des Limessystems. Eine Verbindung zwischen einer bei Augsburg geschlagenen Schlacht gegen zurückkehrende Germanen, die zuvor notwendigerweise die Provinz Raetien bereits einmal auf ihrem Vorstoß nach Italien durchzogen haben müssen (wohl im vorangegangenen Jahr 259[12]), und der Aufgabe der weiten Landstriche zwischen Rhein, Donau und dem Limes ist daraus keinesfalls herzustellen.

Überblickt man heute die oben zitierte aktuelle Literatur, wird die bereits erwähnte Teilung in zwei Lager deutlich. Auf der einen Seite stehen jene, die vielfach ohne weitere Begründung am „Limesfall" von 260 festhalten, auf der anderen Seite ist man bemüht, der vielschichtigen Befundlage gerecht zu werden, was in der Regel zur Ablehnung eines Fixdatums führt[13].

Anliegen des Verf. ist es, an dieser Stelle stärker als bisher geschehen, zu einer räumlich differenzierteren Betrachtung anzuregen, d. h. die Problematik wesentlich regionaler zu beleuchten. Gewöhnlich wird vom „Fall" des „obergermanisch-raetischen" Limes gesprochen und in einem Zuge damit die Räumung des gesamten Hinterlandes bis an Rhein und Donau unterstellt. Nur wenige Stimmen trennen wenigstens das Geschick Raetiens von dem Obergermaniens[14]. Wie notwendig das ist, zeigt eine Kartierung der Brandzerstörungen, die das Ende von Kastellen und ihren Vici im gewohnten Erscheinungsbild markieren und die jeweils mit zumeist reichen Waffenfunden einhergehen *(Abb. 1)*. Kartiert man dazu die großen Metalldepots, die aus dem Brandschutt ausgelesene Objekte enthalten, dann ergibt sich ein sehr einseitiges Bild: Obwohl der Forschungsstand insbesondere an den raetischen Kastellstandorten in Bayern sehr schlecht ist, konzentrieren sich Befunde dieser Art doch gerade in diesem Raum. Zu den gesicherten Befunden von finalen Bränden in Aalen, Rainau-Buch, Weißenburg, Pfünz und im weiteren Verlauf am Donaulimes in Straubing, Steinkirchen und Künzing kommen noch die nicht völlig gesicherten Befunde von Dambach, Gunzenhausen und Böhming hinzu[15]. Brandauslesedepots liegen aus der Limeszone von Rainau-Buch, Eining, Regensburg-Harting, Straubing-Alburg, Michaelsbuch-Uttenkofen, Arbing und Künzing vor *(Abb. 1)*[16].

Für die chronologische Einordnung von Zerstörungen dieser Art ist ein Befund von größter Bedeutung, der bei der Bearbeitung der Vicusgrabungen von Rainau-Buch durch B. A. Greiner herausgearbeitet wurde[17]: Auf der Sohle der Brunnen 9 und 13 im rückwärtigen Teil der Streifenhausparzellen östlich des Kastells lagen – in einem Fall wahrscheinlich in einem Netz versenkt – Depots aus Waffen, Bronzegefäßen und Eisengerätschaften. Über den Depots war Brandschutt eingefüllt. In diesem Schutt fanden sich bearbeitete Hölzer und die zugehörigen abgebeilten Abfallstücke – alles aus demselben Stamm gefertigt –, dazu in Brunnen 13 der Buntmeißel, mit dem die Arbeit vermutlich ausgeführt worden war. Aus der Befundsituation kann geschlossen werden, daß das Holz zum Zeitpunkt der Zerstörung des Vicus gerade zugerichtet worden ist. Wenn der Stamm – wie üblich – saftfrisch verarbeitet wurde, gibt das auf Winter 253/254 bestimmbare Dendrodatum den Zerstörungszeitpunkt (Sommer? 254) an.

---

9 BAKKER 1992; DERS. 1993.

10 DERS. 1993, 383; MACKENSEN 1994, 145 f.; DERS. 1995, 31 f.; FISCHER 1999a, 139 ff.

11 NUBER 1997, 63; 66 f.

12 BAKKER 1993, 377.

13 Eine breite Darstellung der Situation um das Jahr 260 herum mit kritischer Beurteilung bisher erschienener Literatur bietet STROBEL 1999. – Der Blick richtet sich in den verschiedenen Untersuchungen, der Quellenlage entsprechend, schwerpunktmäßig auf das römische Militär, für dessen Abzug jetzt Strobel (ebd. 26; 28) aufgrund strategischer Erwägungen im Zusammenhang mit dem Iuthungeneinfall von 259 in Raetien und der Usurpation des Postumus in Obergermanien dem Jahr 260 wieder stärkeres Gewicht beimessen möchte. Davon unberührt bleibt die Frage nach dem Schicksal der Zivilbevölkerung am Limes und im Hinterland (vgl. ebd. 13 f.).

14 V. SCHNURBEIN 1992, 87; STEIDL 1999, 134 ff.

15 Aalen: PLANCK 1986, 254; Rainau-Buch: GREINER in Vorber.; Weißenburg: ORL B 72, 26; Pfünz: ORL B 73, 18 f.; Straubing: PRAMMER 1989, 26; Steinkirchen: REINECKE 1930, 205; Künzing: SCHÖNBERGER 1975, 106 f.; Dambach: FISCHER in: RiB 433; Gunzenhausen: ORL B 71, 4 f.

16 Rainau-Buch: FISCHER 1999b, 43 Nr. 126; Eining: ebd. 40 Nr. 93 [nach Autopsie Brandspuren an den Objekten]; Regensburg-Harting: ebd. 40 Nr. 99; Straubing-Alburg: ebd. 44 Nr. 137; Michaelsbuch-Uttenkofen: ebd. 42 Nr. 116; Osterhofen-Arbing: ebd. 1999, 39 Nr. 88; Künzing: ebd. 41 Nr. 105-108.

17 GREINER 2002.

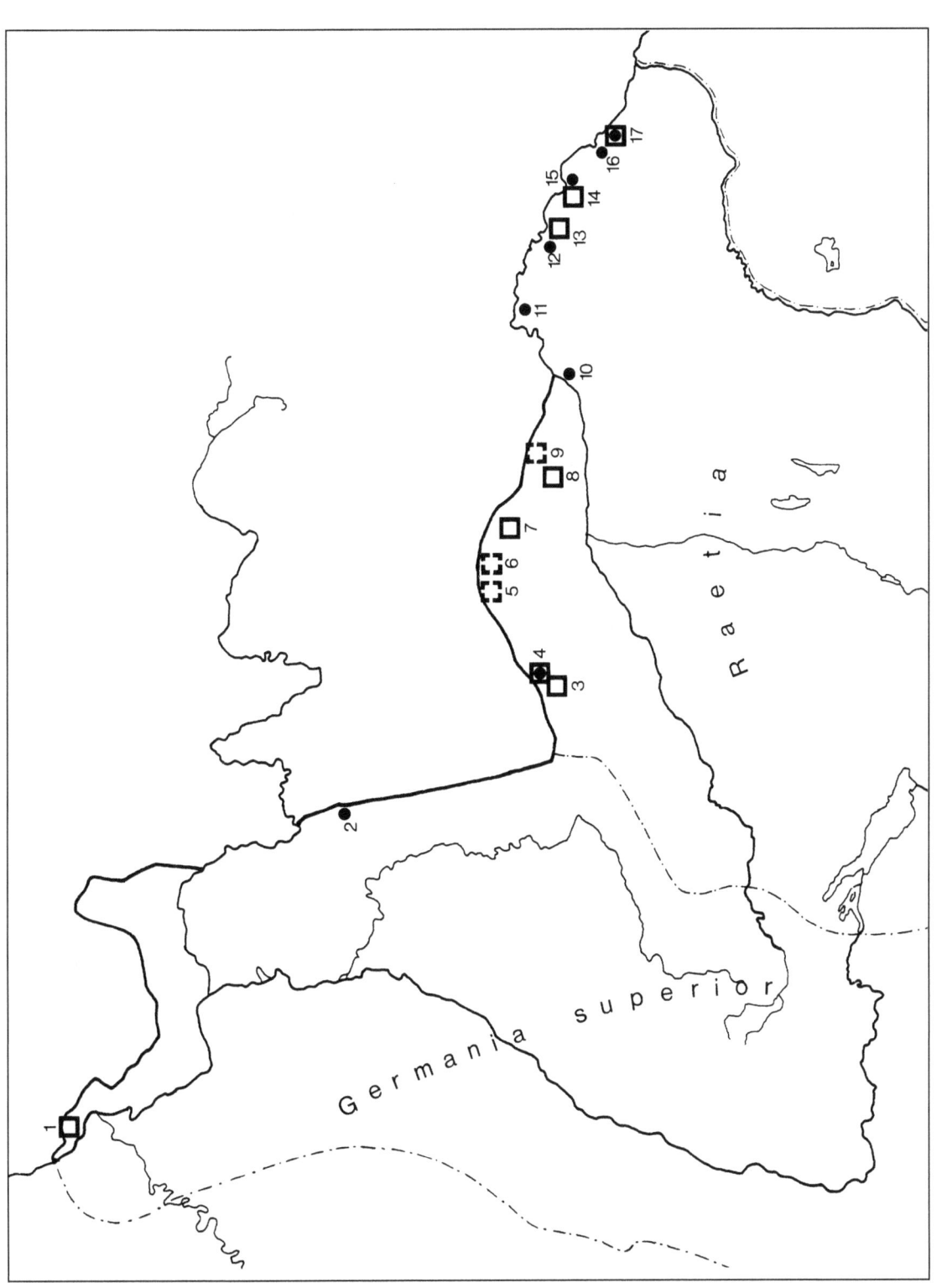

Abb. 1. Finale Brandzerstörungen in Kastellen und Metalldepots mit verbrannten Objekten in der Limeszone der Provinzen Obergermanien und Raetien. Quadrat: Brandzerstörungen. Unterbrochenes Quadrat: finale Brandzerstörung unsicher. Punkt: Metalldepot mit verbrannten Objekten. – 1 Niederbieber (ORL B 1a), 2 Walldürn (Fischer 1999, 38 Nr. 72), 3 Aalen, 4 Rainau-Buch, 5 Dambach, 6 Gunzenhausen, 7 Weißenburg, 8 Pfünz, 9 Böhming, 10 Eining, 11 Regensburg-Harting, 12 Straubing-Alburg, 13 Straubing, 14 Steinkirchen, 15 Michaelsbuch-Uttenkofen, 16 Osterhofen-Arbing, 17 Künzing (Nachweise zu den raetischen Fundorten im Text).

Man wird selbstverständlich vorsichtig sein müssen und dieses Datum keinesfalls bedenkenlos auf den gesamten raetischen Limesabschnitt übertragen dürfen. Es ist aber immerhin auffällig, wie groß insgesamt die Übereinstimmungen im Fundbild und auch in den Münzreihen am raetischen Limes – wenigstens am westraetischen Limes bis an die Donau – sind[18].

Vergleichbares scheint für diese Zeit in Obergermanien zu fehlen. Jedenfalls sucht man im archäologischen Befund vergeblich nach derart eindeutigen Zeugnissen eines gewaltsamen Besiedlungseinschnittes – mit Ausnahme der auf 260 datierbaren Zerstörung von Niederbieber. Für den Untergang dieses Kastells aber erscheinen die von Okamura und Nuber in die Diskussion gebrachten innerrömischen Auseinandersetzungen in Zusammenhang mit der Usurpation des Postumus eine tragfähige Erklärungsmöglichkeit darzustellen[19], auch wenn die scheinbaren Unterminierungsspuren an einem der Tortürme durch Baatz eine andere Erklärung gefunden haben[20].

Diese hier vorläufig einmal nur sehr grob umrissenen, regional unterschiedlichen Befundsituationen für die Spätphase des Limes gilt es zu berücksichtigen, wenn man sich der Frage nach dem Schicksal der im Limesgebiet ansässigen Bevölkerung zuwendet.

Für Raetien haben wir Grund zur Annahme, daß die Provinz durch die direkten und indirekten Auswirkungen der germanischen Raubzüge stark entvölkert war. Das trifft für das Limesgebiet genauso wie für den süddanubischen Raum zu. Als Indizien können gelten:

1. Die starken Zerstörungen in Verbindung mit zahlreichen Waffenfunden, mit denen sich kriegerische Auseinandersetzungen an vielen Orten nachweisen lassen[21] und die zwangsläufig mit Bevölkerungsverlusten verbunden gewesen sein müssen.
2. Die Iuthungen der Augsburger Inschrift[22] treiben mühevoll „tausende gefangener Italiker" *(multi milia Italorum captivorum)* über die Alpen in Richtung Heimat. Wäre dies notwendig gewesen, wenn man auch in Raetien ausreichend Gefangene hätte machen können?
3. Ab tetrarchisch-constantinischer Zeit kommt es in Raetien, aber nur noch südlich der Donau, zu einer intensiven Neuaufsiedlung[23]. Man wird darin wohl ein staatliches „Wiederaufbauprogramm" sehen müssen, das parallel lief zur systematischen Neubefestigung der Provinz an Iller und Donau. Die Neuaufsiedlung wurde nach Ausweis charakteristischer Funde u.a. mit Hilfe germanischer Gruppen und wohl auch pannonischer Bevölkerungsteile vorgenommen[24]. Auch dies spricht für einen Mangel an mobilisierbaren raetischen Provinzbewohnern.

Dennoch verblieben auch unmittelbar nach den Zerstörungen wenigstens noch einzelne Personen in den Ruinen bzw. kehrten wieder dorthin zurück. Innerhalb des Limesgebietes sind durch Ausgrabungen aus jüngerer Zeit beispielsweise in Rainau-Buch und Weißenburg[25] Spuren primitiver Besiedlung nachweisbar. Brunnen- und Kellergruben werden z.T. von Menschenhand verfüllt, vorher Brunnenverschalungen ausgebaut. Es werden Planierungen angelegt und einfache Pfostenbauten bzw. primitive Mäuerchen errichtet[26]. Charakteristisch für diese spätesten Besiedlungsphasen scheint das Recycling von Metallen zu sein[27]. Hinweise darauf, daß es sich bei diesen Bewohnern bereits um Germanen gehandelt haben könnte, fehlen.

Gleiches läßt sich an dem raetischen Donaukastellort Künzing belegen, wo aus den Ruinen des zuvor heftig umkämpften und im Brand völlig zerstörten Kastells Metallreste ausgesammelt und an verschiedenen Stellen als Materialdepots wieder vergraben wurden. Als Verbergende werden in der Literatur zumeist Germanen genannt, doch sehe ich hierfür keine stichhaltigen Argumente[28]. Ein neuer Depotfund aus Künzing zeigt inzwischen deutlich, daß es

---

18 Nur in Gnotzheim reicht die Reihe sicher verbürgter Münzen bis Gallienus (Samtherrschaft 257/258 n. Chr.: FMRD I 5 Nr. 5054,60). An den übrigen Orten schließen die Münzreihen zumeist mit Gordian III bis Aemilian, vgl. die Aufstellung von H.-J. KELLNER in: RiB 335 mit Anm. 54. Über die dort mitgeteilten Schlußmünzen hinaus führen ein Antoninian des Philippus Arabs aus Rainau-Buch (Greiner in Vorber. 46), Antoniniane des Philippus Arabs aus Dambach (Arch. Staatsslg. München, unpubl.) und ein Antoninian des Volusian aus Theilenhofen (nach Akten Arch. Münzsammlung München). Für Künzing bleibt unentschieden, ob ein Doppelsesterz des Postumus mit der mittelkaiserzeitlichen oder bereits der spätantiken Siedlungsphase zu verbinden ist (FMRD I 2 Nr. 2130,75). Zum Regensburger Raum vgl. FISCHER 1990, 29 f.
19 Vgl. Anm. 7.
20 BAATZ 1996.
21 Vgl. Anm. 15 und die auffallend zahlreichen Waffenfunde aus den raetischen Kastellen in den Fundkatalogen des ORL, z. B. ORL B 67 (Buch) 13 f. Taf. III; ORL B 72 (Weißenburg) Taf. VIII; ORL B 73 (Pfünz) Taf. XV.
22 BAKKER 1993.
23 KELLER 1971, 185 f. (noch vorsichtig im Hinblick auf die Chronologie); BENDER 1980 (zu Weßling); KELLER 1987/88, 219; FISCHER 1990, 118; 122.
24 Germanen: KELLER 1971, 175 ff.; 186; VOLPERT 1998 u. STEIDL 2000c, 261. – Pannonische (donauländische) Elemente: KELLER 1971, 174. Wenngleich der Produktionsbeginn der wohl nach donauländischem Vorbild in Raetien unvermittelt auftretenden bleiglasierten Keramik (insbes. Reibschalen) bisher erst ab der Mitte des 4. Jahrhunderts nachzuweisen ist (EBNER 1997, 153 ff.), kann doch ein früherer Beginn in der ersten Hälfte des 4. Jahrhunderts angesichts der noch schwachen Argumentationsbasis für die Chronologie dieser Keramikgattung nicht ausgeschlossen werden.
25 Rainau-Buch: GREINER 2002; DERS. in Vorber. – Weißenburg: Z. VÍSY, Bayer. Vorgeschbl. 53, 1988, 125. – Vgl auch den Befund in den Thermen von Teilenhofen: F.-R. HERRMANN in: Probleme der Zeit. Zeitschr. f. Wissenschaft, Wirtschaft und Kultur (München 1970) 31.
26 Vgl. Anm. 25.
27 Siehe die in Anm. 16 zitierten Brandauslese-Depots; GREINER in Vorber. (Eisenschlacken aus Rainau-Buch).
28 FISCHER 1991a, 169 f. mit Lit.; DERS. 1999b, 24 f.; KÜNZL 2001, 218.

offenbar Vicusbewohner waren, die nach Kämpfen und der Brandzerstörung von Gebäuden daraus stammendes Metall und aufgelesene Waffen – in diesem Fall sorgfältig zusammen mit einem unbeschädigten Kücheninventar und einem Tischservice aus Keramik und Buntmetall – im Vicus versteckten[29].

Im obergermanischen Limesgebiet stellt sich die Situation dagegen ganz anders dar. Hier läßt sich m. E. viel stärker ein langsamer Niedergangsprozeß beobachten. Wichtig ist zu betonen, daß wir in der Spätphase der Limeszeit in diesem Raum schon länger kein funktionierendes, den Verhältnissen des 2. und frühen 3. Jahrhunderts vergleichbares Gemeinwesen mehr vor uns haben:

1. Zumindest im nördlichen Obergermanien hat bereits der Germaneneinfall von 233 n. Chr. einen erheblichen Einschnitt gebracht und die Zivilbevölkerung in den Vici der Kastelle und des Hinterlandes erheblich reduziert[30]. Die Civitasverwaltung allerdings funktionierte noch bis wenigstens Ende der 40er/erste Hälfte der 50er Jahre, wie die Inschriften – insbes. die Meilensteine – bezeugen[31].
2. Neuere Ausgrabungsbefunde zeigen, daß vielfach ein starker Niedergang in der Qualität von Baumaßnahmen und Reparaturen festzustellen ist[32]. Mangelndes Können bzw. fehlende Fachkräfte oder aber die gesunkene Finanzkraft wird man als Ursachen vermuten können.
3. Das Militär wurde seit den 40er und besonders 50er Jahren verstärkt abgezogen[33].
4. Es gibt vermehrt Hinweise darauf, daß *villae rusticae* ganz oder teilweise ohne Brandzerstörung aufgelassen wurden – in der Wetterau ebenso wie im Neckarland[34].
5. Besonders zahlreich scheinen gerade in Obergermanien die Verlochungen von Steindenkmälern religiösen Charakters zu sein[35]. Sie belegen für die Spätzeit die Demontage von einstmals kulturprägender Bausubstanz. Gleichzeitig sind sie Ausdruck religiöser Umbrüche oder neuer gesellschaftsbestimmender Elemente[36]. Die Verlochungen sind in Verbindung mit Brunnen- und Kellerverfüllungen und den primitiven Bauspuren, die an fast allen Plätzen mit ausreichender Erhaltung gefunden werden[37], aber auch Anzeichen für die Fortdauer des Lebens in den römischen Anlagen. Leben, das nach Ausweis von Münzschätzen über das magische Datum von 260 hinaus weiterbestanden hat. Man denke etwa an die Schätze von Ladenburg, Büßlingen und Kißlegg[38]. Hinzu kommt eine Vielzahl von Einzelfundmünzen, deren Zusammenhang jedoch im Einzelfall gründlich zu prüfen ist[39].
6. Auf Höhen und in Höhlen gibt es Indizien für eine Nutzung als Refugien. Als Beispiel sei der Runde Berg genannt[40]. Man sollte in Zukunft ein verstärktes Augenmerk auf derartige oft nur unscheinbare Fundsammlungen in topographischen Sondersituationen richten. Wahrscheinlich würden sie sich dann rasch vermehren.
7. Im Gegensatz zu Raetien ist in Obergermanien eine deutlich stärkere germanische Komponente im Fundstoff des 3. Jahrhunderts festzustellen[41]. Dieser stärkere Anteil scheint vorwiegend chronologische Ursachen zu haben. Eine längere Besiedlungsdauer brachte hier offenbar die verstärkte Integration germanischer Gruppen im Militär, aber auch in der Bevölkerung der Vici und auf den Villen – wahrscheinlich Lückenfüller für fehlende provinzstämmige Personen.

Das sind einige Befunde, die anders als im militärisch viel stärker getroffenen Raetien für einen langsamen Niedergang der römischen Kultur im rechtsrheinischen Obergermanien sprechen. Auch hier sind kriegerische Bedrohungen vorauszusetzen, aber viel mehr scheint der zunehmende wirtschaftliche Verfall aus einem Bündel von Gründen, die hier nicht im einzelnen darzulegen sind[42], das bestimmende Moment gewesen zu sein.

Doch wie setzt sich die Entwicklung besonders hinsichtlich der Bevölkerungsfrage fort?

Es soll an dieser Stelle nicht auf das von althistorischer Seite zu diskutierende Problem einer möglicherweise offiziell vollzogenen Räumung des Limesgebietes eingegan-

---

29 Kat. Rosenheim 2000, 349 Nr. 68.
30 STEIDL 2000a, 108 ff.
31 NUBER 1990, 57; KORTÜM 1998, 58; STEIDL 2000a, 110 f. mit Lit.
32 SCHWARZ 1996, 61 ff.; KNIERRIEM 1996, 73 ff.; STEIDL 1995, 33 f.
33 STROBEL 1999 bes. 21 ff.; STEIDL 2000a, 111 ff.
34 z. B. GAUBATZ 1994, 136 ff.; NUBER 1997, 65; HÜSSEN 2000, 146 f.; LINDENTHAL im Druck.
35 FISCHER 1991b; KUHNEN 1992, 42 f. mit Lit.; 91 ff. mit Lit.; WIEGELS 1996, 62; HÜSSEN 2000, 72.
36 Zu Veränderungen von Mentalität und Leitbildern im 3. und 4. Jahrhundert vgl. GALSTERER 1996, 50 f.
37 Besonders deutlich und gut erhalten sind diese Bauspuren in den Taunuskastellen (einige Belege bei STEIDL 2000a, 9 mit Anm. 45 u. 46). – Siehe auch SOMMER 1988, 306. – Planmäßige Kellerverfüllungen z. B. KAISER/SOMMER 1994, 403.
38 Ladenburg: HEUKEMES 1981, 458 mit Anm. 19; Büßlingen: HEILIGMANN-BATSCH 1997, 53 ff.; Kißlegg: FMRD II 3 Nr. 3338.
39 Wie die Münzfunde beispielsweise aus den ländlichen Siedlungen von Wurmlingen, Kr. Tuttlingen und Bietigheim, Lkr. Ludwigsburg zeigen, bedarf es gut beobachteter, neuerer Ausgrabungen, um entscheiden zu können, inwieweit „späte" Münzen noch dem römischen Fundkontext zuzuweisen sind, oder bereits in eine anschließende germanische Siedlungsphase gehören, wie sie häufiger im Bereich oder Umfeld der römischen Plätze festzustellen ist. – Wurmlingen: REUTER 2000, 195; Bietigheim: BALLE 2000, 183 f.
40 Runder Berg bei Urach: STEIDL 2000a, 132 Anm. 1009. Bereits in der Provinz Raetien liegen die Höhlen der Schwäbischen Alb und des Rieses. Obwohl dort auch älteres römisches Fundmaterial geborgen wurde, scheint ein großer Fundanteil doch erst dem 3. Jahrhundert anzugehören, was eine Nutzung der Höhlen u. a. als Refugien möglich erscheinen läßt. Eine detaillierte Analyse steht noch aus. Zu den Höhlen vgl. WEHRBERGER 1996; PFAHL 1999, 118 f.
41 STEIDL 1999, 134; DERS. 2000a, 122 ff. Abb. 17 f. mit Liste 8 (S. 143).
42 Vgl. KUHNEN 1992; GALSTERER 1996, 49; STEIDL 2000b. – In diesem Sinne und angesichts gegenteiliger Befunde nicht etwa als Hinweis auf eine Entvölkerung ist der von K. Kortüm dargestellte Abbruch des geregelten Münzumlaufs in Obergermanien ab Anfang der fünfziger Jahre zu werten: KORTÜM 1996; DERS. 1998, 45 ff.; 58 ff.

gen werden, also einer Verlegung oder Aufgabe des Territoriums, geordnetem Abzug des Verwaltungsapparates und des Militärs[43]. Der Blick sei vielmehr weiterhin auf die archäologischen Quellen gerichtet. Damit komme ich wieder auf die bereits angeführte Arbeit von Stribrny zurück.

In den 80er oder 90er Jahren setzt im ehemaligen obergermanischen Limesgebiet ein merklicher Zustrom an Kupfermünzen ein, der in constantinischer Zeit seinen Höhepunkt erreicht und kurz nach der Mitte des 4. Jahrhunderts stark absackt. Stribrny interpretierte den schwerpunktmäßig auf bestimmte Räume beschränkten Umlauf als Niederschlag einer von Germanen verstärkten römischen Miliz, die – in ehemaligen Kastellen oder in verstreuten Siedlungen entlang von Straßen ansässig – für eine staatlich initiierte Territorialverteidigung gesorgt hätte[44].

In der Diskussion um die These Stribrnys ist zunächst einmal festzuhalten, daß ein gewisser Teil der Münzen offenbar doch nicht bodenecht ist, was bereits verschiedentlich vermutet worden ist. So schrumpft beispielsweise der von Stribrny kartierte markante Schwerpunkt Friedberg im Zentrum der Wetterau bei kritischer Prüfung von 94 auf nur noch zwei Münzen mit gesicherter Fundortangabe zusammen. Vergleichbares konnte K. Kortüm im Falle von Pforzheim aufzeigen[45].

Zu berücksichtigen sind in viel stärkerem Maße auch die Kontexte, aus denen die Funde spätrömischer Münzen stammen. Das war Stribrny beim damaligen Quellenbestand, der sich weitgehend aus Altfunden zusammensetzte, nur eingeschränkt möglich. Neufunde zeigen nun, daß sie in Siedlungszusammenhängen gehören, deren Charakter eindeutig germanisch, d.h. nach der literarischen Überlieferung alamannisch ist[46]. Die Kartierung Stribrnys gibt demzufolge keine Rückzugsgebiete *römischer* Bevölkerungsgruppen an, sondern Ballungsräume der *germanischen* Aufsiedlung des Landes in der ersten Hälfte des 4. Jahrhunderts. Und es überrascht nicht, wenn es sich dabei gerade um die landwirtschaftlich ertragreichsten Landstriche – beispielsweise die Wetterau, den Rheingau und das Neckarland – handelt.

Auch eine weitere Beobachtung spricht gegen Stribrnys Interpretation: Sein Kartierungsausschnitt umfaßt nur das ehemalige Limesgebiet. In einer Nebenkarte[47] soll die scheinbare Fundarmut an gleichzeitigen Münzen im germanischen Raum jenseits der alten Limeslinie illustriert werden *(Abb. 2 A)*. Damit will Stribrny für das Limesgebiet Germanen als Träger des Münzumlaufs ausschließen. Die Kartierung spiegelt jedoch den veralteten Stand der publizierten FMRD-Bände für Ober- und Unterfranken wieder[48]. Tatsächlich sind constantinische Münzen in Mainfranken keine Seltenheit *(Abb. 2 B)*[49], genausowenig wie in dem von Stribrny gleichfalls nicht berücksichtigten germanischen Nordwestdeutschland, besonders Westfalen[50]. Beide Siedlungsregionen haben nur während der augusteischen Offensiven um Christi Geburt kurzzeitig unter römischer Herrschaft gestanden. Ihre spätere Entwicklung basiert allein auf germanischer Grundlage. Constantinische Münzen – selbst in großer Zahl – sind also nicht dazu geeignet, römische Bevölkerungsteile nachzuweisen.

Was bleibt dann aber übrig? Gibt es überhaupt Indizien für den Verbleib ehemaliger Provinzbewohner im Rechtsrheinischen? Ich denke schon, aber die Spuren sind noch spärlich.

Das gegenwärtig wichtigste Indiz scheint mir die inzwischen belegbare Verwendung und sogar Herstellung von sog. *„minimi radiati"* zu sein – Nachprägungen auf Antoniniane der Gallischen Kaiser aus den siebziger und (m. E.) vor allem den achtziger Jahren des 3. Jahrhunderts. Die Herstellung kann in der Wetterau auf dem Siedlungsplatz Echzell „Heinrichswiese" sicher und in Bad Nauheim mit einiger Wahrscheinlichkeit nachgewiesen werden[51]. Im Neckarraum gibt es Hinweise aus der Siedlung von Bietigheim[52]. Alle diese Plätze tragen insgesamt zwar germanischen Charakter. Wichtig aber ist die Beobachtung, daß dieses Inflationsgeld in den Münzspektren des rein germanischen Siedlungsraumes – beispielsweise Mainfrankens – nur eine sehr geringe Rolle spielt[53].

Die Verwendung – und noch mehr die Herstellung solchen Geldes setzt Münzwirtschaft voraus, die in diesem Fall sogar im Gleichtakt mit der inflationären Entwicklung im Linksrheinischen lief. Für eine Münzwirtschaft braucht es aber Kontinuitätsträger, die im Gebrauch von Geld geübt waren. Im rein germanischen Raum finden wir sie nicht. Ich sehe dort keine Anzeichen für einen geregelten Münzumlauf[54].

---

43 HIND 1984; FELLMANN in: RiS 82; JEHNE 1996, 204; STEIDL 2000a, 120 f.
44 STRIBRNY 1989 bes. 436.
45 Friedberg: STEIDL 2000a, 21; 243 ff. Kat.Nrn. 69–70; Pforzheim: KORTÜM 1998, 59 Anm. 246.
46 Vgl. die in Anm. 39 genannte Lit. Ferner: STRIBRNY 1992; G. WIELAND, Arch. Ausgr. Baden-Württemb. 1996, 202 (Hermaringen, Kr. Heidenheim); STEIDL 2000a bes. 186 Kat.Nr. 27; SCHULTZE 2002, bes. 203 (Münzliste Beitr. WIGG).
47 STRIBRNY 1989, 372 Abb. 3.
48 FMRD I 4 (Oberfranken); FMRD I 6 (Unterfranken).
49 Der Kartierung *Abb. 2 B* liegt eine Aufnahme der Münzfunde durch den Verf. zugrunde, die im Rahmen des „Corpus römischer Funde im europäischen Barbaricum" vorgelegt werden soll. Ein Fundnachweis kann an dieser Stelle nicht erfolgen.
50 KORZUS 1970; BERGER 1992; HALPAAP 1994, 213 ff.
51 STEIDL 2000a, 22 ff. mit Anm. 119.
52 BALLE 2000, 184 f.
53 Unter gegenwärtig 107 erfaßten Münzen Unterfrankens mit Prägedatum nach 260 n. Chr. (ohne Schatzfunde) sind nur sieben barbarisierte Nachprägungen auf Antoniniane Gallischer Kaiser und des Claudius II enthalten. Vgl. demgegenüber die Zahlenverhältnisse in der Siedlung von Echzell „Heinrichswiese" in der Wetterau (STEIDL 2000a, 186 f. Kat.Nr. 27). Hinzu kommt, daß einzeln gefundene *minimi radiati* auch aus späteren Zusammenhängen stammen könnten, wie ein 1993 geborgenes, mit Honorius/Arcadius schließendes Münzdepot von knapp 1000 AE IV-Münzen aus dem unterfränkischen Zell a. Main zeigt, das einzelne, im Gewicht den Prägungen der Zeit um 400 entsprechende Minimi des 3. und auch des 4. Jahrhunderts enthält (unpubl.).
54 Die Münzfunde aus den mainfränkischen Germanensiedlungen (vgl. Anm. 49) zeigen ein auffallend heterogenes Bild. Keine Reihe ist mit der eines anderen Platzes vergleichbar; stets stechen bestimmte Nominale oder einzelne Kaiser markant hervor, während ein benachbarter Platz sich völlig anders darstellt. Man ge-

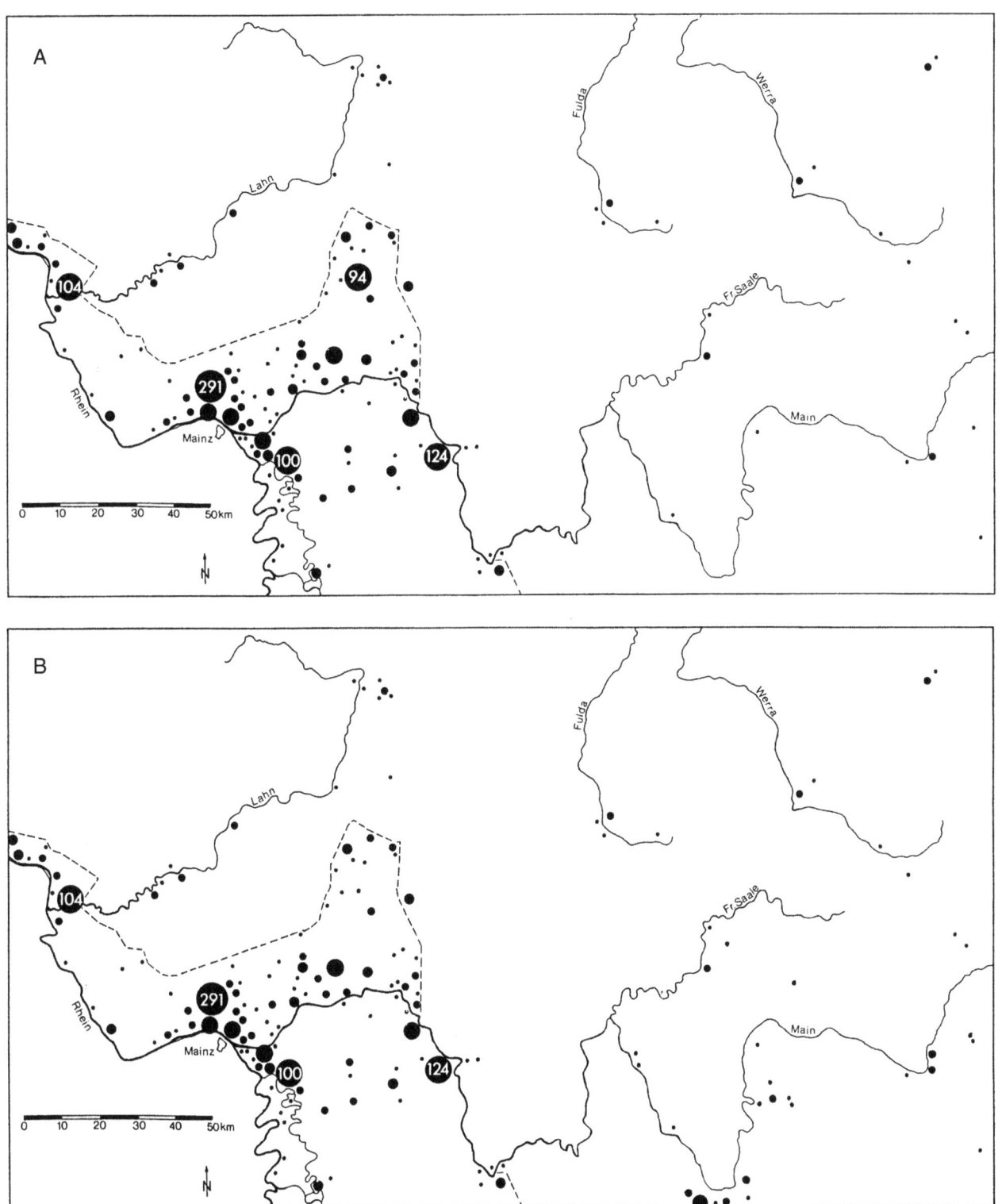

Abb. 2. Nördliches rechtsrheinisches Obergermanien und anschließende Gebiete der Germania Magna. Spätrömische Einzelfundmünzen (260 bis 408 n. Chr.). A: nach Stribrny. B: mit Ergänzungen für Mainfranken und Korrektur des Fundplatzes Friedberg im Zentrum der Wetterau.

Zwei andere Fundgruppen sind mir aufgefallen, die ebenfalls gewisse Hinweise auf eine Bevölkerungskontinuität im Limesgebiet geben können:

◆ Die Verwendung von Reibschalen in der ersten Hälfte des 4. Jahrhunderts ist – jedenfalls in der Wetterau – offenbar häufiger als zur gleichen Zeit jenseits der alten Limeslinie. Andere Keramikformen aus linksrheinischen Werkstätten – z. B. Terra nigra-Schalen – haben demgegenüber in grossen Stückzahlen Abnehmer beiderseits des ehemaligen Limes gefunden[55].

◆ Als zweite Fundgruppe möchte ich ganz gewöhnliche Eisennägel anführen. Die Verwendung von Nägeln scheint im translimitanen Bereich weder in der mittleren Kaiserzeit, noch in spätrömischer Zeit (4. Jh.) eine Rolle zu spielen[56]. In den wenigen bisher vorliegenden Fundkomplexen des 4. Jahrhunderts diesseits des Limes treten sie aber auf[57]. Reibschalen und Nägel können vorerst nur als Indizien für Bevölkerungskontinuität dienen. Der Forschungsstand ist noch zu schlecht, um wirklich gesicherte Aussagen zuzulassen. Natürlich wird man diese möglichen Kontinuitätsindikatoren auch immer vor dem Hintergrund einer Neubeeinflussung der grenznah lebenden Germanen durch Impulse aus den spätrömischen Provinzen diskutieren müssen.

Besonders wichtig ist mir aber hervorzuheben, daß wir Münznachprägungen, Reibschalen und Nägel von Fundstellen kennen, deren Gesamtcharakter germanisch-alamannisch ist. Das bedeutet, die postulierten Kontinuitätsträger sind Bestandteil einer germanischen oder germanisch dominierten Gesellschaft, aus der sie sich bisher nicht weiter herausfiltern lassen. Mir scheint es deshalb nicht unmöglich, daß als Vermittler römischer Zivilisationselemente an die spätere alamannische Bevölkerung gerade auch jene Germanen in Betracht zu ziehen sind, die sich bevorzugt in Obergermanien schon zur späten Limeszeit in der Provinz nachweisen lassen. Vielleicht hat man sich den Übergang vom römischen Provinzterritorium zum alamannischen Siedlungsgebiet ohnehin als eine allmähliche Verstärkung des germanischen Populationsanteils infolge stetiger Zuwanderung vorzustellen, während gleichzeitig eine Abnahme des gallo-römischen Bevölkerungsteils durch Abwanderung – bes. der staatstragenden Nobilität –, durch Hunger und durch militärisch bedingte Dezimierung bzw. Verschleppung stattfand.

Zusammenfassend möchte ich folgenden Entwurf machen:

Im Gegensatz zu Obergermanien war Raetien schon früh, d.h. in den fünfziger Jahren des 3. Jahrhunderts von heftigen germanischen Übergriffen betroffen, die zumindest größere Teile der Provinz in Schutt und Asche legten und das bis dahin wohl noch verhältnismäßig geordnet funktionierende Leben jäh zusammenbrechen ließen. Die Germanengefahr blieb bis an das Jahrhundertende ein permanentes Problem. In den Ruinen setzte sich kärgliches Leben für eine gewisse, aber unbekannte Zeit fort und scheint dann zu Erlöschen.

Im rechtsrheinischen Obergermanien, das aufgrund seiner Größe in den verschiedenen Räumen sicherlich auch unterschiedliche Entwicklungen genommen haben wird, die noch herauszuarbeiten wären (man denke auch an jene Räume, die wohl permanent unter römischer Hoheit verbleiben wie etwa Wiesbaden[58]) ist in der Tendenz doch eher ein langsamer Niedergangsprozeß zu beobachten. Das Problem germanischer Überfälle war hier sicherlich auch vorhanden, scheint aber nicht so sehr im Vordergrund gestanden zu haben. Die Wurzeln des Verfalls sind in Obergermanien offenbar besonders in einer Störung des Wirtschaftsgefüges zu suchen, die ganz unterschiedliche Ursachen haben mag, wovon die Truppenabzüge sicherlich einen wesentlichen Faktor darstellen. Ein ganz wichtiges Moment ist m. E. die verstärkte Integration von Germanen in die Gesellschaft des Limesgebietes.

Es macht den Eindruck, als liefe das bescheidene Leben in den römischen Anlagen irgendwann in der zweiten Hälfte des 3. Jahrhunderts ohne erkennbare Zäsur allmählich aus. Indizien für Bevölkerungskontinuität oder zumindest Vertrautheit mit römischen Kulturerrungenschaften liegen vor, stammen aber aus Siedlungen germanischen Charakters. Das könnte man sich so erklären, daß entweder Reste der gallorömischen Bevölkerung in germanischen Neusiedlergruppen aufgingen, oder aber, daß vor Ort verbliebene Germanen der späten Limeszeit als Kontinuitätsträger den Kristallisationskern der neu entstehenden alamannischen *gentes* bildeten.

---

winnt den Eindruck, die Münzreihen seien jeweils von Einzelereignissen geprägt und entstammten nicht einem allgemeinen Umlauf in der Region.

55 Zu spätrömischen Reibschalen in der Wetterau: STEIDL 2000a, 73; 80 f. 83 f. – Unter den zahlreichen römischen Keramikfunden Mainfrankens sind dem Verf. aus spätrömischer Zeit bisher nur eine bleiglasierte Reibschale aus Baldersheim, Lkr. Würzburg sowie eine möglicherweise spätrömische Reibschalenrandscherbe aus Frankenwinheim, Lkr. Schweinfurt (beide unpubl.) bekannt geworden. – Zur Herstellung von Reibschalen im letzten Drittel des 3. Jahrhunderts in Thüringen und Mainfranken und deren Interpretation: STEIDL 2002.

56 Ausnahmen sind Nägel zur Befestigung von Schildbuckeln oder zur Fixierung von metallenen Kästchenbeschlägen. Die Vorkommen von Nägeln in der Töpfersiedlung von Haarhausen (DUŠEK 1992B) sind nicht eindeutig zu beurteilen, weil unter den publizierten Funden auch einzelne nachrömische Funde enthalten sind. Auch zwei der abgebildeten Nägel stammen ihrem rechteckigen Schaftquerschnitt zufolge zweifellos aus nachrömischer Zeit (ebd. Abb. 30,8; 32,6).

57 STEIDL 2000a, 269 (Reichelsheim, Grab 4); Taf. 60, 82 A.1 (Hanau-Mittelbuchen); Taf. 70, 113 A.8 (Reichelsheim-Beienheim); SCHULTZE 2002, Taf. 17,2–16.

58 SCHULTZE 2002, 10 ff.

Literaturverzeichnis

BAATZ 1996
D. BAATZ, Cuniculus – Zur Technik der Unterminierung antiker Wehrbauten. In: Schallmayer 1996, 84–89.

BAKKER 1992
L. BAKKER, Das Siegesdenkmal zur Juthungenschlacht des Jahres 260 n. Chr. aus Augusta Vindelicum. Arch. Jahr Bayern 1992, 116–119.

BAKKER 1993
L. BAKKER, Raetien unter Postumus – Das Siegesdenkmal einer Juthungenschlacht im Jahre 260 n. Chr. aus Augsburg. Germania 71, 1993, 369–386.

BALLE 2000
G. BALLE, Germanische Gefäßkeramik aus der frühalamannischen Siedlung von Bietigheim „Weilerlen". In: S. Biegert et al. (Hrsg.), Beiträge zur germanischen Keramik zwischen Donau u. Teutoburger Wald. Kolloquium zur germanischen Keramik des 1.–5. Jahrhunderts 17.–18. April 1998 Frankfurt a. M. Koll. Vor- u. Frühgesch. 4 (Bonn 2000) 183–193.

BENDER 1989
H. BENDER, Die spätrömische Siedlung Weßling-Frauenwiese, Ldkr. Starnberg, Oberbayern. Arch. Jahr Bayern 1980, 146–147.

BERGER 1992
F. BERGER, Untersuchungen zu römerzeitlichen Münzfunden in Nordwestdeutschland. SFMA 9 (Berlin 1992).

DUŠEK 1992B
S. DUŠEK, Römische Handwerker im germanischen Thüringen. Ergebnisse der Ausgrabungen in Haarhausen, Kreis Arnstadt. Teil B: Fundbericht. Weimarer Monogr. Ur- u. Frühgesch. 27 (Stuttgart 1992).

EBNER 1997
D. EBNER, Die spätrömische Töpferei und Ziegelei von Friedberg-Stätzling, Lkr. Aichach-Freidberg. Bayer. Vorgeschbl. 62, 1997, 115–219.

FISCHER 1990
TH. FISCHER, Das Umland des römischen Regensburg. Münchner Beitr. Vor- u. Frühgesch. 42 (München 1990).

FISCHER 1991a
TH. FISCHER, Zwei neue Metallsammelfunde aus Künzing/Quintana (Lkr. Deggendorf, Niederbayern). In: SPURENSUCHE. Festschr. H.-J. Kellner zum 70. Geburtstag. Kat. Prähist. Staatsslg., Beih. 3 (Kallmünz/Opf. 1991) 125–175.

FISCHER 1991b
F. FISCHER, Schicksale antiker Kultdenkmäler in Obergermanien und Raetien. In: 4. Heidenheimer Archäologie-Colloquium ‚Leben und Umwelt im Neolithikum', 8. September 1989 (Heidenheim 1991) 29–45.

FISCHER 1999a
TH. FISCHER, Die Römer in Deutschland (Stuttgart 1999).

FISCHER 1999b
TH. FISCHER, Materialhorte des 3. Jhs. in den römischen Grenzprovinzen zwischen Niedergermanien und Noricum. In: Das mitteleuropäische Barbaricum und die Krise des römischen Weltreiches im 3. Jahrhundert. Spisy Arch. Ùstavu AV CR Brno 12 (Brno 1999) 19–50.

GALSTERER 1996
H. GALSTERER, Barbareninvasionen und ihre Folgen. In: Akten 3. Internat. Koll. Probleme provinzialröm. Kunstschaffen (Köln, Bonn 1996) 45–51.

GAUBATZ 1994
A. GAUBATZ, Die Villa rustica von Bondorf. Forsch. u. Ber. Vor- u. Frühgesch. Baden-Württemberg 51 (Stuttgart 1994).

GREINER 2002
B. A. GREINER, Der Kastellvicus von Rainau-Buch: Siedlungsgeschichte und Korrektur dendrochronologischer Daten. In: L. Wamser (Hrsg.), Neue Forschungen zur römischen Besiedlung zwischen Oberrhein und Enns. Kolloquium Rosenheim 14.–16. Juni 2000 (Remshalden 2002) 83–90.

GREINER in Vorber.
B. A. GREINER, Der römische Kastellvicus von Rainau-Buch im Ostalbkreis. Die Archäologischen Ausgrabungen von 1976 bis 1979 (Diss. Univ. Freiburg i. Br. 1999; in Druckvorber.).

HALPAAP 1994
R. HALPAAP, Der Siedlungsplatz Soest-Ardey. Bodenalt. Westfalen 30 (Mainz 1994).

HEILIGMANN-BATSCH 1997
K. HEILIGMANN-BATSCH, Der römische Gutshof bei Büßlingen, Kr. Konstanz. Forsch. u. Ber. Vor- u. Frühgesch. Baden-Württemberg 65 (Stuttgart 1997).

HEUKEMES 1981
B. HEUKEMES, Der spätrömische Burgus von Lopodunum-Ladenburg am Neckar. Fundber. Baden-Württemb. 6, 1981, 433–473.

HIND 1994
J. G. F. HIND, Whatever happend to the Agri Decumates? Britannia 15, 1984, 187–192.

HÜSSEN 2000
C.-M. HÜSSEN, Die römische Besiedlung im Umland von Heilbronn. Forsch. u. Ber. Vor- u. Frühgesch. Baden-Württemberg 78 (Stuttgart 2000).

JEHNE 1996
M. JEHNE, Überlegungen zur Chronologie der Jahre 259 bis 261 n. Chr. im Lichte der neuen Postumus-Inschrift aus Augsburg. Bayer. Vorgeschbl. 61, 1996, 185–206.

KAISER/SOMMER 1994
H. KAISER/C. S. SOMMER, Lopodunum I. Die römischen Befunde der Ausgrabung an der Kellerei in Ladenburg 1981-1985 und 1990. Forsch. u. Ber. Vor- u. Frühgesch. Baden-Württemberg 50 (Stuttgart 1994).

Kat. Rosenheim 2000
L. WAMSER (Hrsg.), Die Römer zwischen Alpen und Nordmeer: Zivilisatorisches Erbe einer europäischen Militärmacht. Katalog-Handbuch zur Ausstellung in Rosenheim 2000. Schriftenr. Arch. Staatsslg. 3 (München 2000).

KELLER 1971
E. KELLER, Die spätrömischen Grabfunde in Südbayern. Münchner Beitr. Vor- u. Frühgesch. 14 (München 1971).

KELLER 1987/88
E. KELLER, Das spätrömische Gräberfeld von Kirchheim bei München, Lkr. München. Ber. Bayer. Bodendenkmalpfl. 28/29, 1987/88, 216–229.

KNIERRIEM 1996
P. M. KNIERRIEM, Civitas Aurelia Aquensis – Entwicklung, Stagnation und Reduktion eines Verwaltungsbezirkes. In: SCHALLMAYER 1996, 69–75.

KORTÜM 1996
K. KORTÜM, Das Ende rechtsrheinischer Kastellplätze und ziviler Siedlungen aufgrund der Münzfunde. In: SCHALLMAYER 1996, 38–44.

KORTÜM 1998
K. KORTÜM, Zur Datierung der römischen Militäranlagen im obergermanisch-rätischen Limesgebiet. Saalburg-Jahrb. 49, 1998, 5–65.

KORZUS 1970
B. KORZUS in: H. Beck (Hrsg.), Spätkaiserzeitliche Funde in Westfalen. Bodenalt. Westfalen 12 (Münster 1970) 1–21.

KOS 1995
P. KOS, *Sub principe Gallieno ... amissa Raetia?* Numismatische Quellen zum Datum 259/260 n. Chr. in Raetien. Germania 73, 1995, 131–144.

KÜNZL 2001
E. KÜNZL, Hortfundhorizonte. In: Rom und seine Provinzen. Gedenkschr. H. Gabelmann. Bonner Jahrb., Beih. 53 (Mainz 2001) 215–220.

KUHNEN 1992
H.-P. KUHNEN (Hrsg.), Gestürmt – Geräumt – Vergessen? Der Limesfall und das Ende der Römerherrschaft in Südwestdeutschland. Begleitbd. Sonderausst. Limesmus. Aalen 1992. Württemberg. Landesmus. Stuttgart, Arch. Slg. Führer u. Bestandskat. 2 (Stuttgart 1992).

LINDENTHAL im Druck
J. LINDENTHAL, Die ländliche Besiedlung der nördlichen Wetterau in römischer Zeit (Diss. Univ. Freiburg i. Br. 1997, im Druck).

MACKENSEN 1994
M. MACKENSEN, Das Kastell Caelius Mons (Kellmünz an der Iller) – eine tetrarchische Festungsbaumaßnahme in der Provinz Raetien. Arh. Vestnik 45, 1994, 145–163.

MACKENSEN 1995
DERS., Das spätrömische Grenzkastell Caelius Mons-Kellmünz. Führer arch. Denkm. Bayern: Schwaben 3 (Stuttgart 1995).

NOESKE 1996
H.-C. NOESKE, Bemerkungen zu den Münzfunden aus Niederbieber. In: Schallmayer 1996, 45–52.

NUBER 1990
H. U. NUBER, Das Ende des Obergermanisch-Raetischen Limes – eine Forschungsaufgabe. In: H. U. Nuber/K. Schmid/H. Steuer/Th. Zotz (Hrsg.), Archäologie und Geschichte des ersten Jahrtausends in Südwestdeutschland. Freiburger Forschungen zum ersten Jahrtausend in Südwestdeutschland 1 (Sigmaringen 1990) 51–68.

NUBER 1993
DERS., Der Verlust der obergermanisch-raetischen Limesgebiete und die Grenzsicherung bis zum Ende des 3. Jahrhunderts. In: L'armée romaine et les barbares du III ͤ au VII ͤ siècle. Actes Coll. Internat. Saint-Germain-en-Laye 1990 (Condé-sur-Noireau 1993) 101–108.

NUBER 1997
DERS., Zeitenwende rechts des Rheins. Rom und die Alamannen. In: Die Alamannen. Ausstellungskat. (Stuttgart 1997) 59–68.

OKAMURA 1984
L. OKAMURA, Alamannia Devicta: Roman-German Conflicts from Caracalla to the First Tetrarchy (A.D. 213–305). (Ann Arbor, Michigan 1984).

PFAHL 1999
ST. F. PFAHL, Die römische und frühalamannische Besiedlung zwischen Donau, Brenz und Nau. Materialh. Arch. Baden-Württemberg 48 (Stuttgart 1999).

PLANCK 1986
D. PLANCK, Untersuchungen im Alenkastell Aalen, Ostalbkreis. In: Studien zu den Militärgrenzen Roms III. Forsch. u. Ber. Vor- u. Frühgesch. Baden-Württemberg 20 (Stuttgart 1986) 247–255.

PRAMMER 1989
J. PRAMMER, Das römische Straubing. Ausgrabungen – Schatzfund – Gäubodenmuseum. Bayer. Mus. 11 (München, Zürich 1989).

REINECKE 1930
P. REINECKE, Ein neues Kastell an der raetischen Donaugrenze (Steinkirchen, Bez.-A. Deggendorf). Germania 14, 1930, 197–205.

REUTER 2000
M. REUTER, Gefäßtypen germanischer Keramik aus einem Grubenhaus der Stufe C2 in Wurmlingen, Kr. Tuttlingen. In: S. Biegert et al. (Hrsg.), Beiträge zur germanischen Keramik zwischen Donau u. Teutoburger Wald. Kolloquium zur germanischen Keramik des 1.–5. Jahrhunderts 17.–18. April 1998 Frankfurt a. M. Koll. Vor- u. Frühgesch. 4 (Bonn 2000) 195–201.

RiB
W. CZYSZ/K. DIETZ/TH. FISCHER/H.-J. KELLNER (Hrsg.), Die Römer in Bayern (Stuttgart 1995).

RiS
W. DRACK/R. FELLMANN, Die Römer in der Schweiz (Stuttgart, Jona SG 1988).

RITTERLING 1901
E. RITTERLING, Zwei Münzfunde aus Niederbieber. Bonner Jahrb. 107, 1901, 95–131.

SCHALLMAYER 1996
E. SCHALLMAYER (Hrsg.), Niederbieber, Postumus und der Limesfall. Stationen eines politischen Prozesses. Bericht des ersten Saalburg-Kolloquiums. Saalburg-Schr. 3 (Bad Homburg v.d.H. 1996).

SCHLEIERMACHER 1951
W. SCHLEIERMACHER, Der obergermanische Limes und spätrömische Wehranlagen am Rhein. Ber. RGK 33, 1943–50 (1951), 133–184.

V. SCHNURBEIN 1992
S. VON SCHNURBEIN, Perspektiven der Limesforschung. In: Der römische Limes in Deutschland. Arch. Deutschland, Sonderh. 1992 (Stuttgart 1992) 71–88.

SCHÖNBERGER 1975
H. SCHÖNBERGER, Kastell Künzing-Quintana. Die Grabungen von 1958 bis 1966. Limesforschungen 13 (Berlin 1975).

SCHULTZE 2002
J. SCHULTZE, Der spätrömische Siedlungsplatz von Wiesbaden-Breckenheim. Eine kulturgeschichtliche Interpretation aufgrund der nichtkeramischen Funde. Kl. Schr. Vorgesch. Sem. Philipps-Univ. Marburg 53 (Marburg 2002).

SCHWARZ 1996
P.-A. SCHWARZ, Zur Spätzeit von Augusta Raurica. In: Schallmayer 1996, 60–68.

SOMMER 1988
C. S. SOMMER, Die römischen Zivilsiedlungen in Südwestdeutschland. In: D. Planck (Hrsg.), Archäologie in Württemberg (Stuttgart 1988) 281–307.

STEIDL 1995
B. STEIDL, Die Krise des 3. Jahrhunderts am Beispiel ausgewählter Befunde: Kastellort Echzell. In: E. Schallmayer (Hrsg.), Der Augsburger Siegesaltar. Zeugnis einer unruhigen Zeit. Saalburg-Schr. 2 (Bad Homburg v.d.H. 1995) 27–35.

STEIDL 1999
DERS., Eine germanische Fibel aus dem Vicus des Kastells Dambach. In: DEDICATIO. Festschr. H. Dannheimer. Kat. Prähist. Staatsslg., Beih. 5 (Kallmünz/Opf. 1999) 128–139.

STEIDL 2000a
DERS., Die Wetterau vom 3. bis 5. Jahrhundert n. Chr. Mat. Vor- u. Frühgesch. Hessen 22 (Wiesbaden 2000).

STEIDL 2000b
DERS., Der Verlust der obergermanisch-raetischen Limesgebiete. In: Kat. Rosenheim 75–79.

STEIDL 2000c
DERS., Funde aus einem spätrömischen Körpergräberfeld. Archäologische Staatssammlung München – Museum für Vor- und Frühgeschichte (Erwerbungsbericht). Münchner Jahrb. Bild. Kunst, 3. Folge 51 (München 2000) 261.

STEIDL 2002
DERS., Lokale Drehscheibenkeramik römischer Formgebung aus dem germanischen Mainfranken. Bayer. Vorgeschbl. 67, 2002, 87–115.

STRIBRNY 1989
K. STRIBRNY, Römer rechts des Rheins nach 260 n. Chr. Ber. RGK 70, 1989, 351–505.

STRIBRNY 1992
DERS., Der Folles-Minimi-Schatzfund aus dem spätrömischen Heidenheim an der Brenz. Fundber. Baden-Württemberg 17/1, 1992, 361-378.

STROBEL 1999
K. STROBEL, Pseudophänomene der römischen Militär- und Provinzgeschichte am Beispiel des „Falles" des obergermanisch-raetischen Limes. Neue Ansätze zu einer Geschichte der Jahrzehnte nach 253 n. Chr. an Rhein und Oberer Donau. In: N. Gudea (Hrsg.), Roman Frontier Studies XVII/1997 (Zalau 1999) 9–33.

UNRUH 1992
F. UNRUH, Aus heutiger Sicht: Theorien zum Ende des Limes. In: KUHNEN 1992, 16-20.

VOLPERT 1998
H.-P. VOLPERT, Das spätantike Gräberfeld von Unterbiberg, Lkr. München, Obb. Ausgrabungen und Funde in Altbayern 1995 bis 1997. Ausstellungskat. Gäubodenmus. Straubing 1998 (Straubing 1998) 155 f.

WEHRBERGER 1996
K. WEHRBERGER, Römische Funde vom Hohlenstein im Lonetal. In: Römer an Donau und Iller. Neue Forschungen und Funde. Begleitbd. Ausst. Ulm 1996 (Sigmaringen 1996) 101–109.

WIEGELS 1996
R. WIEGELS, Beobachtungen zu einem römischen Götterbildnis aus Schaafheim-Radheim (Bachgau). Der Odenwald 43, 1996, 47–77.

Bernd Steidl
Archäologische Staatssammlung
Lerchenfeldstraße 2
80538 München
Bernd.Steidl@extern.lrz-muenchen.de

KÖLN AM ÜBERGANG VON DER ANTIKE ZUM MITTELALTER IM SPIEGEL DER AUSGRABUNGSERGEBNISSE AUF DEM HEUMARKT

Marcus Trier

Die Ausgrabungen der 1990er Jahre auf dem Heumarkt in Köln haben das Wissen zur frühmittelalterlichen Geschichte der Stadt entscheidend erweitert. Die großflächigen Untersuchungen ermöglichen es, die kontroverse Diskussion der archäologischen und historischen Forschung zur Rolle der Stadt am Übergang von der Antike zum Mittelalter neu zu beleben. Auf der Grundlage dieser Ergebnisse stehen nun auch andere Befunde in der Stadt nicht mehr isoliert[1].

Forschungsgeschichte

Die ersten Untersuchungen zur frühmittelalterlichen Topographie Kölns aufgrund archäologischer Funde unternahm 1925 F. Fremersdorf, der trotz des schmalen Quellenbestands von der Siedlungskontinuität Kölns überzeugt war[2]. In der Folgezeit war es dann O. Doppelfeld, der sich für ein Fortbestehen der Stadt während der Merowingerzeit aussprach[3]. W. Lung glaubte dagegen aufgrund der Kartierung der früh- und hochmittelalterlichen Siedlungskeramik aus den Ausgrabungen bis zur Mitte der 1950er Jahre wegen der wenigen merowingerzeitlichen Funde an eine Siedlungsunterbrechung zwischen dem späten 5. Jahrhundert und den Jahren um 700[4]. H. Borger, der sich vor allem auf die Ergebnisse aus den Kölner Kirchengrabungen stützte, betonte deren Zusammenhang mit der Siedlungsentwicklung[5]. H. Steuer setzte sich mit der Kölner Stadtarchäologie wiederholt auseinander[6]. Auf der Grundlage allgemeiner Fundverbreitungskarten, von Kirchenuntersuchungen und vereinzelter *intra muros* gelegener Siedlungsbefunde ging Steuer von einem Ende der städtischen Großsiedlung Köln nach der Übernahme durch die Franken aus. Innerhalb und im Weichbild der antiken Stadt vermutete er Einzelhöfe oder Weiler mit zugehörigen Kirchen und Friedhöfen als neue Siedlungskerne. Erst in karolingischer Zeit rechnete Steuer mit einer Wiederbelebung eines urban geprägten Siedlungswesens um den Dom[7].

Schriftliche Überlieferung

Die schriftliche Quellenbasis für die ersten Jahrhunderte nach der Auflösung der römischen Provinz *Germania inferior* ist lückenhaft. Der Übergang in Köln verlief anscheinend ohne größere Zerstörungen[8]. Aus Sicht der Historiker war die Stadt seit der Mitte des 5. Jahrhunderts bis zur Eingliederung in das fränkische Reich Chlodwigs im Jahre 511 Sitz ripuarischer Kleinkönige[9]. Namentlich bekannt sind Sigibert und sein Sohn Chloderich, die Chlodwig ermorden ließ. Köln blieb als Bischofssitz – aufgrund der Schriftquellen gesichert im 4. Jahrhundert und dann wieder ab Mitte des 6. Jahrhunderts – sowie bedeutender Verkehrsknotenpunkt am Ostrand des Reiches im 6. und 7. Jahrhundert ein wichtiges Zentrum und war während der gesamten Merowingerzeit immer wieder zeitweiliger Aufenthaltsort und Residenz der merowingischen Könige. Der Stadtname erscheint bei Gregor von Tours als *Colonia* (Greg. Tur., Franc. 6,24). Gegen Ende der Merowingerzeit lag in Köln die Residenz Pippins II., dessen Witwe Plectrudis nach 714 von Köln aus die Regierungsgeschäfte führte und dort auch große Teile des Hausschatzes der Hausmeier aufbewahrte, bis sie wenige Jahre später von Karl Martell gestürzt wurde[10]. Die weitere Stadtgeschichte seit der Karolingerzeit braucht hier nicht weiter zu interessieren[11].

Die Ausgrabungen auf dem Heumarkt

Da im Norden des Heumarktes im Zentrum der Kölner Rheinstadt eine Tiefgarage geplant war, wurde 1992–1994 zunächst eine an der modernen Platzoberfläche 36×36 m große Testgrabung durchgeführt[12]. Die etwa 6000 m² umfassende Flächengrabung mit einer durchschnittlichen Schichtmäch-

---

1 Dem Thema haben sich in jüngerer Zeit mehrere Beiträge gewidmet: Päffgen/Ristow 1996; Eck/Hellenkemper/Müller 2000; Trier 2001.
2 Fremersdorf 1925 bes. 162–165.
3 Doppelfeld 1975.
4 Lung 1956.
5 Borger 1979.
6 Steuer 1987; ders. 1988.
7 Ders. 1980.
8 Claude 1988.
9 Staab 1996.
10 Zum historischen Rahmen: Ewig 1980; Brühl 1990; Eck/Hellenkemper/Müller 2001; Claude 1988; Oepen 1999.
11 Bischof 1983 bes. 10–20; Verscharen 1991; Müller 1991.
12 Zu deren Ergebnissen der Voruntersuchung: Gechter/Schütte 1995.

Kontinuitätsfragen

Abb. 1. Köln, Heumarkt. Übersichtsplan der frühmittelalterlichen Ausgrabungsbefunde.

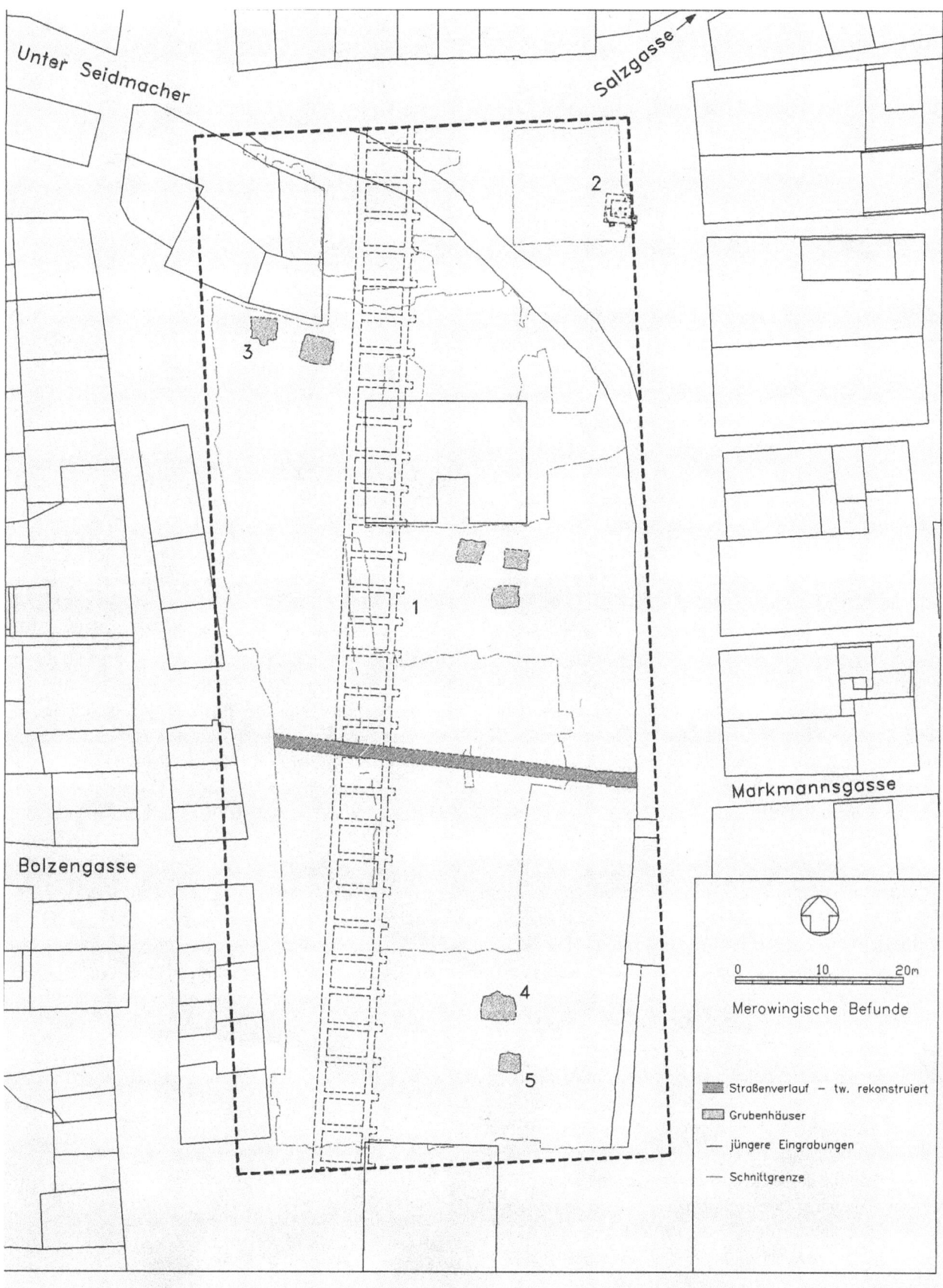

Abb. 2. Köln, Heumarkt. Das Gelände in spätantiker und merowingischer Zeit: 1 Großbau, 2 Raum mit Hypokaustanlage, 3–5 Grubenhäuser des 5./6. Jahrhunderts.

tigkeit von 5,5 m fand 1996–1998 statt[13]. Der Heumarkt war stets in öffentlichem Besitz und seit dem Mittelalter kaum überbaut, daher waren dort vor allem frühmittelalterliche Befunde besser erhalten, als dies auf privat genutzten und überwiegend dicht bebauten Parzellen in der Regel der Fall ist *(Abb. 1)*.

Der römische Rheinhafen

Die Rheinstadt lag während der älteren römischen Kaiserzeit auf einer der hochwassersicheren Niederterrasse vorgelagerten Insel[14]. Bereits vor der Gründung der *Colonia Claudia Ara Agrippinensium* (CCAA) im Jahre 50 n.Chr. wurde die etwa 60 m breite Nebenrinne des Rheins als Hafen genutzt. Bei dieser Hafennutzung blieb es zumindest bis zur ersten Hälfte des 2. Jahrhunderts n.Chr., denn noch im letzten Jahrzehnt des 1. nachchristlichen Jahrhunderts wurde eine aufwendig konstruierte hölzerne Kaianlage unmittelbar vor der Stadtmauer errichtet. Die Kaianlage konnte zwischen 1979 und 1981 in der Baugrube des Museums Ludwig auf etwa 60 m Länge freigelegt werden; die erhaltenen Althölzer wurden dendrochronologisch auf 94±5 Jahre datiert[15]. Die Schlickschichten, durch welche die Eichenholzpfähle der Kaianlage bis in die darunter liegenden natürlichen kiesigen und sandigen Ablagerungen getrieben worden waren, enthielten Funde des frühen 1. Jahrhunderts n.Chr., die auch an anderen Stellen innerhalb des Hafenbeckens beobachtet und einer frühen systematischen Verfüllung des Hafens zugeschrieben wurden[16]. Es handelt sich jedoch um Funde aus den unteren Ablagerungen im Hafenbecken, die sich während der Nutzung des Hafens vor der Gründung der römischen Kolonie angesammelt haben.

Wann die Verfüllung des Hafens einsetzte, wie sie ablief und welchen Zeitraum die Arbeiten in Anspruch nahmen, lässt sich bislang nicht hinreichend rekonstruieren. Sicher ist, dass der Hafen während der mittleren römischen Kaiserzeit aufgegeben werden musste. Die Ursachen sind bisher nicht zweifelsfrei zu nennen. Auffällig ist, dass ungefähr zeitgleich der Xantener Stadthafen verlandete. Möglicherweise hatten in Verbindung mit einem 'Jahrhunderthochwasser' oder einer Flusslaufveränderung des Rheins so viele Sinkstoffe und Geschiebe die Hafenrinne zugesetzt, dass eine Reinigung des Beckens nicht mehr unternommen wurde[17]. Stattdessen ist die Hafenrinne mit Bauschutt und städtischen Abfallstoffen verfüllt und der Hafen an das östliche Rheinufer der (ehemaligen) Insel verlegt worden. Anschwemmungen nach starken Regenfällen und Hochwässern haben die Verfüllung der Rinne beschleunigt. Die vorgelagerte Insel mit ihren wohl vor allem wirtschaftlich genutzten Bauten wurde landfest[18].

Im 4. Jahrhundert befestigte man das 25 ha große Gelände der späteren Rheinstadt durch west-östlich verlaufende 'Schenkelmauern' im Norden und Süden der Insel und bezog die Fläche in die befestigte und nun über 120 ha große Stadt ein. Eichenpfähle einer Palisade oder vom Unterbau einer verlorenen Mauer, in die auch ein etwa 3×2,5 m großer turmartiger Ausbau integriert war, wurden 1979–1981 bei den Ausgrabungen in der Baugrube des Museum Ludwig freigelegt. Die Eichenhölzer konnten dendrochronologisch nicht datiert werden. Die Mauer führte jedoch zu einem aus großen sekundär verwendeten Kalksteinquadern errichteten Turmfundament, das man, den jüngsten Keramikfunden aus der Stickung zufolge, im 4. Jahrhundert n.Chr. errichtet hat[19]. Die aufgrund der schriftlichen Quellen bisher dem 10. Jahrhundert zugewiesene erste Stadterweiterung – erwähnt werden die *fossa civitatis* (Stadtgraben) vor 948 und der *murus Reni* (Rheinmauer) 988 – datiert in das 4. Jahrhundert[20]. Etwa gleichzeitig mit der Befestigung der ehemaligen Insel errichtete man ein mindestens 120 m langes und 6 m breites Steingebäude, von dem bislang nicht bekannt ist, ob es militärischen oder wirtschaftlichen Zwecken diente *(Abb. 2)*.

Die merowingerzeitliche Besiedlung auf dem Heumarktgelände (5.–7. Jahrhundert)

Im Umfeld eines aufgelassenen, teilweise noch im aufgehenden Mauerwerk erhaltenen, über 120 m langen spätrömischen Steingebäudes ließen sich um die Mitte des 5. Jahrhunderts Germanen nieder[21]. Die neuen Siedler suchten – trotz Hochwassergefahr – die Nähe zum Strom. Ähnliche Befunde sind von anderen befestigten Plätzen am Rhein bekannt, darunter der des rechtsrheinischen Brückenkopfes in Köln-Deutz, den Gregor von Tours (538-594) um die Mitte des 6. Jahrhunderts ausdrücklich *Divitia civitas* nennt[22].

Einige Kleinfunde vom Heumarkt – darunter eine bronzevergoldete Bügelfibel der Gruppe Niederflorstadt-Wiesloch/Groß Umstadt und ein kleiner Hakensporn – legen nahe, dass zumindest ein Teil dieser 'fränkischen' Siedler aus den elbgermanischen Siedlungsgebieten Mitteldeutschlands – vermutlich dem Elb-Saale-Gebiet – an den Rhein gewandert war[23]. Es handelte sich wahrscheinlich um elbgermanische Bevölkerungsgruppen, die ursprünglich im Auftrag des römischen Reiches an den Rhein zogen, um dort als Foederaten Militärdienst zur Sicherung der

---

13 ATEN et al. 1997; DIES. 1998; HELLENKEMPER 2000.
14 Zur römischen Topographie: DERS. 1987.
15 ZERLACH 1990.
16 Zuletzt hierzu: GECHTER/SCHÜTTE 1999 bes. 21.
17 GERLACH 1992 bes. 70-75.
18 ECK/HELLENKEMPER/MÜLLER 2000.
19 NEU 1989 bes. 245 (Übersichtsplan).
20 HELLENKEMPER 2000, 356 f.
21 ATEN et al. 1998; HELLENKEMPER 2000, 358.
22 CARROLL-SPILLECKE 1993 bes. 340; GECHTER 1989 bes. 377–383.
23 Zu den Bügelfibeln: BÖHME 1989 bes. Abb. 4,5; AMENT 1992, 14 ff. bes. 15 f. m. Anm. 82. – Zu den Sporen: RETTNER 1997, 133 ff. 141 Abb. 3,24–25; 154 f. Fundliste Nr. 24-25 Abb. 4 (Verbreitungskarte).

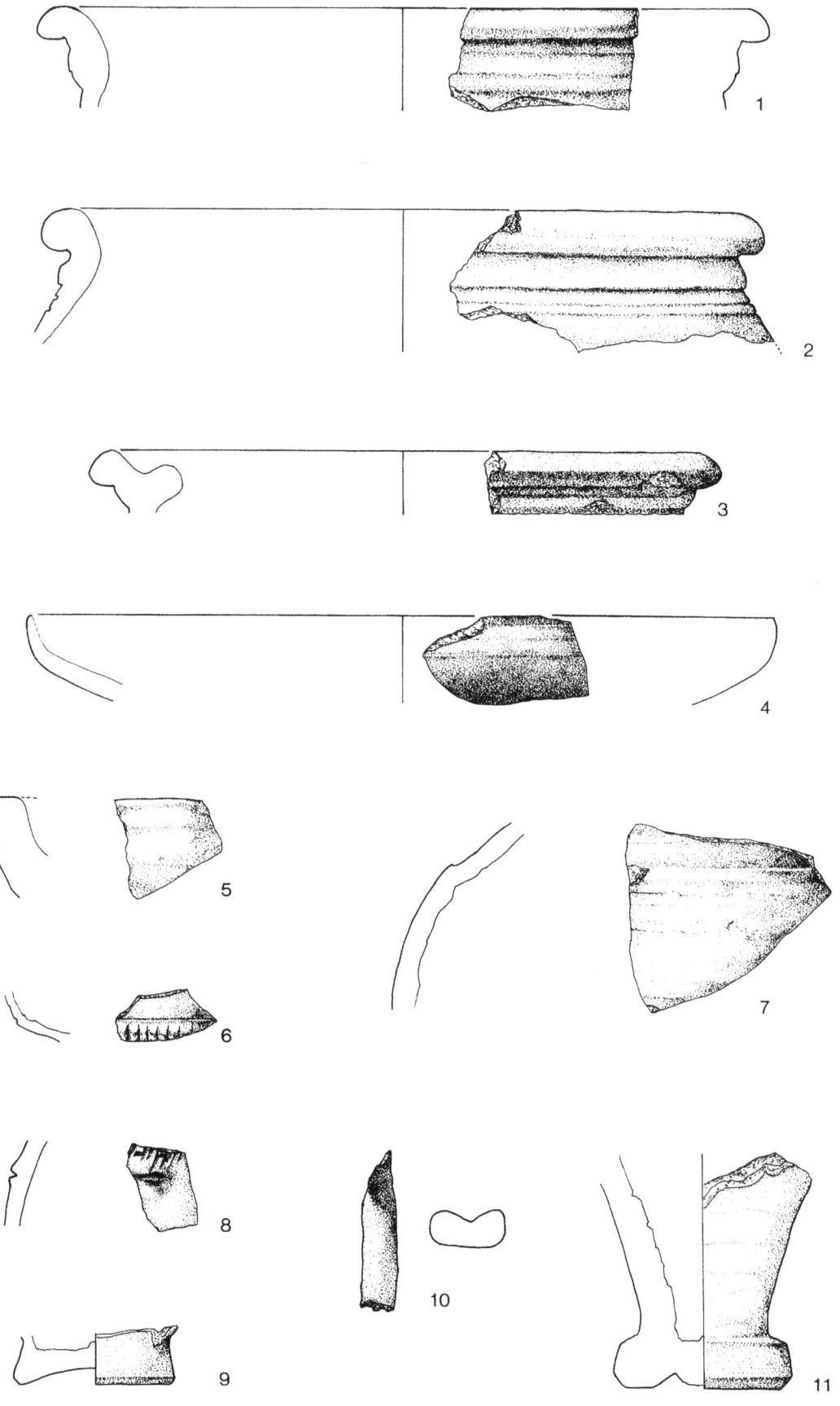

Abb. 3. Köln, Heumarkt. Gefäßkeramik aus einem Grubenhaus des 5. Jahrhunderts (Stelle 4020). – M. 1:2.

Abb. 4. Köln, Heumarkt. Merowingerzeitliche Grube (Stelle 3745).

Rheingrenze in spätrömischer Zeit zu leisten. Bis um die Mitte des 5. Jahrhunderts wurden Germanen für das spätantike Heer an den Grenzen Nordgalliens, am Rhein und der Donau rekrutiert, wo sie im germanischen Familienverband lebten. Nach dem Zusammenbruch der römischen Verwaltung lösten sie sich von ihren ehemaligen Befehlshabern und übernahmen die Kontrolle vor Ort[24]. Die Machtübernahme durch die ehemaligen *foederati* verlief allem Anschein nach weitgehend friedlich[25].

Die 'Rheinfranken' errichteten um die Mitte des 5. Jahrhunderts inmitten der römischen Ruinen ihre eigene Architektur. Diese Datierung stimmt mit den Schriftquellen überein, denn Salvian berichtet um 440, dass Köln „voller Feinde sei"[26]. Die merowingerzeitlichen Befunde, die sich über das gesamte Untersuchungsgelände verteilten, waren in eine bis zu 60 cm starke schwarze Erdschicht eingegraben, deren Entstehung auf die intensive Besiedlung des Geländes und zugleich auf die unkontrollierte Entsorgung von Abfällen und Dung zurückzuführen ist. Beiderseits einer West-Ost ausgerichteten, zum Rhein führenden Straße, deren rund 1,6 m breite Straßendecke mit Bruchsteinen befestigt war, standen einfache ebenerdige Pfosten- und kleine rechteckige Grubenhäuser *(Abb. 2)*. Von den ebenerdigen Wohnhäusern zeugen zahllose Pfostensetzungen, die sich überwiegend noch nicht zu Grundrissen zusammenfügen lassen. Darüber hinaus sind Spuren der in leichter Bauweise errichteten Wohnhäuser der intensiven karolingisch-ottonischen Geländenutzung zum Opfer gefallen. Der besterhaltene war ein Nord-Süd ausgerichteter Pfostenbau des 5. oder 6. Jahrhunderts von 5,5 m Breite und mindestens 9 m Länge am südlichen Rand der Ausgrabungen *(Abb. 1)*[27]. Als zugehörige Wirtschaftsbauten wurden sieben Grubenhäuser des 5. und 6. Jahrhunderts ausgegraben *(Abb. 3)*. Sie dienten der Vorratshaltung, als Werkstatt- oder Webhäuser. Die bis zu 3×3,5 m großen, rechteckigen Grubenhäuser zeigen die typische Konstruktion mit je drei Pfostensetzungen an den Schmalseiten[28]. Im Umfeld dieser Bauten lagen zahlreiche Abfallgruben und Latrinen *(Abb. 4)*.

---

24 Böhme 1989, 400.
25 Claude 1988, 24 f.
26 Doppelfeld 1958, 75 Nr. 108.
27 Zu ebenerdigen Wohnhäusern: Geisler 1996 bes. 770 f.
28 Ebd. 771 f.

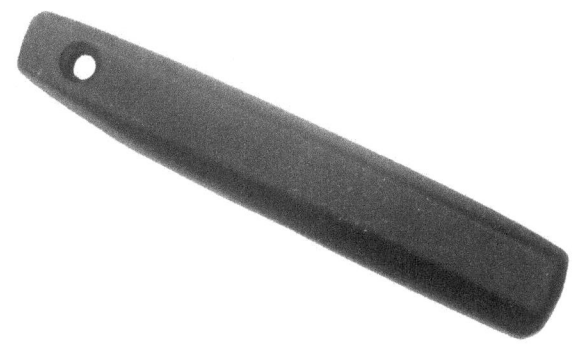

Abb. 5. Köln, Heumarkt. Frühmittelalterlicher Probierstein, polierter Kieselschiefer, L. 7,3 cm.

Handel und Handwerk in der merowingerzeitlichen Kölner Rheinstadt

In der Rheinvorstadt waren Handel und Handwerk spätestens seit dem frühen 6. Jahrhundert eine wichtige Lebensgrundlage der dort ansässigen Menschen. Dies belegen die Kleinfunde aus den Ausgrabungen auf dem Heumarkt. Zu den Einzelfunden ohne eindeutigen Befundzusammenhang gehört ein oben durchbohrter Probierstein aus sorgfältig poliertem schwarzgrauem Kieselschiefer (Lydit), der zur Überprüfung des Feingehaltes von Gold mittels eines Abstriches diente *(Abb. 5)*. Probiersteine waren seit der Antike ein wichtiges Hilfsmittel von Fein- und Goldschmieden, aber auch von Händlern und Münzmeistern; in den archäologischen Quellen treten Probiersteine erst seit der Merowingerzeit in größeren Stückzahlen auf[29].

Regionale und überregionale Handelsbeziehungen belegen zwei Trienten des späten 6. und frühen 7. Jahrhunderts aus dem rheinaufwärts gelegenen Andernach und dem südfranzösischen Banassac, beide von Münzmeistern signiert[30]. Der Verbreitungsschwerpunkt der Prägungen aus Banassac liegt in Südfrankreich (Provence). Ihr nördlichster Fundpunkt ist aus Südengland bekannt. Neben einem Fund aus Belgien belegt der Kölner Fund Handelskontakte von Südfrankreich in das Rhein-Maas-Gebiet. In Andernach, dem Prägeort des zweiten Triens, dürften die Produkte der Mayener Töpfereien, die auch in Köln Abnehmer fanden, auf Schiffe verladen und rheinabwärts verhandelt worden sein[31].

Die örtliche Münzprägung im frühmittelalterlichen Köln spielt eine nicht unerhebliche Rolle und beleuchtet die wirtschaftliche Bedeutung der *colonia*. Theudebert I. (533–547), ein Enkel Chlodwigs, ließ in Köln Solidi prägen, die ihn, wie den byzantinischen Kaiser, im Brustbild zeigen. Im 7. Jahrhundert arbeiteten in Köln mit den namentlich bekannten Rauchomaurus, Sunno und Gaucemarus mindestens drei Münzmeister, die mit ihrem Namen für die Qualität der Prägung garantierten[32].

Anhand der Kleinfunde sind Metall-, Glasverarbeitung und die Herstellung von Kämmen belegt. Ein Halbfertigprodukt des 6. Jahrhunderts vom Heumarkt ist hervorzuheben *(Abb. 6)*, da trotz der kaum zu übersehenden Zahl merowingerzeitlicher Kämme bisher nur wenige Werkstätten lokalisiert worden sind[33]. Den wenigen Belegen zufolge, wurden Kämme von spezialisierten Handwerkern vor allem in den spätantiken urbanen Zentren angefertigt. Diese Vermutung wird durch den Neufund vom Heumarkt bestätigt. Offenbar wurden in Köln während des 6. Jahrhunderts Kämme von spezialisierten Handwerkern angefertigt. Der Kölner Fund belegt zudem, dass bei den frühmittelalterlichen Kämmen – anders als bei kaiserzeitlichen – zunächst die Griffleisten auf die hier einseitig verzierte Mittelplatte aufgebracht und erst anschließend die Zinken ausgesägt wurden[34].

Besondere Bedeutung kommt dem Nachweis von mindestens zwei merowingerzeitlichen Glasöfen zu, da die Lokalisierung solcher Glashütten eine vielfach diskutierte, offene Forschungsfrage ist[35]. Ein Ofen wurde auf einem mindestens

Abb. 6. Köln, Heumarkt. Halbfertigprodukt eines zweireihigen Knochenkammes, 6. Jahrhundert, L. 2,9 cm.

1,6×2,6 m großen, rechteckigen Fundament aus trocken geschichteten Tuff-, Kalk- und Granitblöcken errichtet. Die schwarzgraue, stark holzkohlehaltige Verfüllung enthielt zahlreiche Glasreste. Ganz ähnliche Glasöfen sind in spätrömischen Glashütten ausgegraben worden[36]. Ob vor Ort nur Glasverarbeitung stattfand oder auch Rohglasherstellung, ist

---

29 Zu Probiersteinen: Löhr 1985, 13 ff.; Zedelius 1979; ders. 1981; Lund Feveile/Steuer 1999, 386 f. Kat. Nr. VI,93.
30 Päffgen 2000 bes. 362.
31 Redknap 1999 bes. 16–18 mit Abb. 1.
32 Doppelfeld 1975 79 f.
33 Theune-Grosskopf 1994; Aufleger 1996 bes. 646 f. – Nachgewiesen ist die Herstellung für Huy, Prov. Liège, Belgien (Willems 1973 bes. 44 ff.) und Maastricht (Dijkman/Ervynch 1998 bes. 67 ff.). Außerdem ist ein Handwerker-Grab aus Groß-Karben bekannt (Jorns 1961; Roth/Wamers 1984, 203).
34 Theune-Grosskopf 1994, 85.
35 Koch 1998 bes. 155.
36 Gaitzsch 1999 bes. 135.

noch offen. Sicher ist, dass in den großen und aufwendig konstruierten Öfen nicht nur Perlen hergestellt wurden, sondern auch Hohlgläser. Die Herstellung von Perlen und möglicherweise auch Glaswirteln mit eingeschmolzenen opak-weißen Fäden ist ebenfalls zu belegen. Möglicherweise handelt es sich um Nebenprodukte, die aus den Abfällen der Hohlglasproduktion hergestellt wurden.

Einzelfunde und Fundgruppen weisen also nach, dass in der Merowingerzeit spezialisierte Handwerker, Händler und Fernhandelskaufleute mit europaweiten Beziehungen in der Rheinstadt tätig waren. Es liegt nahe, dass diese Gewerbetreibenden für den regionalen und überregionalen Handel arbeiteten, der vor allem über den Rhein als wichtigster Verkehrsader seiner Zeit erfolgte. Andererseits ist auch die örtliche Nachfrage nach hochwertigen Produkten nicht zu unterschätzen. Reich ausgestattete Gräber unter dem Kölner Dom und in den *extra muros* gelegenen Friedhöfen zeigen, dass qualitativ hochwertige Güter – darunter kostbare Goldschmiedearbeiten oder Glasgefäße – in der frühmittelalterlichen *colonia* bei einer wohlhabenden Bevölkerungsschicht gefragt waren[37].

Die Besiedlung des Heumarktsgeländes in karolingisch-ottonischer Zeit (8.–10. Jahrhundert)

Gegen Ende der Merowingerzeit, im ausgehenden 7. oder in der ersten Hälfte des 8. Jahrhunderts, wurden die merowingerzeitlichen Häuser aufgegeben. Die bis zu diesem Zeitpunkt auf dem Heumarktgelände bestehenden hofähnlichen Gebäudegruppen, werden durch 'Stadthäuser' mit anspruchsvolleren Bauformen ersetzt; neue Ordnungskräfte sind zu erkennen. Nördlich und südlich der in der Karolingerzeit instand gesetzten und verbreiterten spätantiken Straße wurden Parzellen abgesteckt, auf denen mehrfach erneuerte, Ost–West ausgerichtete Häuser mit Trockenmauerfundamenten aus behauenen Tuffquadern oder römischen Architekturteilen sowie aufliegenden Schwellbalken mit Fachwerkkonstruktionen errichtet wurden[38]. Die unvermörtelten Sockelmauern erhalten sich nur unter besonders günstigen Umständen und lassen sich wohl aus diesem Grund selten belegen. Sonst sind von dieser Architektur allenfalls verstreute Tuffsteinquader oder römische Architekturfragmente überliefert, die sich nur dann als Reste von karolingisch-ottonischer Häuser zu erkennen geben, wenn sie in frühmittelalterliche Kulturschichten eingebettet sind.

Die Häuser auf dem Heumarktgelände waren bis zu 12,5 m lang, 9 m breit und in mehrere Wohn- und Werkräume unterteilt. Insgesamt wurden Reste von etwa 30 Häusern nachgewiesen, die allerdings nicht alle gleichzeitig bestanden haben, sondern zu mehreren Besiedlungsphasen gehören und sich über einen Zeitraum von etwa 250 Jahren verteilen. Im Hausinneren lagen einfache mit Lehm befestigte oder mit sekundär genutzten römischen Dachziegeln ausgelegte Herdstellen. In zwei Häusern wurden Gräber von nur wenige Monaten alten Kleinkindern freigelegt. Eines der Kinder trug unter dem Kinn eine Halskette mit wenigen Glasperlen.

Die Architektur gleicht jenen Häusern des 9. Jahrhunderts, die 853 anlässlich der Gründung eines königlichen Damenstiftes durch Ludwig den Deutschen auf dem Münsterhof in Zürich errichtet wurden[39]. Die Häuser in Zürich sind keine bäuerlich-ländliche Architektur, sondern städtische Wohn- und Gewerbehäuser einer aus kirchlichen und weltlichen Dienstleuten, Kaufleuten und ähnlichen Personen bestehenden Elite.

Die Häuser auf dem Heumarkt bestanden ohne erkennbare Störung, beispielhaft ohne Brandspuren, vom 8. bis zum 10. Jahrhundert. Folgen der überlieferten Normannenzüge des Winters 881/882 lassen sich nicht erkennen[40]. Auch in den zeitgenössischen Kirchen Kölns fanden sich hierfür bislang keine archäologischen Belege. Die Auswirkungen für die Entwicklung Kölns wurden wohl lange Zeit überschätzt. Kurz nach der Mitte des 10. Jahrhunderts gab man die Häuser auf und ebnete sie ein. Anschließend wurde die 16.000 qm große, langrechteckige Freifläche als südliche Verlängerung des Alter Markt mit einer Kiesdecke befestigt. Die erste Kiesdecke ist anhand von Althölzern in das Jahr 957 oder kurz danach datiert. Die Ersterwähnung des *Forums*, das den weiter nördlich liegenden Alter Markt und den Heumarkt noch als Einheit versteht, datiert in das Jahr 988[41].

Abbildungsnachweis

Abb.1: HELLENKEMPER 1987 Abb. S. 355. – *Abb. 2:* ATEN et al. 1998 Abb. 13. – *Abb. 3:* Ebd. Abb. 16. – *Abb. 4:* TRIER 2001 Abb. 5. – *Abb. 5:* Ebd. Abb. 6. – *Abb. 6:* Ebd. Abb. 8.

Literaturverzeichnis

AMENT 1992
    H. AMENT, Das alamannische Gräberfeld von Eschborn (Main-Taunus-Kreis). Mat. Vor- u. Frühgesch. Hessen 14 (Wiesbaden 1992).
ATEN et al. 1997
    N. ATEN/D. BENTE/F. KEMPKEN/E. LOTTER/M. MERSE, Ausgrabungen auf dem Heumarkt in Köln. Erster Bericht zu den Untersuchungen von Mai 1996 bis April 1997. Kölner Jahrb. 30, 1997, 345–404.
ATEN et al. 1998
    N. ATEN/G. FRASHERI/F. KEMPKEN/M. MERSE, Die Ausgrabungen auf dem Heumarkt in Köln. Zweiter Bericht zu den Untersuchungen von Mai 1997 bis April 1998. Kölner Jahrb. 31, 1998, 481–596.

---

37 Beispielsweise aus St. Severin: PÄFFGEN 1992. – Zu den reichen Domgräbern zuletzt in: Die Franken. Wegbereiter Europas. Vor 1500 Jahren: König Chlodwig und seine Erben. Kataloghandb. Ausst. Reiss-Mus. Mannheim 1 (Mainz 1996) 438–447.
38 ATEN et al. 1998; HELLENKEMPER 2000, 358.
39 SCHNEIDER/GUTSCHER 1991 bes. 197 f.
40 HEGEL 1950 bes. 46-50.
41 OEDIGER 1956, 167 Nr. 548. – Zur Geschichte des Marktes: KUSKE 1913 bes. 76.

AUFLEGER 1996
M. AUFLEGER, Beinarbeiten und Beinverarbeitung. In: Die Franken. Wegbereiter Europas. Vor 1500 Jahren: König Chlodwig und seine Erben. Kataloghandb. Ausst. Reiss-Mus. Mannheim 1 (Mainz 1996) 640 ff.

BISCHOF 1983
E. BISCHOF, Ottonen- und frühe Salierzeit (919–1056). In: F. Petri/F. Droege (Hrsg.), Hohes Mittelalter. Rhein. Gesch. 1,3 (Düsseldorf 1983) 5–49.

BÖHME 1989
H. W. BÖHME, Eine elbgermanische Fibel des 5. Jahrhunderts aus Limetz-Villez (Yvelines, Frankreich). Arch. Korrbl. 19, 1989, 397ff.

BORGER 1979
H. BORGER, Die Abbilder des Himmels in Köln. Kölner Kirchenbauten als Quelle zur Siedlungsgeschichte des Mittelalters 1 (Köln 1979).

BRÜHL 1990
C. BRÜHL, Palatium und Civitas. Studien zur Profantopographie spätantiker Civitates vom 3. bis zum 13. Jahrhundert 2. Belgica I, beide Germanien und Raetia II^2 (Köln, Wien 1990) 1–40.

CARROLL-SPILLECKE 1993
M. CARROLL-SPILLECKE, Das römische Militärlager Divitia in Köln-Deutz. Kölner Jahrbuch 26, 1993, 321–444.

CLAUDE 1988
D. CLAUDE, Köln zur Merowingerzeit. Über das Verhältnis zwischen archäologischen und schriftlichen Quellen. In: Bericht über das dritte deutsch-norwegische Historikertreffen, Juni 1988 (ohne Jahr) 23–34.

DIJKMAN/ERVYNCH 1998
W. DIJKMAN/A. ERVYNCH, Antler, bone, horn, ivory and teeth. The use of animal skeletal materials in roman and early medieval Maastricht. Archaeologica Mosana I (Maastricht 1998).

DOPPELFELD 1958
O. Doppelfeld, Ausgewählte Quellen zur Kölner Stadtgeschichte I: Römische und fränkische Zeit (Köln 1958).

DOPPELFELD 1975
DERS., Köln von der Spätantike bis zur Karolingerzeit. In: H. Jankuhn/W. Schlesinger/H. Steuer (Hrsg.), Vor- und Frühformen der europäischen Stadt im Mittelalter. Abhandl. Akad. Wiss. Göttingen. Phil.Hist. Kl. 3,83/1^2 (Göttingen 1975) 110–129.

DOPPELFELD 1975
DERS., Kölner Wirtschaft von den Anfängen bis zur Karolingerzeit. In: H. Kellenbenz (Hrsg.), Zwei Jahrtausende Kölner Wirtschaft 1 (Köln 1975) 13–86.

ECK/HELLENKEMPER/MÜLLER 2000
W. ECK/H. HELLENKEMPER/H. MÜLLER, Köln. In: RGA^2 17 (Berlin, New York 2000) 88–102.

EWIG 1980
E. EWIG, Frühes Mittelalter. In: F. Petri/F. Droege (Hrsg.): Rheinische Geschichte 1,2 (Düsseldorf 1980) 18–75.

FREMERSDORF 1925
F. FREMERSDORF, Köln. In: K. Schuhmacher (Hrsg.), Siedlungs- und Kulturgeschichte der Rheinlande von der Urzeit bis in das Mittelalter. 3. Die merowingische und karolingische Zeit (Mainz 1925) 156–165.

GAITZSCH 1999
W. GAITZSCH, Spätrömische Glashütten im Hambacher Forst. Die Werkstatt des ECVA-Produzenten. In: M. Polfer (Red.), Artisanat et Productions Artisanales en Milieu Rural dans le Provinces du Nord-Ouest de l'Empire Romain. Actes Colloque Erpeldange (Luxembourg), 4 et 5 mars 1999, Séminaire Etudes Anc. Centre Univ. Luxembourg et Instrumentum. Monogr. Instrumentum 9 (Montagnac 1999) 125–149.

GECHTER 1989
M. GECHTER, Das Kastell Deutz im Mittelalter. Kölner Jahrb. 22, 1989, 373–416.

GECHTER/SCHÜTTE 1995
DERS./S. SCHÜTTE, Der Heumarkt in Köln. Ergebnisse und Perspektiven einer archäologischen Untersuchung. Geschichte in Köln 38, 1995, 129–139.

GECHTER/SCHÜTTE 1999
DIES., Stephan Broelmann und die Folgen. Kölner Mus.-Bull. 1999/1, 4–26.

GEISLER 1996
H. GEISLER, Haus und Hof der Franken. In: Die Franken. Wegbereiter Europas. Vor 1500 Jahren: König Chlodwig und seine Erben. Kataloghandb. Ausst. Reiss-Mus. Mannheim 1 (Mainz 1996) 769–773.

GERLACH 1992
R. GERLACH, Die Entwicklung der naturräumlichen historischen Topographie rund um den alten Markt. In: R. Krause (Hrsg.), Stadtarchäologie in Duisburg 1980–1990. Duisburger Forsch. 38 (Duisburg 1992) 66–88.

HEGEL 1950
E. HEGEL, Kölner Kirchen und die Stadtzerstörungen von 355 und 881. In: W. Zimmermann (Hrsg.), Untersuchungen zur frühen Kölner Stadt-, Kunst- und Kirchengeschichte. Festgabe zur 1900-Jahr-Feier der Stadtgründung. Kunstdenkmäler Rheinland Beih. 2 (Ratingen 1950) 41–53.

HELLENKEMPER 1987
H. HELLENKEMPER, Colonia Claudia Ara Agrippinensium. In: H. G. Horn (Hrsg.), Die Römer in Nordrhein-Westfalen (Stuttgart 1987) 462–497.

HELLENKEMPER 2000
DERS., Der Heumarkt in Köln – Ein ungewöhnliches Ausgrabungsunternehmen. In: H. G. Horn/H. Hellenkemper/G. Isenberg/H. Koschik (Hrsg.), Millionen Jahre Geschichte. Fundort Nordrhein-Westfalen. Begleitb. Landesausst. Köln (Mainz 2000) 351–360.

JORNS 1961
W. JORNS, Fundschau: Groß-Karben. Fundber. Hessen 1, 1961, 97f.

KOCH 1998
U. KOCH, Glas. In: RGA^2 12 (Berlin, New York 1998) 153–166.

Kuske 1913
B. Kuske, Die Märkte und Kaufhäuser im mittelalterlichen Köln. Jahrb. Köln. Geschichtsver. 2, 1913, 75–133.

Löhr 1985
H. Löhr, Goldprobiersteine in Trier. Funde und Ausgrabungen im Bezirk Trier. Kurtrier. Jahrb. 25, 1985, 13 ff.

Lund Feveile/Steuer 1999
L. Lund Feveile/H. Steuer in: Ch. Stiegemann/M. Wemhoff (Hrsg.), Kunst und Kultur der Karolingerzeit. Kat. Ausst. Paderborn 1 (Mainz 1999) 386 f. Kat. Nr. VI,93.

Lung 1956
W. Lung, Zur Topographie der frühmittelalterlichen Kölner Altstadt. Kölner Jahrb. 2, 1956, 54–70.

Müller 1991
H. Müller, Die Kölner Erzbischöfe von Bruno I. bis Hermann II. (953–1056). In: A. von Euw/P. Schreiner (Hrsg.), Kaiserin Theophanu. Begegnungen des Ostens und des Westens um die Wende des ersten Jahrtausends. Gedenkschr. Kölner Schnütgen-Mus. zum 1000. Todesjahr der Kaiserin (Köln 1991) 15–32.

Neu 1989
S. Neu, Römische Reliefs vom Kölner Rheinufer. Kölner Jahrb. 22, 1989, 241–364.

Oediger 1956
F. W. Oediger, Die Regesten der Erzbischöfe von Köln im Mittelalter 1/3 (Bonn 1956).

Oepen 1999
J. Oepen, Plektrud in Köln: Die Stadt im Machtkampf der Karolinger. In: W. Rosen/L. Wirtler (Hrsg.), Quellen zur Geschichte der Stadt Köln 1. Antike und Mittelalter von den Anfängen bis 1396/97 (Köln 1999) 72–80.

Päffgen 1992
B. Päffgen, Die Ausgrabungen in St. Severin zu Köln. Kölner Forsch. 5,1 (Mainz 1992).

Päffgen 2000
Ders., Die Fundmünzen vom Heumarkt in Köln. In: H. G. Horn/H. Hellenkemper/G. Isenberg/H. Koschik (Hrsg.), Millionen Jahre Geschichte. Fundort Nordrhein-Westfalen. Begleitbuch Landesausst. Köln (Mainz 2000) 361–364.

Päffgen/Ristow 1996
B. Päffgen/S. Ristow, Die Römerstadt Köln zur Merowingerzeit. In: Die Franken. Wegbereiter Europas. Vor 1500 Jahren: König Chlodwig und seine Erben. Kataloghandb. Ausst. Reiss-Mus. Mannheim 1 (Mainz 1996) 145–159.

Redknap 1999
M. Redknap, Die römischen und mittelalterlichen Töpfereien in Mayen. Ber. Arch. Mittelrhein u. Mosel 5, 1999, 11–401.

Rettner 1997
A. Rettner, Sporen der älteren Merowingerzeit. Germania 75, 1997, 133–157.

Roth/Wamers 1984
H. Roth/E. Wamers, Hessen im Frühmittelalter. Archäologie und Kunst. Ausstellungskat. Frankfurt am Main (Sigmaringen 1984).

Schneider/Gutscher 1991
J. E. Schneider/D. Gutscher, Holz- und Steinbauten aus dem 9./10. bis 12. Jahrhundert in Zürich. Ergebnisse der Rettungsgrabungen 1977–1983 auf dem Züricher Münsterhof. In: H. W. Böhme (Hrsg.), Siedlungen und Landesausbau der Salierzeit. RGZM Monogr. 27/2 (Sigmaringen 1991) 195–215.

Staab 1996
F. Staab, Die Rheinfranken und das Reich von Köln. In: Die Franken. Wegbereiter Europas. Vor 1500 Jahren: König Chlodwig und seine Erben. Kataloghandb. Ausst. Reiss-Mus. Mannheim 1 (Mainz 1996) 237–240.

Steuer 1980
H. Steuer, Die Franken in Köln (Köln 1980).

Steuer 1987
Ders., Stadtarchäologie in Köln. In: H. Jäger (Hrsg.), Stadtkernforschung (Köln, Wien 1987) 61–102;

Steuer 1988
Ders., Stadtarchäologie in Köln. Lübecker Schr. Arch. u. Kunstgesch. 14 (Bonn 1988) 55–69.

Theune-Grosskopf 1994
B. Theune-Grosskopf, Produkte von Kammachern und Beinschnitzern des frühen Mittelalters in Südwestdeutschland. In: M. Kokabi/B. Schlenker/J. Wahl, Knochenarbeit. Artefakte aus tierischen Rohstoffen im Wandel der Zeit. Arch. Inf. Baden-Württemberg 27 (Stuttgart 1994) 83–98.

Trier 2001
M. Trier, Köln im 5. bis 10. Jahrhundert. Die frühmittelalterliche Stadt im Licht der neuen Ausgrabungsergebnisse auf dem Heumarkt. Kölner Mus.-Bull. 2001/1, 4–23.

Verscharen 1991
F.-J. Verscharen, Köln im Zeitalter der Ottonen. In: A. von Euw/P. Schreiner (Hrsg.), Kaiserin Theophanu. Begegnungen des Ostens und des Westens um die Wende des ersten Jahrtausends. Gedenkschr. Kölner Schnütgen-Mus. zum 1000. Todesjahr der Kaiserin (Köln 1991) 71–87.

Willems 1973
J. Willems, Le quartier artisinal gallo-romain et mérovingien de Batta Huy. Arch. Belgica 148, 1973.

Zedelius 1979
V. Zedelius, „Coticulae". Merowingerzeitliche Probiersteine im nördlichen Rheinland. Rhein. Landesmus. Bonn 4, 1979, 58 f.

Zedelius 1981
Ders., Merowingerzeitliche Probiersteine des Rheinlandes. Anschnitt 33, 1981, 2 ff.

Zerlach 1990
C. Zerlach, Der römische Hafen von Köln. Untersuchungen zu den Holzfunden (unveröff. Magisterarbeit Köln 1990).

Marcus Trier
Römisch-Germanisches Museum
Roncalliplatz 4
D–50667 Köln
marcus.trier@stadt-koeln.de

www.ingramcontent.com/pod-product-compliance
Lightning Source LLC
Chambersburg PA
CBHW061544010526
44113CB00023B/2797